U0946382

崇教德育人 智周才报国

——方崇智百年诞辰纪念册

方崇智百年诞辰纪念册编委会 编

清華大學出版社
北 京

内 容 简 介

方崇智先生（1919—2012），自动控制工程学家，1949年学成回国，长期致力于控制科学与工程的科学研究和教学工作，创建了我国最早的过程控制专业，在自动控制领域获得了许多重要的科研成果，培养了大批高级自动化专业人才，为我国自动控制学界和过程控制事业的发展做出了重要贡献。为纪念方崇智先生百年诞辰，本纪念册汇辑了方崇智先生的生平传略、学术成就、讲课手稿、人生影集和国内单位、学界同仁、国外同行、亲朋好友以及自动化系师生的缅怀和纪念文章。读者可从中感悟到百年家国沧桑和50年来自动化系的发展历程，体会到清华自动化人继承前辈传统、努力建设世界一流大学和一流学科的信心。

本纪念册可供自动化界高校师生、专业教育者、同行科技人员以及传记传播者阅览，同时也可供图书馆和教育机构收藏。

图书在版编目（CIP）数据

崇教德育人 智周才报国：方崇智百年诞辰纪念册/方崇智百年诞辰纪念册编委会编. —北京：清华大学出版社，2019

ISBN 978-7-302-53370-2

Ⅰ. ①崇…　Ⅱ. ①方…　Ⅲ. ①方崇智（1919-2012）-纪念文集　Ⅳ. ①K825.46-53

中国版本图书馆CIP数据核字（2019）第168328号

责任编辑：王一玲
封面设计：汪又绚
责任校对：李建庄
责任印制：沈　露

出版发行：清华大学出版社
网　　址：http://www.tup.com.cn，http://www.wqbook.com
地　　址：北京清华大学学研大厦A座　　**邮　　编**：100084
社 总 机：010-62770175　　**邮　　购**：010-62786544
投稿与读者服务：010-62776969, c-service@tup.tsinghua.edu.cn
质量反馈：010-62772015, zhiliang@tup.tsinghua.edu.cn
课件下载：http://www.tup.com.cn, 010-62770175-4278
印 装 者：小森印刷（北京）有限公司
经　　销：全国新华书店
开　　本：185mm×280mm　　**印　　张**：22.25　　**字　　数**：373千字
版　　次：2019年10月第1版　　**印　　次**：2019年10月第1次印刷
定　　价：198.00元

产品编号：082565-01

方崇智 教授
（1919—2012）

方崇智百年诞辰纪念册
编委会

主　　任

贺美英

副 主 任

张　佐

执行主编

萧德云

编　　委

王桂增　方　进　叶　昊　张　涛

金以慧　胡胜发　徐用懋　熊智华

（按姓氏笔画排列）

谨以此书纪念方崇智先生百年诞辰

为纪念方崇智先生 100 周年诞辰，吴官正同志委托秘书发来他的铅笔画习作“思念”，并说：“三条鲶鱼代表三份思念：思念母校，思念师长，思念同学。”

目　录

手稿篇

学术代表作

编后语与附录

序

方崇智先生是清华大学著名的自动控制工程学家、教育家。在方崇智先生百年诞辰之际，编辑出版纪念册，对于珍藏历史、缅怀先生、启迪后人具有重要意义。

方崇智先生 1919 年 11 月出生于古来重读书的安徽省安庆市一个普通人家，从小进新学堂读书，学识迅速增长、家国情怀厚植。在他的青少年时代，中国大地频遭战乱。1937 年夏天，日寇悍然发动了“卢沟桥事变”，大举入侵北平，抗日战争由此在中国大地全面爆发。此时，方崇智年满 18 岁，刚刚高中毕业，被南京中央大学录取。但战乱之中，许多著名高校纷纷西迁，方先生颠沛流离、辗转流浪，一年后才得以进入西迁重庆的中央大学攻读机械工程。国难中，他的求学道路也充满了艰辛和坎坷！ 1949 年 9 月，在公费留学英国三年后刚刚获得英国伦敦大学玛丽皇后学院博士学位的方崇智先生，满怀民族解放的自豪感和科学报国的志向，在中国进步青年组织的帮助下，经香港回到内地，受聘为北京大学工学院副教授。1952 年，方崇智先生服从院系调整，来到清华大学动力机械系任教。1955 年，在苏联专家的帮助下，方崇智先生在清华大学主持设立了热能动力装置专业自动化专门化，制订教学计划和课程建设计划，编写讲义，翻译教材，主讲“发电厂锅炉设备的自动调节”“自动调节原理”和“热工过程自动化”等多门课程，创立了中国的热工量测及自动控制专业，开辟了过程控制学科方向，为流程工业，特别是电力工业培养输送了热工量测及自动控制方面的许多优秀工程技术人才。

1970 年，清华大学成立工业自动化系，年过半百的方崇智先生带领其主持的热工量测及自动控制专业从动力机械系转入工业自动化系工作。1971 年，我从清华大学的“五七”干校江西鲤鱼洲农场回到学校工作后，也从电机系转入成立不久的工业自动化系任教。此后几年，我给方先生当过课程助教；改革开放后，我曾在自动化系负责党的工作，方先生不仅担任过程控制教研组主任，也是学科负责人，我与他的交往更加频繁、全面、深入，对方先生的为人、学识、师德和育人成果深深敬佩！ 20 世纪 70 年代末、80 年代初，方先生和常迵先生、童诗白先生、郑维敏先生一起，把控制论、信息论、系统论作为自动化系学科基础，建立起完整的自动化系“本、硕、博”教育体系，提升了研究生培养质量，选派中青年骨干教师出国深造，结合国际学术前沿和国民经济需要开展科研攻关，取得了许多标志性成果，奠定了自动化系高水平发展的重要基础，也引领了国内高校自动化系的建设。师生们非常感念他们做出的突出贡献，把他们四位尊称为自动化系的“四大教授”，其影响至今不衰。

方崇智先生一辈子专心治学、卓有建树。20 世纪五六十年代，他主持创建了热工量测及自动控制专业本科教学体系，形成了过程控制学科的雏形。20 世纪 70 年代，他提倡将现代控制理论引入专业教学，及时更新教学内容。20 世纪 80 年代，他编写的《过程辨识》等教材，一出版就被众多高校选用，已成经典。他提倡将非线性控制、鲁棒控制、自适应控制、预测控制、容错控制、模糊控制、智能控制等先进控制技术引入过程控制学科，加强系统故障检测与诊断方向理论和应用研究，积极推动用计算机集成制造技术（CIMS）提升我国的石油化工等流程行业综合自动化水平，切实推动了过程控制的理论研究和工业应用不断更新和进步。

方崇智先生数十年育人不懈、桃李满天。20 世纪 50 年代起，方先生就在动力机械系开始招收培养研究生。自动化系成立的最初几年，还处于“文革”十年动乱期间，实施“开门办学”那些年，我记得方先生和其他老师一样，带学生下工厂，在共同劳动中给学生讲技术原理，指导学生做技术设计，没有停止学术工作。改革开放后，方先生成为我校首批博士生导师和自动控制理论及应用学科的学术带头人，带领工业自动化和过程控制两个教研组教师组成导师组，联合指导研究生，经常交流研究生培养经验，共同严把高层次人才的学术和思想政治标准。优秀的中青年教师得以快速成长，高素质的青年学生层出不穷。

方崇智先生终生淡泊名利、君子风范。不论是对待同辈学人还是晚辈后生，不论是对教师还是职员，他都是一样的谦逊和蔼、处事公道。他自己却很少考虑个人名利，深受同行的敬仰和师生们的爱戴。方先生指导的研究生、曾担任中央政治局常委和中央纪委书记吴官正同志每次回清华，都要登门看望方先生；在方先生 80 岁和 90 岁生日时，他虽因公务无法亲自参加，还特地请家人提前送来手书的贺词、贺信，用“数十年来，先生忠诚爱国，朴实无华，严谨治学，术业精深，教书育人，孜孜耕耘，成就斐然”表达对恩师的敬重和感激之情。

本纪念册收录了方崇智先生的传略、学术代表作、手稿和国内单位、同仁以及自动化系师生的纪念文章。相信读者既可以从中感悟百年家国的沧桑巨变和 50 年来自动化系的快速成长历程，更可以深深体会到当下清华人继承前辈传统、勇担建设世界一流大学和一流控制学科的使命和信心。

贺美英 教授
清华大学原校党委书记
2019 初春

百年诞辰献辞

高洁师德 斐然成就 发扬光大 历久弥新

张　涛[①]　张　佐[②]

在举国上下隆重庆祝中华人民共和国成立70周年之际，在紧锣密鼓筹备清华大学自动化系建系50周年纪念活动之时，我们迎来了纪念方崇智先生诞辰100周年的重要时刻。方崇智先生一生热爱祖国，全心致力于自动化教育事业，不为名，不为利，为发展自动控制学科、培育自动化人才呕心沥血，贡献卓著。我们深切缅怀方崇智先生深沉执着的爱国情怀、深刻全面的育人实践、深远卓越的学术影响和深厚绵长的师者风范。我们将继续弘扬爱国奉献、追求卓越的精神，激励全体自动化系师生在以方崇智先生为代表的先辈师长开创的道路上勠力同心，接续奋斗，砥砺前行，早日建成世界一流的自动化学科，发展卓越学术，培养创新人才，在教育改革的历程中共同努力谱写自动化更加绚丽的华章！

勤奋刻苦、爱国奉献，既是方先生所具备的高贵品质，也是新时代自动化系教师应坚守的精神家园

百年前方先生诞生之时，我们的祖国已长期遭受帝国主义的侵略和欺凌，积贫积弱；我们的人民饱受剥削压迫、战争创伤，生活艰难。方先生自小经受了战争苦痛，颠沛流离，求学之路十分艰辛。但是，不管是在故乡安庆的新学堂就读小学，到扬州中学读高中，到重庆读大学，还是跨越重洋远赴英国留学海外，方先生都心系祖

---

① 清华大学自动化系教授，系主任。
② 清华大学自动化系研究员，系党委书记。

国、不忘国耻，发奋读书、立志成才，发展科学、培养人才，报效祖国、服务人民。1949 年 9 月，新中国成立前夕，方先生经过三年多苦读，刚刚拿到英国伦敦大学玛丽皇后学院机械工程学科哲学博士学位，随即在中国进步青年组织的帮助下踏上回国的归途，经过一个月左右的航行，绕道香港，终于回到了祖国的怀抱，受聘为北京大学工学院副教授，成为新中国教育事业的建设者。1952 年，他服从院系调整来到清华大学动力机械系，在此教书育人一辈子，奉献了所有的才智，始终忠于教育事业，默默栽桃育李。方先生志于学、精于学、成于学，是自动化系打基础阶段最重要的四位教授之一，共同建立了自动化本科、硕士、博士培养体系，创立和发展了热工量测及自动控制、工业仪表与自动化、过程控制等专业和方向，用他丰硕的育人和科研成果，终生践行奉献祖国、增益社会、服务人民的人生志向。

新时代，我们的国家正在中华民族伟大复兴的征途上坚定前行，努力奔跑，对发展科技事业的希冀、对高层次创新人才的渴求、对科技驱动创新发展的经济转型的需要、对践行五大发展理念的呼唤比以往任何时间都更加迫切。我们要学习和传承方先生的爱国精神和对教育事业的无限忠诚，团结带领全系教职员工激发斗志、积极奉献、建功新时代，为推动自动化教学和科研的发展做出新贡献，夺取新胜利。

厚植基础、理实并重，既是方先生一贯倡导和践行的育人思想，也应在自动化系新的人才培养方案中继续发扬光大

作为我国过程控制方向创始人和清华大学控制理论与控制工程方向责任教授，方先生常年亲自主持制定和修订自动化系本科和研究生培养方案。他特别重视培养学生扎实的数理基础和电子、力学、计算机等工程基础，重视以加强实践教学来提高学生解决实际问题能力的培养，强调素质教育，特别是德育教育。他在专业人才培养方案上所形成的教育思想和完成的育人工作，为自动化系培养出一批又一批基础好、水平高、能力强、后劲足的高水平人才奠定了重要基础。他曾经担任跨机械、热工量测、自动控制、过程辨识、故障诊断等多个知识领域的课程规划、教学设计和一线教学；他主持和领导过从加热炉，到反应釜、精馏塔，再到长输管线，以及流程工业企业级自动化工程科研项目；他亲自动手设计和制作水力模型等多种教学实验装置；他主持编写过自动控制系列教材，亲自撰写了《过程辨识》等引领性教材，深受国内外学术界的好评，具有广泛的影响。他把一生无私地献给了自动化教育事业，深受同事和学生的尊敬。

当下，科技与经济的互动前所未有，未来的人才将面临更加艰巨的挑战——更大跨度更深层的学科交叉融合，更综合更智能的自动化技术创新，更强化更紧迫的工程与社会、工程与自然的关联耦合。我们要学习和传承方先生的育人思想和实践经验，在自动化专业各层次人才培养方案中进一步把握未来人才需要；进一步强化数学、科学、工程、哲学、历史、人文、艺术、伦理、法律等方面的教育；进一步融合信息、控制、系统三论基础理论；进一步加强智能、优化、系统方面的综合性课程建设；进一步提升课内外、校内外、海内外实践育人的成效；进一步增强毕业生解决科学、工程和社会问题的责任和能力；进一步认识创新人才的培养是我们肩负的重要使命；进一步强调在校期间学生学习、性格、道德和价值观的培养和塑造。从各方面积极推动完善高水平的自动化专业人才培养体系，培养造就德智体美劳全面发展的社会主义建设者和接班人。

在服务工业生产中拓展专业、创新学术，既是方先生从事科研和学科建设的宝贵经验，也应成为自动化系新一轮学科发展的动力之源

上世纪五六十年代，为满足国家各项建设对电力、钢铁、石化生产和运行的巨大需要，方先生带领热能动力装置专业的自动化专门化方向的教师，开始建设清华大学的热工量测及自动控制专业。他坚持工科教育必须结合我国经济发展的实际，必须为工业生产服务，利用寒暑假组织教师赴我国的石化基地兰州、钢铁基地鞍山、工业发达的上海等地调查了解工业生产过程控制的现状和对新型技术和管理人才的需求，安排青年教师在企业跟班学习、增加一手经验，还多次带队到兄弟高校相关专业调研学习，从而推动本专业的服务面向、课程设置、实验室等各项建设。改革开放后，他紧抓机遇、主动作为，在与工业界和国内高校保持密切联系的基础上，积极开拓国际学术交流，广泛建立高水平国际合作，选送优秀中青年教师出国访问，敏锐捕捉现代过程工业中先进控制、系统辨识、故障诊断等新问题新方向，进一步拓展了流程工业服务对象，强化对工程实际问题的凝练，极大地推动了国内过程控制方向的学术创新和梯队建设，为自动化学科发展赋予了持久的、旺盛的生命力。

当前，以物联网、大数据、云计算、深度学习、知识自动化、人工智能等为重要基础的新型信息科技，正在以迅雷不及掩耳之势重塑工业、农业、商贸、教育、娱乐、军事等各行各业，重构人与人、人与机器、人与自然的关系，自动化学科再次处于关键的变革期。我们要传承方先生的学术之道，把握创新内核，不辍辛勤耕耘，激励师生加强对新型问题、新型需求的实地考察和调研，深入分析学科发展的瓶颈、关键和突破点，以智能系统为核心，以国家需求为动力，“不求所有，但求所用”，构建完善新一轮自动化学科创新蓝图，引导杰出人才和创新团队成长，推动自动化科技迈向新高度。

谦逊和蔼、因材施教，既是受教于方先生的学子们共同的温暖记忆，也应该成为自动化系教师们共有的师德内涵

方先生始终如一地谦逊谨慎、治学严谨、淡泊名利、宁静致远、为人师表、诲人不倦，有着高洁的师德师风。在各个年龄层的老师和学生的记忆中，方先生总是带着慈祥笑容、细语轻言、彬彬有礼、不骄不躁、平等尊重。他们难忘方先生“那温文尔雅的学者风度、严肃负责的工作态度、严谨认真的治学精神”，评价他“至诚高节、桃李满园”，公认他是师德高洁的榜样，深深崇敬他、爱戴他。原中共中央政治局常委、中央纪律检查委员会书记吴官正同志非常敬重导师方崇智教授的学识、人品和治学精神，真诚感谢老师对自己的培养和教育。2008 年 11 月 10 日，他在祝贺方先生 90 华诞的信中写道，“数十年来，先生忠诚爱国，朴实无华，严谨治学，术业精深，教书育人，孜孜耕耘，成就斐然”，这是对方先生最好的评价。

不管时代潮流如何变幻万千、青年人兴趣爱好怎样新颖奇特，社会总是需要一代又一代的教师来传播知识、传播思想、传播真理，塑造灵魂、塑造生命、塑造人格。所谓“师者，所以传道授业解惑也”，就是说老师应该是学生学习的领路人，是生活的指导者，人生的方向标。社会也终将记住那些身正德高、治学严谨、躬身育人、孜孜不倦的师者！我们要激励新一代自动化系教师牢记育人初心，学习前辈精神，认真教书、严谨治学，努力成为学生锤炼品格、学习知识、创新思维、奉献祖国的“引路人”，将方先生所具有的高尚师德风范在新一代教师中发扬光大，历久弥新。

以此深深纪念方先生百岁诞辰。

方崇智先生传略

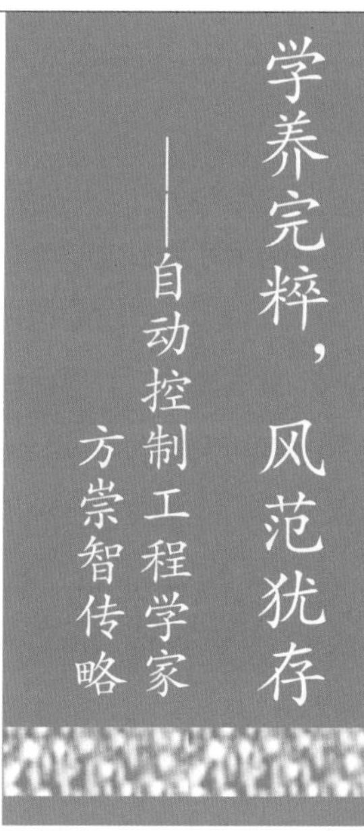

学养完粹，风范犹存
——自动控制工程学家方崇智传略

萧德云[①]

方崇智先生（1919—2012），安徽安庆怀宁人，清华大学自动化系教授，自动控制工程学家，我国过程控制学科的开拓者和奠基人之一。他长期致力于自动控制理论、过程控制系统与技术的科研和教学，创建了我国最早的过程控制专业，建立了过程控制教学和科研体系，取得了许多重要的科研成果，培养了大批高级专门人才，为我国自动控制学界和过程控制事业的发展做出了重要贡献。

方崇智先生 1945 年赴英留学，师从著名的工程教育大师 E. Giffen 教授，专攻热工 / 机械工程，1949 年获伦敦大学玛丽皇后学院哲学博士学位。新中国成立前夕回国，受聘于北京大学工学院机械系，1952 年调任清华大学动力机械系，1960 年晋升为教授，1981 年被评为我国首批博士生导师，是清华大学“控制科学与工程”学科带头人之一。历任清华大学动力机械系汽轮机专业教研组和热工量测及自动控制专业（过程控制专业前身）教研组主任、清华大学自动化系工业仪表及自动化专业（热工量测及自动控制专业另称）教研组主任、清华大学自动化系学术评议组成员、清华大学自动控制研究会理事长和名誉理事长，曾任中国机械工程学会荣誉理事、自动

① 清华大学自动化系教授，原系教学委员会主任。

化学报编委及顾问、中国自动化学会荣誉理事、高等工业学校热工仪表及自动化专业和仪器仪表类专业教材编审委员会副主任等职。

方崇智先生从教六十余载，曾讲授“热工学”“传热学”“汽轮机自动调节”“发电厂锅炉设备自动调节”“自动调节原理”“热工过程自动化”“现代控制理论”和“过程辨识”等多门课程，组织编著《过程控制》《过程辨识》和《过程计算机控制》以及翻译出版《过程控制系统》等译著作，并积极参与全国高等院校过程控制专业教材的编审工作。1959 年起开始培养过程控制学科方向的研究生，为国家培养了大批相关行业的技术骨干。

方崇智先生始终立足和跟踪学科前沿，洞察国内外学术动向，六十年如一日，以智慧和心血默默耕耘在科研第一线。上世纪 50 年代以来，他多次主持和领导国家五年计划、国家自然科学基金、国家高技术研究发展计划（“863”计划）、国家博士点基金和中国科学院基金等科研项目，研究内容包括直流锅炉动态特性、火电站自动化系统、城市煤气管网“四遥”远动系统、流程工业 CIMS、过程建模理论与方法、系统辨识算法及应用、过程控制与优化、故障诊断理论与方法和长输管线查堵检漏等。他在故障诊断理论与方法和辨识建模以及系统控制优化等方面取得的研究成果在国内外处于领先地位，得到国内外学术同行的充分认可，是中国自动控制科学界一位学术博大精深、思想朴实稳重的专家学者。

方崇智先生热爱祖国，毕生献身于教育事业，勇于探索，不断创新，治学严谨，工作认真，谦虚谨慎，为人师表，立德树人，甘为人梯，终身无私奉献，是一位德高望重的学术带头人、诲人不倦的良师益友和受人尊敬的师长。他创建了过程控制学科又不拘泥于过程控制研究领域，他专心研究学术又富有对教育工程性和创新性的哲学思考。他一生严于律己，默默耕耘，淡泊名利，他那“无求品自高，有容德乃大”的品格始终受人敬仰。

生平经历

方崇智先生，1919 年 11 月 25 日出生安徽安庆怀宁县，籍贯安徽怀宁，在兄弟 6 人（义、礼、智、信、宽、厚）中排行第三。他自幼聪颖，生性灵活，苦读诗书，好学不倦，记忆力超人，晚年时常能听到他饶有兴趣地回忆年轻时代许多有趣的故事。1934 年 15 岁考入江苏省立扬州中学高中部，中学时代就懂得“人生不得勤奋，不明智理”的道理，是当时一位远近闻名的勤奋生。勤奋使人聪明，他的学业成绩自然也就在同龄人中出类拔萃。1937 年中学毕业，因战乱于一年之后，考取了南京中央大学。然而，由于抗日战争的缘故，历经艰辛，几经辗转才来到重庆续读中央大学。当年重庆中央大学工学院设有土木系、机械系和电机系等，方崇智先生转入机械系学习，攻读机械工程专业。当时机械系三〇级在校学生 32 人，方崇智被编入其中，名下注明“安徽怀宁”（配图 1）。大学期间方崇智先生学习勤奋，学习态度扎实，学而时习之，虽然比别人多花费一些时间，收获却远远超过别人。他特别重视课堂学习，课堂上总是全神贯注，认为课堂上糊里糊涂，回来再拼命也没用。整个大学期间，方崇智先生受到了普遍性和完整性知识的教育，包括哲学知识和伦理道德，塑造了良好的心智状态，养成了追求知识和尊重他人的习惯，这成为了他一生的精神追求和品格，为他后来的学业和之后的科学研究生涯奠定了坚实的基础。1942 年，方崇智先生以优异的成绩毕业于重庆中央大学，获得机械工程专业工学学士学位。

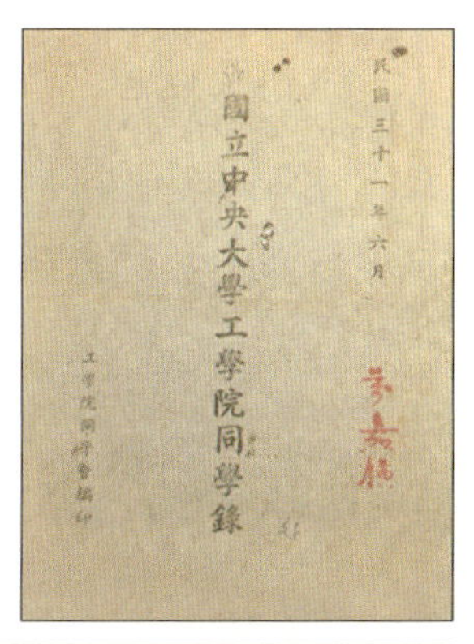

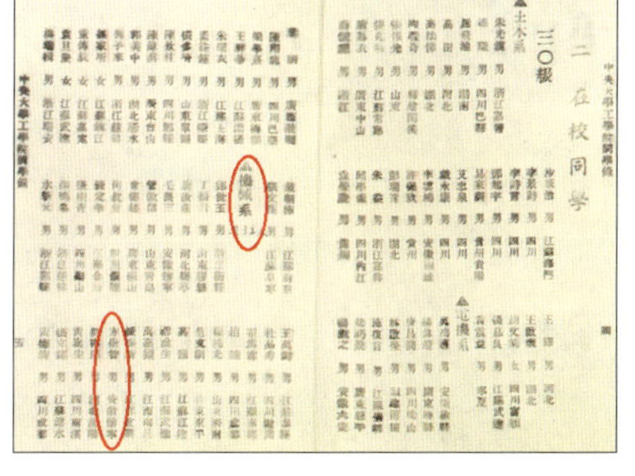

配图 1：中央大学同学录（机械系学生名单）

大学毕业后，方崇智先生在抗战前期国民政府资源委员会和航空委员会合作创办的第一国营大型机械制造厂——昆明中央机器厂先后担任实习员、技术员，从事动力机械、通用机械和机器工具机具的设计和试制工作，勤勤恳恳，脚踏实地，结合所学知识，为昆明中央机器厂完成了许多实际的战时急需工作。三年的基层工作实践，为方崇智先生终身的工作打下了良好的基础，使他牢固树立起理论联系实际的作风，也为当年的军需军备生产出了力，为国家效了力。

1945 年，经当时的国民政府教育部遴选，方崇智先生考取了 1946 年的赴英公费留学生（配图 2）。1945 年经印度加尔各答赴英，先在英国著名的机床制造公司 Newall Eng. Co. 当实习员（1945.11—1946.2），1946 年初考入伦敦大学玛丽皇后学院攻读博士学位，这期间同时以英国供应部科学工程研究所助理研究员的身份在伦敦大学研究部工作（1947.9—1949.7）。在英国科学与工业研究局（Department of Scientific and Industrial Research，DSIR）研究基金的资助下，凭借赴英之前在昆明中央机器厂的工作实践和经验，亲自动手制作实验设备，日夜进行实验研究，终于在传热学方面取得显著成果，出色地完成了博士学位论文，1949 年获得机械工程专业哲学博士学位。

在英期间，面对一流的科学技术、丰富的图书资料，方崇智先生如饥似渴地涉猎大量书籍，还经常利用假期到英国许多公司实地考察、实践，不断丰富自身的知识和认知。受英国学者的影响和熏陶，形成了严谨的科学作风、实干的工作精神、专心育人的师德和帅气的绅士风度。回国之后，始终以这些精神和风范对待自己的工作，潜移默化地影响着自己的学生。

方崇智先生学成之时，正值新中国成立前夕，在人生的十字路口得到了当时在伦敦的我国进步青年组织的帮助，先赴香港，后转道天津，于 1949 年 9 月来到北京，在当年中央大学的老师李酉山教

教育部考選赴英研究生/實習生一覽 (1944)

考試門類	姓名
研究生：航空	方孝淑39
土木	廖仲周41
數學	王憲鍾41
政治	陳體強39
化學	胡秉方40
經濟	嚴克信38
	莊紹華43
	劉紹文42
	方崇智46
	張世英41
	張　湧41
化學	黃新民37
	田汝康40

教育部考選留英、美、澳、瑞士、瑞典、荷蘭、意大利公費生一覽 (1946)

考試門類	姓名
留英：歷史	丁則良38
〃：動物	李　璞39
〃：海洋	劉好治37
〃：地方行政	葛逮祥37
〃：冶金	朱亞傑38
留美：物理	李整武38
〃：氣象	錢振武43
〃：土木	盧肇均41
〃：冶金	王　霨41
留澳：紡織	姚復山43
〃：紡織	嚴灝景43
留瑞士：教育	盧　璿40
〃：教育	錢厚德42

配图 2：民国政府教育部留学名单

授和北京大学工学院丁瓒副教授的推荐下，受聘北京大学工学院机械系副教授，并担任动力教研室负责人。他之所以能毅然回到祖国，是因为自幼饱尝旧社会连年战乱之苦，祖国重生了，百废待兴，正是年轻人用武之时，同时也深感国家科技水平要是落后，就难以强盛，难以复兴。为此，他决心立志献身教育、献身科学，要凭借学到的西方国家先进的科学技术，发展教育，发展科学，强大祖国。

1952 年全国院系调整，方崇智先生调到清华大学动力机械系任副教授，组建汽轮机专业教研组，并担任教研组主任。1956 年又与苏联专家齐斯加可夫一起筹建热能动力装置专业自动化专门化教研组，同时担任教研组主任，开始培养自动化方面的专业人才。1960 年晋升教授，同年受命筹建热工量测及自动控制专业，同时担任专业教研组主任。1966—1970 年“文化大革命”期间，他受到不公正的待遇，进过“牛棚”、受过批判、去过江西鲤鱼洲农场。1970 年，清华大学组建自动化系，他随同热工量测及自动控制专业大部分教职员工一起调入自动化系。之后很长一段时间内与教研组教师一道，参加过下厂实习、开门办学及相应的教学科研工作，包括为工农兵学员讲课、参加山东胜利油田东黄长输管线 SCADA（Supervisory Control and Data Acquisition）系统论证、北京市煤气管网“四遥”远动系统建设、大型自调式煤气调节阀设计等，直至 1976 年“文化大革命”结束。1976 年之后教育教学改革，热工量测及自动控制专业改制为工业仪表及自动化专业，方崇智先生重新担任专业教研组主任，全面领导专业教学和科研工作，并兼任自动化系学术评议组成员，参与自动化系的学科和专业队伍建设。1981 年我国恢复学衔制度后，方崇智先生被评为我国首批博士生导师，成为清华大学“控制科学与工程”一级学科学术带头人之一，“控制理论与控制工程”二级学科的学术领军者，同时担任清华大学自动控制研究会理事长、名誉理事长。1983 年之后，方崇智先生年事已高，不再担任专业教研组领导职务。之后的 20 多年，除了为本科生和研究生讲授“现代控制理论”和“过程辨识”等课程外，主要从事科学研究和专心培养博士研究生。在上世纪控制领域知识快速更新的 70 年代末和 80 年代初，方崇智先生敏锐地预感到控制学科将遇到历史性的挑战，他夜以继日地查阅和学习新知识。短短几年，他写下了 8 大本手稿，包括随机控制理论、极大值原理、优化控制方法和系统辨识理论等，记录了许多新知识和可能的研究方向，成为后来科研和指导研究生的宝贵知识财富。

对方崇智先生来说，生命的意义在于为别人着想，甚至宽容别人的错误。即使在那个疯狂的年代，无论是“牛棚”里的煎熬，批判会上的斥责，还是江西鲤鱼洲农场烈日下的“锻炼”，他都是默默承受。附 1 是方崇智先生年表，记录先生的一生经历，兢兢业业，忠于职守，直到生命的最后一些日子里，还念念不忘专业的教学改革、学科的发展和教师队伍的建设，可谓“春蚕到死丝方尽”。

早年的博士论文研究

方崇智先生早年（1946—1949）在伦敦大学玛丽皇后学院攻读博士学位，师从工程教育大师 E. Giffen 教授，研究方向是蒸汽珠状凝结机理分析，最终完成了题为 *The Mechanism of Dropwise Condensation of Steam*（蒸汽珠状凝结机理）的博士学位论文。70 年过去了，在大英图书馆的网站上还能检索到方崇智先生博士学位论文的信息（配图 3）。方崇智先生 70 年前研究的珠状凝结问题，现今仍然是传热方面的研究热点。当年，方崇智先生的博士学位论文主要研究珠状凝结传热的机理，就是将单个液滴视为稳定的个体，通过分析冷凝壁面上液滴的分布和运动规律，研究冷凝传热的机理和增强冷凝传热的措施。最后写成的博士学位论文由两部分组成：（1）实验研究，包括利用实验方法，研究当液滴促进表面稳定性受到冷却表面材料、液滴促进剂、表面光洁度、传热速率和存在非冷凝气体等因素影响时的蒸汽珠状凝结传热机理；（2）理论分析，包括单个液滴传热、裸露表面瞬态热传导及液滴大小分布统计分析和蒸汽侧传热参数估计等。

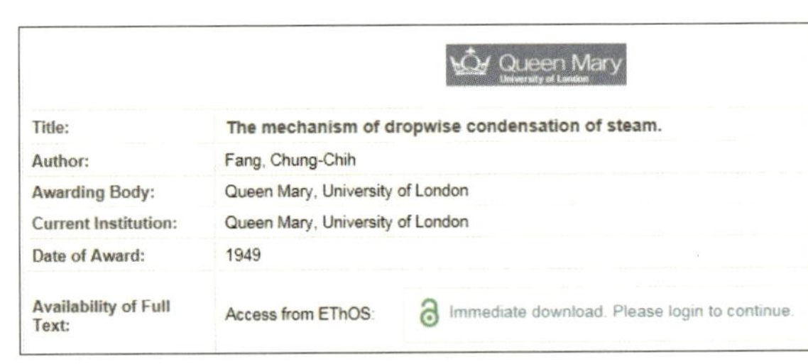
Queen Mary University of London

Title:	The mechanism of dropwise condensation of steam.
Author:	Fang, Chung-Chih
Awarding Body:	Queen Mary, University of London
Current Institution:	Queen Mary, University of London
Date of Award:	1949
Availability of Full Text:	Access from EThOS: Immediate download. Please login to continue.

配图 3：大英图书馆页面

为了定量研究珠状凝结过程液滴促进表面的机理特性，方崇智先生自行研发了一套复杂的实验装置，包括蒸汽生成、蒸汽凝结、热传导构件以及各部分之间的连接装置（配图 4）。在这个实验装置上，利用实验的方法，揭示了与冷表面接触的蒸汽冷凝从液态薄膜破裂凝结成珠状液滴的过程和接触表面珠状凝结出现混合冷凝的状

配图 4：博士论文研究实验装置

态，以及维持珠状凝结的持续时间从几小时到几天变化过程的机理现象和特性，实验考虑了许多因素，特别强调不能忽视非冷凝气体对实验产生的影响。

在玛丽皇后学院副院长、工程学位考试委员会主席 E. Giffen 教授的悉心指导下，方崇智先生的博士学位论文研究取得了三方面重要的创新性成果 :（1）在假设的热流线下，做出了逼近单个液滴的传热过程，并利用松弛法检验，大大提高了准确率 ;（2）论证了瞬态热传导可以不考虑累积液体增加的阻力 ;（3）在三种不同的传热速率下，分析了液滴促进表面的液滴大小分布，并基于这种分布，在稳态情况下假设冷却表面冷凝热维持不变，估计了液滴传热过程的传热参数，估计结果获得了实验数据的验证。

方崇智先生的博士学位论文研究即使现在看来也还是非常有意义的，珠状凝结是一个不断重复的非稳定循环过程，由液滴的生长、长大、合并和脱落四个随机子过程组成，它的传热系数很高，是一种极具吸引力的传热方式。人们对珠状凝结传热的机理、维持珠状凝结的条件以及工业应用的前景都非常关注，它涉及传热传质学、金属学和化学，还涉及表面科学与技术等多个领域。到目前为止，珠状凝结的工业化应用还未取得突破性的成果。由此可见，方崇智先生早年的博士学位论文研究具有重要的意义。

附 2 是方崇智先生博士学位论文的部分原件，包括论文前页、论文目录、论文摘要和一些主要的章节与图表。从这些论文原件，仿佛能感受到 70 年前方崇智先生灯下伏案疾书的身影，同时也就不再难以理解为什么方崇智先生后来在系统动态特性分析、系统建模、模型参数估计和模型状态观测等方面具有那么深厚的学术功底。

创建过程控制学科

过程控制是自动化学科的一门分支，是一种用于对与化学、生化、物理、相变、能量转换和传热传质等复杂反应或过程相伴随的连续生产流程进行控制的理论和技术。20 世纪 50 年代，国务院制定了“1956—1967 年科学技术发展远景规划纲要”，自动化技术成为国家优先发展的学科之一。在苏联专家的帮助下，许多高等学校设立了工业企业电气化专业，但那时高等学校过程控制专业还是个空白。1952 年方崇智先生调入清华大学时，担任动力机械系汽轮机专业教研组主任，从事汽轮机方面的教学和科研工作。当时他已发现自动控制技术是推动工业发展的重要手段，于是在苏联专家的帮助下成立了热能动力装置专业自动化专门化教研组，并担任教研组主任，担负起电站自动化专门化的教学和科研任务。这是清华大学1960年成立的热工量测及自动控制专业的前身，实际上也是过程控制专业的雏形。之后的几十年，方崇智先生为创立过程控制专业呕心沥血，做了大量工作。1958年他就开始为自动化专门化的学生讲授“自动调节原理”，随同听课的还有来自兄弟院校的教师和设计院的技术人员，培养学生的同时也为国内高等院校培养了一批从事过程控制专业教学与科研的骨干。这些学术骨干回到全国各地后，同新中国成立后陆续回国的有关专家一起，先后建立了各类过程控制专业，逐步在中国形成完整的过程控制学科。与此同时，方崇智先生积极组织各方力量，主持制定了过程控制专业的教学计划和课程建设规划，明确了学科方向，建立了学科教学与科研体系，为过程控制专业的发展奠定了基础。

在清华大学形成过程控制专业和全国范围内形成过程控制学科的过程中，方崇智先生起了积极的主导作用。在上世纪50年代，国家号召向苏联学习，吸收苏联高等教育的经验，方崇智先生毫不犹豫地响应号召，积极学习俄文，以便能更好地学习苏联的科学知识。然而，方崇智先生凭着早年在英国接触到的西方科学史，敏锐地意识到在学习苏联的同时，也不应该完全放弃向西方国家的学习。因此，在上世纪50年代后期，方崇智先生就开始自觉地注意西方国家的技术发展动向，并着手分析研究西方有关过程控制学科的图书和资料，很快发现苏联的仪表工业存在的问题，同时也感到苏联高等教育的专业设置太专太窄，不一定符合中国的经济建设需要。当时方崇智先生就提出应该拓宽专业面，因为许多工业部门对仪表自动化专门人才的需求是有共性的。1960年本着这种指导思想，方崇智先生受命组建热工量测及自动控制专业，开始采用西方国家有关过程控制的教学资料。这些举动是有先见之明的，也深深地影响了国内许多高等学校过程控制专业的发展历程。此后几十年，方崇智先生坚持工作在过程控制教学和科研的第一线，以发展中国过程控制事业为己任。方崇智先生作为这个学科的主要倡导者和带头人，无论在清华大学或在中国都起到了十分关键的作用，正如国际过程控制著名学者，加拿大Alberta大学S.L.Shah教授所说的：“方崇智教授在过程控制领域的影响和贡献是深远和广泛的，且并不止于清华和中国（Professor Fang Chong Zhi’s influence and contributions in the field of process control spread far and wide, beyond Tsinghua and China)”。或许正是这种影响和贡献，使先生赢得了国内外过程控制学界众多学者的尊敬和爱戴。

为了发展中国的过程控制学科，方崇智先生始终孜孜不倦地探索着，提出了许多新观点和新构想，丰富了过程控制学科的内涵，撰写了以经典控制理论为基础的过程控制学科论著和教材。到上世纪 70 年代末，方崇智先生又及时地将以状态空间描述为基础的现代控制理论引入过程控制学科，为提高师资队伍的水平，亲自为教师开设了“现代控制理论”课,并积极开展有关系统结构、建模方法、多变量系统设计、过程计算机控制等科学研究，同时提倡开展非线性控制、鲁棒控制、适应性控制、预测控制、容错控制、模糊控制、基于专家系统的控制、基于模式识别的智能控制以及过程故障检测与诊断等问题研究，不断拓宽了过程控制学科的研究领域。至上世纪 80 年代，以现代控制理论为基础的高等过程控制也就这样逐步形成了。1987 年，方崇智先生又参考国内外的发展动态，把 CIMS（Computer Integrated Manufacturing System）概念移植到过程控制学科，提倡在连续生产过程中进行计算机集成制造系统的研究，将工厂全部生产活动所需的信息和各种分散的自动化系统有机地集成起来，形成能适应生产环境不确定性和市场需求多变性，追求总体全局最优的高质量、高效益、高柔性的智能生产系统，并于上世纪 90 年代成功地在福建炼油有限公司实施。方崇智先生的这种思想，把过程控制学科推向流程工业综合自动化的新高度，对流程工业控制技术的发展产生了深远的影响，后来在国家高技术研究发展计划（“863” 计划）中把这种智能生产系统称作流程过程 CIMS。

在创建和发展过程控制学科的过程中，方崇智先生始终认为科研是学科发展的生命线。自上世纪 50 年代以来，他就亲自领导和主持过多项科研工作，包括直流锅炉的动态特性研究、火力电站自动化系统、化肥生产过程最优控制、城市煤气管网“四遥”远动系统、建模理论和方法、系统辨识算法、模型预测控制、加热炉自动控制系统、故障诊断理论与方法、精馏塔优化控制、长输管线的泄漏检测与定位和分散式计算机控制系统等，其中长输管线泄漏检测与定位、加热炉建模与优化、预测推理控制以及双线性系统辨识及自适应控制等项目获国家自然科学基金、教委博士点基金、“九五”攻关、“863”计划和“985”工程的资助，有力地推进了过程控制学科的科学研究进程。

方崇智先生对发展过程控制学科还有一个很重要的思想，就是除了大力开展科学研究外，专业教材和实验室建设也是不容忽视的。早在 1962 年他就亲自编写了《自动调节原理》和《热工过程自动化》等专业教材，上世纪 80 年代又相继组织编写了《过程控制》《过程辨识》和《过程计算机控制》等高质量的教材，并把美国著名过程控制专家 F.G.Shinskey 的著作《过程控制系统》翻译成中文出版，推荐作为教学参考书。另外，早在上世纪 60 年代，方崇智先生就明确提出“没有实验室水平就没有专业水平”的指导思想。在他的倡导和影响下，实验室成为教师的学术活动中心和教学交流平台。在实验室建设中，他不仅亲自设计，还亲自动手，经他一手建设起来的实验设备不下十几种，如水力模拟控制系统、热交换器模拟控制系统和长输管线模拟故障诊断装置等。这些实验设备不仅助力专业教学和科研的发展，也在国内同类专业实验室建设中起到示范作用。

自 1960 年方崇智先生创建清华大学过程控制学科以来，50 多年过去了，直至今日清华过程控制学科的科研和教学还在不断地提升和发展，处于可持续发展的上升期，在国内保持着领先地位，综合实力稳居全国高校前列，尤其是动态系统故障诊断与预测维护的理论研究成果在国际上也处于先进行列。经过多年的发展，目前清华自动化系过程控制学科的主要研究方向涵盖了流程工业综合自动化、智能化理论与技术的各主要环节和方面，包括复杂生产过程建模、自学习与软测量、复杂生产过程的先进控制、随机控制、学习控制和实时优化控制、复杂流程工业的过程物流、供应链以及智能优化调度、复杂控制系统的性能评估、故障诊断、容错控制、预测维护与实时可靠性、智能报警，以及网络化控制系统、间歇过程控制、分布式系统控制和系统安全控制等。同时，还积极开拓和开展大型特种冶金设备控制系统、无人机群与深海潜水器的故障诊断与容错控制、高速铁路智能维护与自动驾驶，以及流程工业智能人机协同系统等研究方向；承担大量的国家级项目，包括“973”计划项目、“863”计划重大专项项目与重点面上课题、国家支撑计划、国家攻关计划，以及国家自然科学基金创新群体项目及重大、重点和面上研究项目等；也承担许多企业急需的攻关课题，直接为国民经济服务。经过团队的努力，近年来获国家自然科学二等奖两项，省部级以上的科技奖励二十余项，硕果累累。如今学科发展的趋势生气勃勃，与十年前相比更显得后劲十足，这也正是方崇智先生生前所期望的。

方崇智先生是清华大学过程控制学科的开创者，他早年就意识到学科建设与发展和教师队伍建设是息息相关的。为此，他特别重视年轻教师的培养，有的送出国进修，有的培养上重点岗位，还特别有意请进外国专家进行交流合作，殚精竭虑建设学科梯队。现今过程控制学科已经拥有一支年龄结构合理、科研方向明确、具有良好的团队意识、既分工又合作、和谐共处的学科团队，包括多名教授、副教授、助理教授，其中包括教育部长江学者、国家自然科学基金杰出青年基金和优秀青年基金获得者，以及一批博士毕业留校者。这些后起之秀继承方崇智先生未竟的事业，把学科建设推向一流。目前，他们各自承担着教学和科研重任，在国内外各种社会学术团体兼任重要职务，组织和参与许多重大的学术活动。

“控制科学与工程”学科的学术带头人

被学生称作“四大金刚”之一的方崇智先生是清华大学自动化系德高望重的老教授，不仅领导过程控制学科的教学和科研，又是“控制科学与工程”一级学科的学术带头人之一，更是“控制理论与控制工程”二级学科的领军者，引领“控制理论与控制工程”二级学科的前进方向。几十年来，方崇智先生和其他几位学术带头人一起，为“控制科学与工程”学科的发展倾注了大量的心血，制定发展规划，组建学术梯队，抓科研、促教学，依靠系里一批学术中坚力量，促进了自动化学科向前发展，形成了自动化教学、科研和实验室建设可持续发展的格局。教学方面提出了“顶层设计，整体规划”的改革思路，从本科生培养的实际需要出发，搭建了专业课程框架，考虑了课程设置的深度和广度，以及课程之间的知识覆盖和连接，同时兼顾课程的系统性和合理性；强调基础理论知识教学和创新能力培养，加强实践教学环节，包括课程实验、课程设计和课外科技活动等，以提高学生的实际动手能力；对课程进行整合、优化和归类，明确了课程的知识单元和知识点，不断推动自动化专业的教学改革。科研方面形成了合理的学科研究布局，包括系统建模、控制优化、故障诊断和预测维护、复杂动态系统分析与控制、复杂生产过程优化与控制、复杂运动控制及集成技术、工业综合自动化、智能无人系统、非线性系统建模理论和方法、智能化检测技术、多传感器信号融合、网络型信号检测与处理技术、新型大功率电源变流技术、企业集成与服务科学和仿真与虚拟制造技术等研究方向。实验室方面制定了建设物流环境下可柔性组合的离散与连续流程工业对象及其控制系统的规划，为自动化专业教学提供包括学习型、设计型、研究型和综合型等实践教学环节。在方崇智先生等学术带头人的带领下，经过自动化系全体教职员工的努力，自动化学科的学术水平不断提升，在国内高校处于领先地位，在国民经济应用领域声誉很高，在国际上也能列入先进行列。

主要研究领域，学术建树与成就

方崇智先生的研究领域主要包括系统建模与辨识、故障检测与诊断和系统控制与优化三方面，同时还涉及计算机集成制造系统，也称作智能生产制造系统。其中，系统建模与辨识研究领域主要面向石化、冶金和电力等流程工业，研究多相、多组分和多尺度环境下，具有多变量、非线性、强耦合性、时变时滞和不确定性问题的系统建模理论和方法，包括机理建模和统计建模；故障检测与诊断研究领域主要针对复杂工业过程和重大装备的故障具有层次性、传播性、相关性和不确定性等问题，利用数据序列并结合过程机理、数学模型及专家经验和知识，研究基于模型驱动和数据驱动的故障检测、诊断、预测与维护理论和方法；系统控制与优化研究领域主要研究复杂生产过程的控制与优化理论和方法，包括预测控制、智能控制、智能调度优化、复杂非线性不确定系统、多体与多维动态系统的控制等；智能生产制造系统研究领域主要针对工业过程具有大规模、多变量、非线性、强耦合、不确定、多目标、大时滞、难以建立机理模型以及关键工艺参数不易在线检测等特征，研究工业企业实现设计、制造、销售、库存和管理一体化及系统建模、控制、优化与决策等所涉及的理论和应用问题。

多年来，方崇智先生就上述主要研究领域，主持领导过多项科研工作，其中很多研究工作都是立足或跟踪世界前沿的，尤其在故障诊断理论与方法和系统辨识理论与方法方面的研究取得了许多具有国际水平的成果。为了保证生产过程安全可靠、高效能地运行，除了对生产需要实施良好的控制外，还要求对生产过程进行实时监视，以便当生产过程出现故障时能够及时发现并加以处理。方崇智先生特别重视这个研究方向，上世纪 80 年代初就开始组织力量，探索故障诊断的理论和方法，之后几年内相继获得许多重要的研究成果，在国内处于领先地位。在“长距离输油管道泄漏检测与定位”的研究项目中，利用相关分析法、模型残差分析法对长输管线泄漏检测与定位的研究获得了与国际水平相当的成果，并用于实际工业管线，在国内最早进行了工业管道试验，试验结果证明所提出的方法具有良好的应用价值。在大型旋转机械故障诊断方面提出一种基于向量投影的故障诊断方法，通过观察故障信号向量在观测信号空间上的投影，实现故障检测与分离，较传统的谱分析故障检测法灵敏度更高、计算量更小，更重要的是可以实现在线实时检测。结合人工智能技术，方崇智先生还提出一种新的故障诊断模式，将基于数学模型的故障诊断、"故障 - 模式"匹配、基于逻辑模型的故障诊断、"时间 - 空间"分析、逻辑滤波器和状态观测器等故障诊断方法综合起来，在柔性黑板结构的支持下，实现高效、高性能的故障在线检测与诊断。

在基于模型的故障诊断理论和应用方面做出了开创性的贡献，首次推导了故障检测观测器的一般结构，摆脱了以往的检测观测器形式上的约束，给出了最大故障分离的必要条件，同时提出了一种故障分离的鲁棒性原理，进而利用鲁棒观测器实现故障分离。一方面利用线性系统理论研究检测观测器的性质及其解法，另一方面利用逻辑代数和鲁棒性向量概念对故障的可分离性、故障分离及诊断的推理过程进行深度分析，推导出了能提取最大故障分离信息的方法，以此构造了系统化的故障诊断系统。该研究成果是 1992 年获国家教育委员会科技进步（甲类）一等奖的主要内容，在国际刊物上也发表了多篇学术论文（配图 5 是发表在 *Int. J. of Control* 上的 3 篇论文），其中配图 5a 这篇论文得到国际故障诊断领域专家的高度评价。国际故障诊断领域权威、IEEE Fellow、曾任欧洲自动控制联合会第一副主席、德国的 P. M. Frank 教授评价这篇论文："对鲁棒观测器设计做出重大贡献（significant contribution），给出了系统化方法（systematic solution）"；曾任 IFAC 故障诊断技术委员会主席、IEEE Fellow、英国 R. J. Patton 教授对这篇论文的评价："成功地将 UIO（Unknown Input Observer）用于动态系统部件的鲁棒故障检测"；国际故障诊断领域著名学者、美国 George Mason 大学 J. Gertler 教授把这篇论文说成："这是一项很漂亮的工作，绝对是成熟和专业的（a beautiful piece of work, absolutely mature and professional）"，以此称方崇智教授是故障检测与诊断领域的先驱者（Professor Chong-Zhi Fang—A pioneer in fault detection and diagnosis）。

方崇智先生在系统辨识方法研究方面同样取得了富有创新性的成果，在指导博士研究生的论文研究中，提出了一类基于增广 UD 分解的辨识方法，包括 AUDI、AUDI-RLS、AUDI-RFF、AUDI-RELS 和 AUDI-RIV 等辨识算法。这些辨识算法无论是数值计算性质或应用方面都具有特别的优势，而且也是闭环系统辨识和多变量系统辨识一种很好的解决方案。基于增广 UD 分解的辨识方法源于提出一种新的信息压缩阵以及对信息压缩阵的巧妙分解。当模型阶次未知的时候，这种辨识方法可以一次性地获得系统所有模型阶次下各阶次的模型参数估计值和对应的损失函数，大大减少了辨识计算量。国际辨识领域权威、瑞典皇家科学院院士、瑞典皇家工程科学院院士、IEEE Fellow、IFAC 顾问、瑞典Linökping大学 L. Ljung 教授在评阅方崇智先生与加拿大 Alberta 大学 D.G.Fisher 教授联合指导的博士学位论文 *Augmented UD Identification for Process Control* 时，对这种新的辨识算法化方法给了充分的肯定（配图 6）：“论文给出的算法化方法确实是一种最自然、高效和有用的方法（a most natural, efficient and useful one）；……论文的研究结果对该领域将会产生重大的影响(the results of the thesis will have a substantial impact on the field)”。

在系统控制与优化和智能生产制造系统方面也做出了重要成就，尤其是将智能生产制造系统理论与方法用于智能优化调度和计划与调度优化方面，取得了许多重要的工程应用和理论研究成果，并在国家“九五”计划项目“大型骨干石化生产系统控制及计算机应用技术”和“863”计划项目“炼油石化生产装置先进控制技术和软件研究开发”中得到成功的应用，打破了 Honeywell、Aspen 等国外公司的垄断，2000 年获中国石化总公司科技进步一等奖。部分研究成果上世纪 90 年代在福建炼油有限公司“计算机集成生产系统”项目中也获得成功的应用，1998 年获中国石化集团总公司

International Journal of Control

ISSN: 0020-7179 (Print) 1366-5820 (Online) Journal homepage: http://www.tandfonline.com/loi/tcon20

Detection of faulty components via robust observation

WEI GE & CHONG-ZHI FANG

To cite this article: WEI GE & CHONG-ZHI FANG (1988) Detection of faulty components via robust observation, International Journal of Control, 47:2, 581-599

To link to this article: https://doi.org/10.1080/00207178808906033

配图 5a：1988 年发表于 *Int. J. of Control*

International Journal of Control

ISSN: 0020-7179 (Print) 1366-5820 (Online) Journal homepage: http://www.tandfonline.com/loi/tcon20

Extended robust observation approach for failure isolation

W. Ge & C. Z. Fang

To cite this article: W. Ge & C. Z. Fang (1989) Extended robust observation approach for failure isolation, International Journal of Control, 49:5, 1537-1553

To link to this article: https://doi.org/10.1080/00207178908559724

配图 5b：1989 年发表于 *Int. J. of Control*

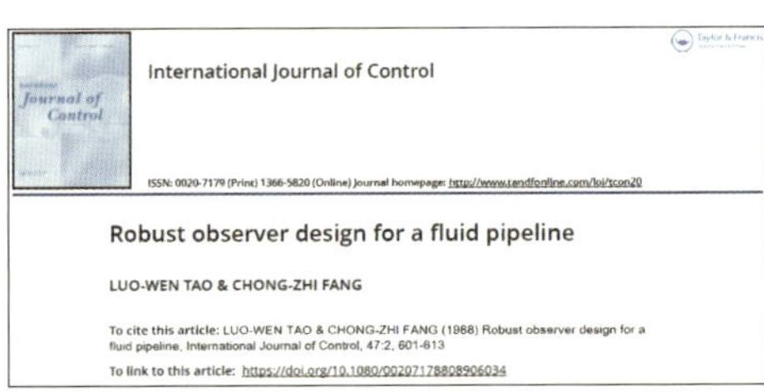

International Journal of Control

ISSN: 0020-7179 (Print) 1366-5820 (Online) Journal homepage: http://www.tandfonline.com/loi/tcon20

Robust observer design for a fluid pipeline

LUO-WEN TAO & CHONG-ZHI FANG

To cite this article: LUO-WEN TAO & CHONG-ZHI FANG (1988) Robust observer design for a fluid pipeline, International Journal of Control, 47:2, 601-613

To link to this article: https://doi.org/10.1080/00207178808906034

配图 5c：1988 年发表于 *Int. J. of Control*

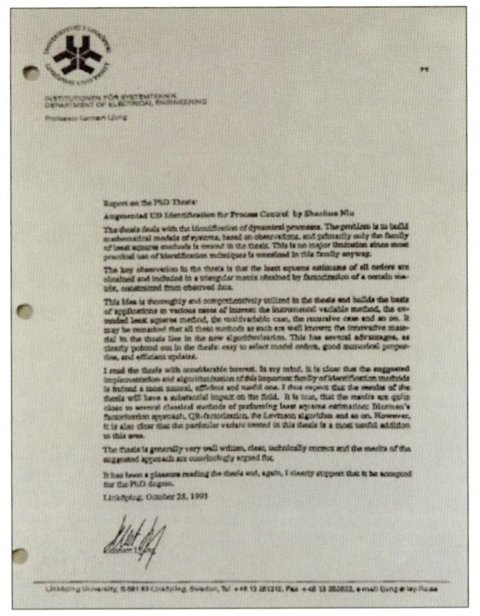

INSTITUTIONEN FÖR SYSTEMTEKNIK
DEPARTMENT OF ELECTRICAL ENGINEERING

Professor Lennart Ljung

Report on the PhD Thesis:

Augmented UD Identification for Process Control by Shaohua Niu

The thesis deals with the identification of dynamical processes. The problem is to build mathematical models of systems, based on observations, and primarily only the family of least squares methods is treated in the thesis. This is no major limitation since most practical use of identification techniques is confined in this family anyway.

The key observation in the thesis is that the least squares estimates of all orders are obtained and included in a triangular matrix obtained by factorization of a certain matrix, constructed from observed data.

This idea is thoroughly and comprehensively utilized in the thesis and builds the basis of applications to various cases of interest: the instrumental variable method, the extended least squares method, the multivariable case, the recursive case and so on. It may be remarked that all these methods as such are well known; the innovative material in the thesis lies in the new algorithmization. This has several advantages, as clearly pointed out in the thesis: easy to select model orders, good numerical properties, and efficient updates.

I read the thesis with considerable interest. In my mind, it is clear that the suggested implementation and algorithmization of this important family of identification methods is indeed a most natural, efficient and useful one. I thus expect that the results of the thesis will have a substantial impact on the field. It is true, that the results are quite close to several classical methods of performing least squares estimation: Bierman's factorization approach, QR-factorization, the Levinson algorithm and so on. However, it is also clear that the particular variant treated in this thesis is a most useful addition to this area.

The thesis is generally very well written, clear, technically correct and the merits of the suggested approach are convincingly argued for.

It has been a pleasure reading the thesis and, again, I clearly support that it be accepted for the PhD degree.

Linköping, October 28, 1993

Lennart Ljung

Linköping University, S-581 83 Linköping, Sweden

配图 6：Ljung 教授的评语

配图 7a：过程控制成就奖

配图 7b：先进工作者

配图 7c：桃李满天下

科技进步二等奖和国家高技术研究发展计划（“863”计划）CIMS 主题办公室授予领先奖的荣誉。

附 3 是方崇智先生及其研究团队获得的部分相关领域的科研获奖项目，彰显了方崇智先生在控制领域的学术贡献；附 3 还列出部分与研究生及同事共同发表的主要学术论文，有些论文在国际上得到高度的评价，这也是方崇智先生学术成就的一部分。

方崇智先生一生做出了许多突出的贡献，有关单位为他颁发过各类奖牌或奖状，如 2009 年中国自动化学会授予的“中国过程控制成就奖”（配图 7a），清华大学授予的“先进工作者”（配图 7b）和“桃李满天下”（配图 7c）等，这里就不一一列举了。

把教育当作一生的事业

方崇智先生，从教六十余载，始终忠于教育事业，默默无私奉献，几十年如一日，在荏苒时光中为教育事业奋斗一生。他是清华大学自动化系最著名的、被尊称为先生的四大教授之一，也是国内及国际自动化界的知名教授。他用 60 年的坚守，辛勤耕耘，不懈努力，严谨治学，恪守做人做学问的原则和个人的魅力，影响了清华乃至全国的自动化专业教育事业。虽然方崇智先生永远离开了我们，但他的教育思想和见解始终值得我们学习和传承。下面通过回忆方崇智先生的一些言谈话语和行为举止，概括表现他的教育思想，从中领悟他把教育当作一生事业的思想境界。

1. 强调工程，重视综合应用能力的培养

强调工程应用是方崇智先生一贯的教育思想，这可能与他上世纪 40 年代所受的教育有关。早在 1991 年在桂林举办的全国高等学校自动化教育学术年会上，他就明确提倡各类工科专业都应该面向国民经济应用领域，重视工程综合应用能力的培养。当时，他在会上对高等工程教育问题提出的一些论述，受到与会老师的认同，也深深地影响了后来的自动化专业教育方向。方崇智先生对高等工程教育问题的观点主要表现在对工科专业人才培养的基本要求。概括起来说，就是要求学生具有能够应用自然科学和工程科学基本原理，探究复杂工程问题的研究能力和解决复杂工程问题的实践能力；能够针对复杂工程问题，设计特定需求的单元或系统，体现与社会、安全、文化及环境保护等相关联的设计能力；能够针对复杂工程问题进行调研观察、实验验证、现象解释、数据整合的分析能力；能够针对复杂工程问题进行预测和模拟，并理解、发现其局限性的开发能力；能够针对复杂工程问题，从社会、安全、文化和可持续发展及应承担的社会责任等方面进行综合的评估能力；具有人文社会科学素养、社会责任感，能够在工程实践中理解并遵守工程职业道德，履行责任的职业规范;能够就复杂工程问题与业界同行、职能部门和社会公众进行沟通、交流和在多学科环境中组织项目的管理能力，以及自主学习、不断进取和适应学科和行业发展的学习能力。

方崇智先生的这些观点说到底就是培养工程综合应用能力，他在教育实践过程中也在努力亲身践行这些要求，包括提倡主动式学习，以适应用人单位的需求；提倡案例教学，作为专业工程教育的一种重要手段；提倡开放思维教学，强调知识的交叉应用；倡导创新力的培养，形成多维度看问题、全面思考的能力。方崇智先生一生坚守的这些观点，不仅影响了一代自动化学习者和教育者，也影响了我国自动化专业教育的发展和方向。

2. 重视素质，推动专业人才素质教育

重视素质教育也是方崇智先生一生坚持的教育观点，他在教研组会、系教学研讨会和国内教育教学会议上曾多次提到要重视素质教育。他认为人才的培养首先是德育素质教育，而且主张德育素质教育应该贯彻在人才培养的整个过程，与知识的获取、能力的锻炼相结合，以造就思想进步、身心健康，能融入社会的专业人才；主张培养抽象思维能力，注重完整性和通用性知识教育；主张培养形成对与错、应该与不应该、美与丑的判断能力;主张创新意识教育，

并提倡落实到课堂教学、教材建设、课程设置、实践环节和教学环境等各个环节；主张培养综合应用能力，尤其要培养独立自主解决问题的能力。方崇智先生对素质教育的这些思想符合国家的需求，是自动化专业教育应该不断追求的目标，我们不应该忘记先生的期望。

3. 不懈努力，培养适应国家需要的研究生人才

1959 年起，方崇智先生就开始招收研究生，1982 年开始培养博士研究生。几十年来，培养了大批硕士生和博士生，如今都成为各行各业的栋梁之材。方崇智先生为培养高水平的科学研究和工程应用人才，总是在不断探索，不懈努力，做到了殚精竭虑。方崇智先生认为研究生的培养不同于本科生，要更加注重专业知识和综合素质的培养，除了要求掌握坚实的基础理论和系统的专门知识外，专业素养的累积、思维方法的发展、思想的成熟与完善等循序渐进的过程更为重要，尤其是独立思考、独立解决问题的能力是研究生培养的重中之重。

根据国家的需求和研究生的个体情况，方崇智先生认为研究生的培养方式和方法可以采用多种不同的模式，包括学术研究型、专业发展型、试验研究型和工程应用型。对此方崇智先生有过明确的论述，学术研究型的培养模式要求通过学术训练获得基础理论知识，更深和更广地掌握非应用性的理论知识，然后服务于课题组的研究方向，最终做出高水平的学术成果；专业发展型的培养模式要以学生为中心，培养成为本领域高层次的技术人才，强调扎实的专业核心课程学习，包括理论课程和方法课程；试验研究型的培养模式必须以主流技术为核心，通过强化训练以获得高级知识和技能，主要采用实验室或企业现场培养的方式，导师本人通常又要作为榜样参与课题其中，不要以权威学者自居，要以朋友同事相处，在友好合作的氛围中共同完成研究工作；工程应用型的培养模式是针对来自企业的工程类研究生，培养的目的是为企业输送能解决实际问题的高层次应用人才，培养过程强调塑造事业心、责任感和联系实际的工作作风。不论是哪种培养模式，方崇智先生都特别强调，培养过程必须是系统正规的，受到高水平的专业知识和专门技术的训练。方崇智先生还认为课堂教学是培养研究生的一个重要环节，一方面希望任课教师要为研究生课堂教学营造探究式的学习环境，另一方面要求研究生要把课堂学习当作犹如站在巨人的肩膀上看世界，从中学到独立理解问题、认识问题、洞察问题和解决问题的知识和方法。

方崇智先生多年提倡的这种针对不同情况分类培养研究生的思想和做法，即使现今也是有现实指导意义的，值得后人学习、传承和借鉴。

4. 不断追求，探索过程控制课程教学改革

“过程控制”是自动化专业的一门核心课程，对培养从事连续过程工业控制专业人才有着至关重要的作用，但实际中的教学面临着一个难堪的窘境，学生缺少应有的工艺基础知识，如力学、传热学和化工原理等，致使在课堂上难以深入地进行过程控制系统分析，而独立设置这类课程，对自动化专业来说又不十分适宜。这种情况下，如何对过程控制课程进行有效的教学改革，对许多学校和老师来说都是难题。方崇智先生很早就意识到这个问题，做过许多努力，直到上世纪 80 年代，他想到美国的一位老朋友 F.G.Shinskey 先生。F.G.Shinskey 先生就职于美国 Foxboro 公司，是世界著名的过程控制专家，对过程控制系统有独特的分析思路，不用拉氏变换和频率特性等概念，坚持采用时域法来分析过程控制问题，思路别具一格；特别注重应用，绕过许多繁杂的理论，尤其是利用迟延的特性和补偿的思想，解决了过程控制中许多繁难的问题，形成一种具有鲜明实用特色的风格，还特别善于针对具体问题把工艺知识结合其中构建过程控制方案。1967 年，F.G.Shinskey 在美国、加拿大以及其他许多国家的大学、工业现场和专业学术会议演讲授课的基础上，写成的 *Process Control Systems: Application, Design and Tuning* 著作充分地体现了 F.G.Shinskey 的过程控制思想。这本书中只采用时域法和迟延环节的特性，结合工艺知识就把过程控制的概念和要点讲清、讲透，曾被广泛采用作为大学本科和后续班的教材，在北美地区影响很大，后又陆续修订出版了第二版、第三版和第四版。方崇智先生敏锐地意识到 F.G.Shinskey 的这本著作对中国高等学校自动化专业过程控制课程教学改革会有意想不到的效果。上世纪 80 年代初，方崇智先生开始着手翻译 F.G.Shinskey 著作的第二版（配图 8 上），加上后来在他指导下翻译出版的第三版和第四版（配图 8 中、下），就系统地将 F.G. Shinskey 对过程控制的分析方法和思想完整地介绍给国内读者，这对

配图 8：译著《过程控制系统》（第二、三、四版）

推动国内自动化专业过程控制课程教学改革十分有意义。自 1982 年之后，方崇智先生就一直坚持推荐，过程控制课程的教学能不能也不采用状态模型和频率分析法，而采用时域法来讲授，从系统对象分析、控制方案组成、调节器选择和非线性补偿，到 PID 参数整定和调节阀选型，再到可能的最佳响应和实际的最佳响应及最佳调节器整定值的概念，直到自然地将过程控制知识与工艺知识结合起来，又将过程控制理论与实际被控对象紧密联系在一起，相信应该能把过程控制课程讲好、讲活。

方崇智先生追求的这种以时域分析方法为主，将过程控制知识与工艺知识融为一体的课程教学改革思想，直到目前为止实现起来仍然还有许多实际问题需要解决，值得我们不断探索、不断求新。

配图 9a :《高压汽轮机》(上下册)

身先力行，
尽心竭力建设专业教材

方崇智先生认为专业学科的发展除了大力开展科学研究外，教材和实验室建设也是不容忽视的。上世纪 50 年代，方崇智先生担任清华大学动力机械系汽轮机专业教研组主任期间就非常重视专业教材的建设，为推动汽轮机专业教学进一步发展，更上一层楼，他积极组织力量，翻译出版了前苏联的《高压汽轮机》(上、下册)(配图 9a) 和《汽轮机》及其习题汇编 (配图 9b)，在汽轮机专业教学中起到了积极作用。

配图 9b :《汽轮机》及其习题汇编

1960 年创办热工量测及自动控制专业之后，又相继编写了《自动调节原理》和《热工过程自动化》等专业教材。上世纪 80 年代，随着自动化技术日新月异的发展，方崇智先生积极身先力行，组织编写出版《过程控制》

《过程辨识》(配图 10a)和《过程计算机控制》(配图 10b)等教材，有力地推动了过程控制专业的教学。与此同时他还担任清华大学出版社“信息、控制与系统”系列教材编委，参与组织编写出版了一套包括信号与信息处理、模式识别、知识工程、控制理论、自动化技术、传感技术、自动化仪表、系统理论、系统工程、机器人控制、智能控制、计算机控制及应用等方面的系列教材。方崇智先生编写的《过程辨识》(配图 10a)和《过程计算机控制》(配图 10b)也属于该系列教材，在全国范围内产生了极大的影响，推动了自动化学科及时跟上国际发展趋势。

1981 年为了推动过程控制课程的教学改革，方崇智先生又翻译出版了美国著名过程控制专家 F.G.Shinskey 的著作《过程控制系统》(配图 10c)，该译著曾获化学工业出版社优秀图书奖。

《过程辨识》教材问世于上世纪 80 年代后期，由清华大学出版社出版，15 年间重印 10 多次，一直作为清华大学本科生和研究生的教材以及全国自动化学科本科与研究生教学的主要教材或参考书。许多现已成为国内自动化界知名学者、学术骨干或中坚力量的学界同仁都读过这本书，一些出国留学的学生也不忘把这本书带在身边，不时翻阅。该书 1989 年被评为清华大学出版社优秀图书(配图 11a)，1992 年获第二届全国高等学校机电类专业优秀教材二等奖(配图 11b)。1993 年由台湾儒林图书有限公司翻印成繁体字版出版发行(配图 11c)。

曾任 IFAC 主席，浙江大学、上海交通大学的吕勇哉教授和中国科学院院士、上海交通大学的张钟俊教授在 1989 年《控制理论与应用》(Vol.6, No.2)上为《过程辨识》书写了书评(配图 12)。吕勇哉教授称该书与国

配图 10a :《过程辨识》

配图 10b :
《过程计算机控制》

配图 10c :
《过程控制系统》

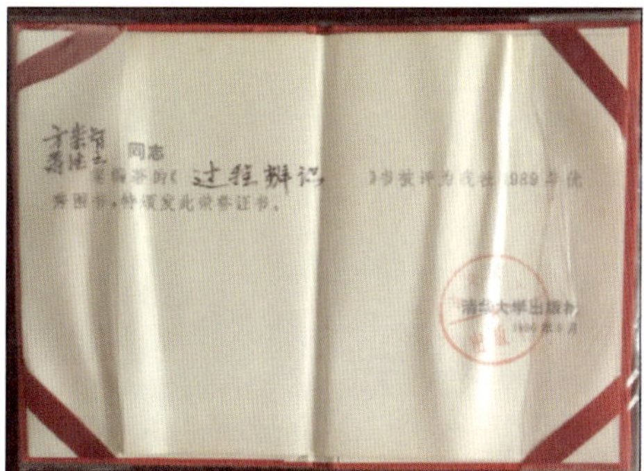

配图 11a：清华大学出版社优秀图书奖

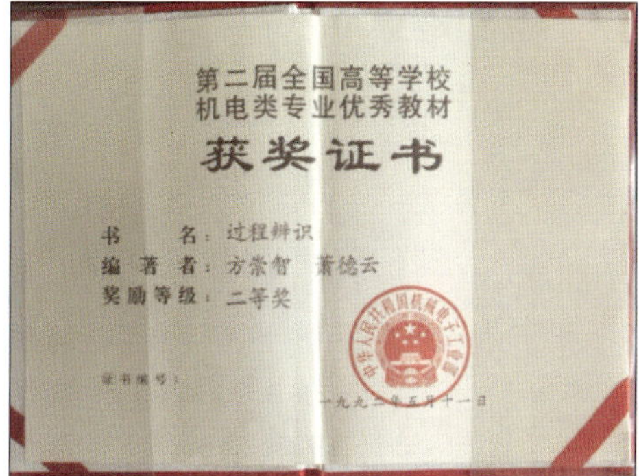

配图 11b：全国高等学校优秀教材二等奖

配图 11c：台湾版《过程辨识》

《过程辨识》评介

配图 12a：吕勇哉教授书评

《过程辨识》书评

由清华大学方崇智教授、萧德云副教授所著的《过程辨识》一书是一本结构完善、内容丰富、理论联系实际、颇具独特风格的教材，同时可供工程技术人员参考使用。

《过程辨识》是根据过程的输入、输出数据建立过程数学模型的理论和方法。它和状态估计、控制理论构成了自动控制学科中三个相互渗透的领域；其理论已日趋成熟，通过各种算法和计算机的应用，已成为一门使用的工程学科。

《过程辨识》一书始终突出理论联系实际的原则，选材均有明显的应用背景。书中给出的大量例题，不仅有助于理论的理解，并且可以达到巩固基本知识的需求。

全书分十七章。首先论述辨识的基本概念和所需的基本知识；然后讨论各种辨识方法——最小二乘类方法、梯度校正法和极大似然法；其次，在引入模型的统一结构后，导出辨识算法的一般形式，并以此为基础，进一步阐明各类辨识算法的共性及其收敛性。这是本书独特的贡献。

书中不但讨论了 SISO 和 MIMO 过程的辨识方法，而且对开环可辨识性、模型类的选择、准则的选择、模型检验、在线辨识技术以及辨识在自适应控制、预报和故障检测等领域中的应用，提供了许多有用的知识。

总之，本书具有较高的学术水平，是一本很好的教材和参考书。

张钟俊（上海交通大学）

配图 12b：张钟俊院士书评

外同类教材相比毫不逊色；张钟俊教授称这是一本结构完善、内容丰富、理论联系实际、颇具独特风格的教材。

《过程辨识》教材倾注了方崇智先生的后半生心血，经过十几年的教学实践后，又积累了许多教学和科研素材。21 世纪初，方崇智先生提议重新修订这本教材，并建议改名为《系统辨识理论及应用》，与此同时制定了修订方案和大纲。方崇智先生明确提出，这次修订建议采用多层次结构，基础层次从概念性出发，论述辨识的基本知识、系统描述与辨识模型、经典与现代的辨识方法、模型结构辨识及辨识问题实践需要考虑的问题等；提高层次从系统性和完整性出发，论述辨识信息实验设计、闭环系统辨识、多变量系统辨识、辨识算法的一般结构和辨识算法统计性等；同时希望把多年研究的辨识新成果写进教材，比如增广 UD 分解辨识算法、EIV 模型辨识、辨识算法性能分析和非均匀采样系统辨识等；还要求必须突出理论联系实际，论述要始于物理概念，导出的理论要用仿真例子或工程实例验证，以便读者便于理解；各章要配有适量的习题，习题要源于教学和科研实践。同时他坚持不再做第一作者，想站在更高处当主审人。修订版教材定稿之前，方崇智先生虽然年事已高，但还不时地询问修改进度。无奈，直到方崇智先生仙逝，修订版才完成出版（配图 13）[①]。此时，只能默默地“无忘告乃翁”：先生的夙愿实现了。

配图 13：方崇智先生主审的《系统辨识理论及应用》教材

①该修订本后来被列为普通高等学校“十一五”国家级规划教材和由教育部高等学校自动化专业教学指导分委员会牵头规划的全国高等学校自动化专业系列教材，并获 2016 年清华大学优秀教材二等奖。

学者风范，受人尊敬的师长

古之师，传道也，表率者；今之师，方崇智先生，学者风范，受人尊重的师长。他一生以育人为己任，为人谦逊，兢兢业业，为人师表，有道德情操，有扎实学问，博才多学，以德立身，以德施教。这种高贵的师德，源于早年留学英国，受英国高等教育的熏陶和师从工程教育大家 E. Giffen 教授所受的影响，回国后又严于律己，终成学界同行仰慕、敬重的先辈。还有他那风度翩翩的绅士风度，在人来人往的清华主楼广场前，一眼就能认出他那有派的、矫健的身影，至今都让人难以忘怀。

方崇智先生从教六十余年，先后讲授过多门基础性技术课程。他讲课温文尔雅，不骄不躁，深入浅出，在黑板上徒手能画出如同软件绘制的过渡过程响应曲线，一旦分析到精深一点的内容、学科的前沿、交叉和热点，就像到了戏剧的高潮，双目放光，甩开书本，讲述里透着深奥，语气里含着自信，还带着几许霸气。他在讲台上那种严肃的表情有些人不习惯，却代表着对教学的执着和认真，不愧是一位具有学者风范、德高望重的教授。

方崇智先生重视课堂教学,更重视学科建设。编著过各类教材，也参与过全国的专业教材编审工作，即使在“文化大革命”中受到不公正待遇之时，还不忘保护即将出版的教材手稿。一有机会便会投书国家有关部门，阐述过程控制专业的重要性，并总要亲自主持修订过程控制专业的教学计划，积极引进新技术，更新教学内容，加强教学实验、课程设计、生产实习和毕业设计等教学环节。许多在生产第一线工作的校友都会深有感慨地说：“教学中的这些实践环节，使我终身受益”。在他高屋建瓴的领导下，清华过程控制学科水平在国内始终处于领先地位，有些科研项目的水平与国际同类研究相比毫不逊色。方崇智先生特别强调理论联系实际，主张教育必须与生产实践相结合，认为过程控制理论的发展必须能与生产实际相结合，培养的学生必须能服务于国民经济，不仅要有坚实的理论基础、系统的专业知识，更重要的要具备解决实际问题的能力。方崇智先生在过程控制学科建设方面的贡献是巨大的，不仅对培养工程控制方面的专业人才起了主导作用，而且使我国的过程控制学科水平赶上世界水平，对过程控制的发展功不可没，这也是方崇智先生之所以受人尊敬的重要原因。

自 1959 年起，方崇智先生开始培养过程控制学科方向的研究生，他的最大夙愿是尽早建立健全的研究生培养体系，依靠自己的力量培养高层次专门人才。改革开放后，方崇智先生先后培养了几十名硕士和博士研究生，个个都很优秀，走上工作岗位后，人人都出类拔萃。附 4 列出方崇智先生指导的部分博士学位论文目录，从中可以看出他培养博士研究生的层次和涉及的研究范围。对博士生的培养，方崇智先生有一套自身独特的做法。攻读博士学位期间，要求必须阅读一定量的文献，争取在国内外知名刊物上发表几篇高水平的学术论文；开题报告之前，必须就所研究的课题检索国内外研究状况，明确应用背景；每个学期必须提供一份书面报告或作一次口头汇报；来自非过程控制专业的研究生必须补齐专业课程或参与专业教学辅导，以便深入了解专业背景；特别强调在扩大和加深知识面的同时，注意提高综合应用能力，包括对科学问题的思维能力、对新问题的敏锐感、对科学问题的综述能力，以及学术参与能力；选题必须是学科前沿的问题，既要实实在在，又要可攻克，重要的是必须具有国民经济意义；强调理论探索与应用研究并重，不容许仅停留在理论推导上，必须有实际应用或实验验证作支撑。这种仔细、认真的精神浸透在研究生培养的每个环节，贯穿于研究生培养的全过程，这也正是方崇智先生值得被尊敬、被崇拜的理由。

治学严谨是方崇智先生突出的特点之一，他常说严谨的科学作风是成功的关键。对所领导的课题，他总是亲自定目标，落实计划，明确技术难点，关键的调研、实验总是亲临现场，要求数据必须可靠、分析必须有根据，写成文章必须句句站得住脚。确定新的研究方向，总要详细听汇报，并亲自到图书馆查阅国内外的发展动态，几经分析推敲，方可允许付于实施。从不说无根据的话，从不做无把握的事，自己或别人写的文章或著作总要逐句逐段批阅，尽量做到准确无误，对己对人都严格要求。这种作风深深影响了他所领导的教研组和研究所，而且一代又一代地传承下去，许多同事和学生从中受益匪浅。

呕心沥血，如今桃李满天下

方崇智先生从 1956 年起开始专心培养自动检测与自动控制学科方向的高端研究型人才，几十年来呕心沥血，如今桃李自芬芳，春晖遍四方。在方崇智先生的教育生涯中，始终坚持、一贯奉行做“正人君子”、做“创新之人”的育人理念，也就是做有信仰、敢担当、诚善和笃行的人，做厚学识、善思考、勇探索、敢质疑和尚进取的人。他认为这样的人才是国家真正需要的人，值得我们倾心培养的人。

从上世纪 50 年代到 90 年代末，40 多年间方崇智先生领导的专业为国家培养了自动检测和自动控制专业技术人才将近两千人，分布于国家许多重要研究机构、企业单位、高等院校、政府部门、金融和军队研究单位等，也有许多学子供职于北美和欧洲等地。他们个个都是各行各业的精英、栋梁之材，做出了许多于国于民有利的卓越成就。

据不完全统计，所培养的学子中许多人长期服务于国家重要的研究机构，包括中国原子能研究院、中国航天科技集团研究所、中国航天系统科学与工程研究院、中国航天信息研究中心、航天机电集团研究院、航空航天部研究所、中国船舶总公司设计研究院、中国工程物理研究院、中国科学院研究所、解放军总装备预研部、中国石化集团公司设计院、中国电力设计院、电力科学研究院、核工业部设计研究院、冶金部自动化研究设计院等，也包括一些地方研究单位，如上海自动化仪表研究所、西安自动化仪表研究所、武钢自动化所、陕西汉中研究基地和上海电力设计院等；还有一部分人终身服务于国家企业单位，包括首钢总公司、大亚湾核电厂、洛阳铜加工集团公司、重庆钢铁公司、南京金陵石化公司、南京扬子石化公司、上海吴泾化工有限公司、广州石化总公司、福州炼油化工有限公司、南京炼油厂、西安仪表厂、浙江网新技术公司和一些国家出版机构等；也有一部分人服务于国家政府部门和金融单位，包括各省部委科技司、经济委员会、信息产业局，以及各大银行和银行控股机构等；还有相当一部分人一直服务于高等院校，包括“985”和“211”院校及地方普通高校和军事院校。

据初步查证，40 多年间方崇智先生领导的专业所培养的学子在各行各业中都已成长为栋梁之材。有些学子担任过单位党委正副书记、大学正副校长、各大局局长、设计院正副院长、研究中心正副主任、国有大公司正副总经理、国有企业正副总工程师、民营企业总裁和事业单位高级顾问等职务，成为单位的领导或技术掌门人；多数学子都曾任职于重要的技术或管理岗位，从事的学术领域包括军事及国民经济各行业中的复杂制造系统设计与调度、复杂系统控制理论与应用、系统建模理论与应用、智能优化理论与方法、动态系统故障诊断、流程工业过程先进控制、机器人群智能自主控制、大型复杂工业装备设计与制造、智能芯片设计与开发、大规模生产过程安全评估、军事战略项目论证、高科技领域早中期投资与扶植以及物联网等，从事的业务涉及国家级项目、公司级综合项目、可与国外技术抗衡的产品项目、国家各种科学计划项目、国民经济重大建设项目以及民营民生项目。相当一部分学子获得过包括国家级、省部级科技进步奖、自然科学奖、杰出青年科学基金奖、国务院政府特殊津贴、全国“五一劳动奖章”、全国创新创效奖、国家留学回国人员成就奖以及协会/学会民间组织授予的各种奖励等。众多学子为国家、为人民做出了如此重大的贡献，犹如盛开的桃李，满庭芬芳，先生能不引为骄傲吗？

分布于北美和欧亚的学子在各行各业的表现以及做出的成就，也足以让先生十分自豪。他们中的一些人成为了北美和欧洲大学的终身教授、IEEE Fellow、跨国石化行业控制主管、控制技术专员、优化控制资深专家、智能流程工业专家，也有成为高级数据科学家、应用软件设计者、视觉智能构架师、检测信号处理专家、电子应用专家、传感器网络与可穿戴设备行家、移动计算和数据分析师等，他们秉承方崇智先生的治学精神，活跃在微软、苹果、谷歌、亚马逊、Facebook、IBM 和 GE 等高科技公司，成为人工智能、信号处理、自动控制、计算机通信、交通管理和医疗器械等领域的科学技术领跑者，更有以投资人的身份孵化和辅助新一代的创新创业。

这些受方崇智先生师德垂范，为人类做出贡献的、很有成就感的莘莘学子，不胜枚举。晚年的方崇智先生常为此深感自豪，想到这些出色的学子，就会情不自禁地喜形于色，怡然自得。

呜呼，方崇智先生生于乱年，卒于盛世；回首百年，一生忠诚，业绩亦彰；道德名声，傲立同行；学识睿智，有口皆碑；名利面前，淡然若水；殚见洽闻，阅人无数；师德垂范，泽惠数代。他把教育当作一生的事业，在教书育人的道路上付出无尽的汗水与心血，“路漫漫其修远兮，吾将上下而求索”。我们后来人，扪心自问，没有理由不把教育事业更往前推进，为国家的昌盛培育人才。

方崇智先生百年诞辰之际，写此传略，为了不忘却的纪念。

附1：方崇智先生年表

1919年11月25日	出生于安徽省安庆市怀宁县
1925–1931年	安徽安庆市立第一实验小学
1931–1934年	安徽省立安庆初级中学
1934–1937年	江苏省立扬州中学高中部
1937–1938年	安徽乡间避战乱
1938–1942年	南京中央大学机械系，后转重庆中央大学机械工程系，1942年获机械工程专业工学学士学位
1942–1945年	民国政府资源委员会中央机器厂（昆明）技术员
1945–1949年	英国机床制造公司Newall Eng. Co.（实习员）；英国供应部科学工程研究所伦敦大学研究部（助理研究员）；英国伦敦大学玛丽皇后学院攻读博士学位，1949年获机械工程专业哲学博士学位
1949–1952年	北京大学工学院机械系副教授，动力教研室负责人
1952–1956年	清华大学动力机械系副教授，汽轮机专业教研组主任
1956–1960年	清华大学动力机械系副教授，1956年筹建热能动力装置专业自动化专门化教研组，任自动化专门化教研组主任
1960–1966年	清华大学动力机械系教授，1960年筹建热工量测及自动控制专业，任专业教研组主任
1966–1970年	清华大学动力机械系教授（热工量测及自动控制专业）
1970–1976年	清华大学自动化系教授（热工自动化专业）
1976–1983年	清华大学自动化系教授，工业仪表及自动化专业教研组主任，自动化系学术评议组成员；1981年评为我国首批博士生导师
1983–1990年	清华大学自动化系教授，自动化系学术评议组成员
1990–1993年	清华大学自动化系教授，清华大学自动控制研究会理事长、名誉理事长；1991年起享受国务院政府特殊津贴；1991年退休后继续指导博士生
1993–2012年	清华大学自动化系教授，1993年中国自动化学会荣誉理事，1995年中国机械工程学会荣誉理事；2009年中国自动化学会授予“中国过程控制成就奖”
2012年4月18日	于北京逝世

附 2：方崇智先生的早年博士学位论文

题　　目：*The mechanism of dropwise condensation of steam*
（蒸汽珠状凝结机理）

作　　者：Fang Chung-Chih（方崇智）

导　　师：Prof. E. Giffen（Title：M. Sc., Ph. D., D. Sc., M. I. Mech. E.）

授予单位：Queen Mary College, University of London（伦敦大学玛丽皇后学院）

授予时间：June, 1949（1949 年 6 月）

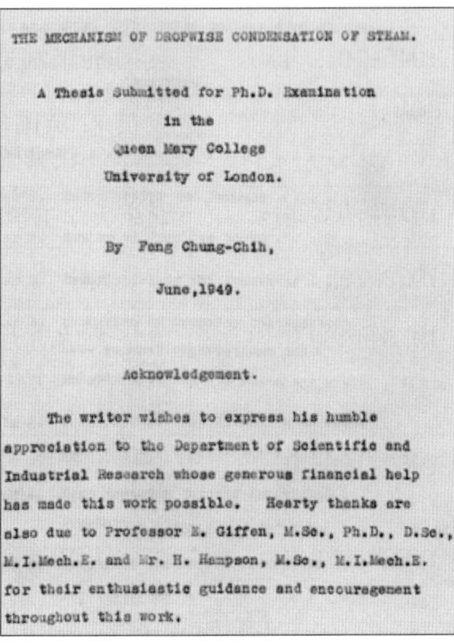

THE MECHANISM OF DROPWISE CONDENSATION OF STEAM.

A Thesis Submitted for Ph.D. Examination
in the
Queen Mary College
University of London.

By Fang Chung-Chih,

June,1949.

Acknowledgement.

The writer wishes to express his humble appreciation to the Department of Scientific and Industrial Research whose generous financial help has made this work possible. Hearty thanks are also due to Professor E. Giffen, M.Sc., Ph.D., D.Sc., M.I.Mech.E. and Mr. H. Hampson, M.Sc., M.I.Mech.E. for their enthusiastic guidance and encouragement throughout this work.

论文前页

THE MECHANISM OF DROPWISE CONDENSATION OF STEAM

Contents

论文目录（1）

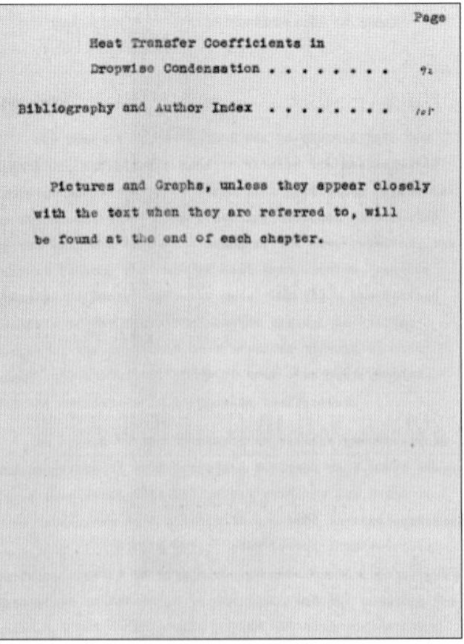

Pictures and Graphs, unless they appear closely with the text when they are referred to, will be found at the end of each chapter.

论文目录（2）

THE MECHANISM OF DROPWISE CONDENSATION OF STEAM

Abstract:

The present investigation can be divided into two parts: (a) experiments made to examine the mechanism of dropwise condensation of steam with particular reference to the stability of drop promoting surfaces as affected by the material of cooled surface, the drop promotor, the surface finish, the rate of heat transmission, and the presence of non-condensable gas; and (b) a theoretical analysis of the heat transmission through individual droplets, the transient heat transfer through exposed areas, the statistical study of drop size distribution, and the estimation of steam side coefficient.

An apparatus was developed to examine qualitatively the behaviour of drop promoting surfaces on a small scale. It is considered that sufficient evidence was found to show that steam in contact with a cooled surface condenses as a thin liquid film which later breaks into droplets. Surfaces treated to give dropwise condensation deteriorate into mixed condensation in due time, and the duration for which a treated surface maintains dropwise condensation

论文摘要（1）

aries between a few hours to several days, depending on any factors among which the presence of non-condensable gas ust not be overlooked.

An approximation to the heat transmission through ndividual droplets has been worked out with assumed heat low lines. The result, checked by the relaxation method, s correct within +10%. An analysis of the transient eat transfer through exposed areas was made neglecting the ncreasing resistance of any accumulating liquid. The rop size distribution was analyzed for one drop promoting urface at three different heat transmission rates. Based n this drop size distribution, the heat transmission throug he drops was estimated by assuming they were held at rest c cooled surface conducting heat under a steady state. The stimated coefficient comes within the range of experimental esults of many investigators.

论文摘要（2）

CHAPTER 1.

INTRODUCTION AND SUMMARY

The investigation of heat transmission in the process of condensation of steam on a cooled surface arises in connection with power plant condensers and evaporators. It is different from the usual process of heat exchange between a fluid and a metal surface which involves no change of physical state of the fluid, in the fact that heat transmission in the process of condensation is accompanied by the formation of condensate. The condensate formed on the cooled surface constitutes a resistance to heat flow. Therefore the coefficient of heat transfer in the process of condensation depends much on the manner in which the condensate is formed and taken away.

On a wettable surface the condensate exists as a thin, continuous liquid film over the entire surface, while on a non-wettable surface the condensate exists in the form of numerous discrete droplets which grow and coalesce to form bigger drops until they roll off by gravity. In the latter case the coefficient of heat transfer can be 20 or 30 times

第 1 章　导论与总结

CHAPTER 2.

REVIEW OF THE PREVIOUS WORKS

The important significance of dropwise condensation was first recognized, independently, by Schmidt, Schurig, and Sellschopp (35) in Danzig and Speelstra (36) in Java. They found that the overall coefficient of heat transfer is several times higher when condensation is dropwise that when it is filmwise. This discovery aroused much interest and opened a new field of investigation. For if dropwise condensation can be maintained, then it is quite possible to increase the efficiency of a condenser two- or threefold, much more than could be achieved with any reasonable improvement on the water side.

The fact that steam may condense in drops had been known for some time, although its significance was not fully appreciated. In 1897 Callender and Nicolson (5) concluded that "the drops of condensed water with which the surface is partially covered are in such rapid motion that they do not appreciably obstruct the passage of heat from the steam to the metal." They further remarked that "the viscosity of water

第 2 章　前人工作回顾

CHAPTER 3

DESCRIPTION OF THE APPARATUS.

The purpose for which the present apparatus has been built is to examine generally the mechanism of dropwise condensation with special reference to the qualitative investigation of the stability of drop promoting surfaces under various operating conditions. With this object in view it requires that:-

(1) the apparatus must be easily kept in reasonable cleanliness so that clean steam can be generated to condense on a pre-treated surface free from, as much as possible, the interference of any fortuitous source of contamination,

(2) the apparatus be capable of providing a variety of experimental conditions and of operating under steady conditions for prolonged periods uninterruptedly,

(3) the drop formation can be observed visually and photographic records be taken periodically of the progress of the drop promoting surfaces.

第3章　实验装置

CHAPTER 4

MECHANISM OF DROPWISE CONDENSATION

--- General Observations and Related Theories.

In the process of dropwise condensation on a vertical surface, parts of the surface are periodically cleared of the covering drops by their coalescence and also by the sweeping action of the down rolling drops. These areas are temporarily left exposed to the steam and soon appear to be covered with minute, apparently uniform sized droplets. Rapid coalescence takes place among these minute droplets to produce bigger and bigger drops until some of them reach a certain limiting size, then roll down the surface, taking in all the drops in their way. Fresh small droplets again originate in their wake. Plate (4.1) shows the general appearance of a vertical surface on which dropwise condensation is taking place.

Droplets grow mainly by coalescence, the growth of droplets by condensation on their surface has lesser significance particularly when the drop size increases. At

第4章　珠状凝结机理

CHAPTER 5

BEHAVIOUR OF DROP PROMOTING SURFACES

It has been mentioned previously that the type of condensation depends mainly on the condition of the surface and that in order to get one or other types of condensation, the surface must be suitably treated.

Complete wettability is recognized as a critical test of a clean surface in electroplating plants. Brass and copper surfaces can be easily cleaned or, in other words, made wettable by rubbing them with flour emery powder or finely powdered metal magnesium on a piece of wet felt. Highly polished stainless steel and chromium plated surfaces hold a contaminant film more firmly; they can be made completely wettable after repeated rubbing with flour emery powder on wetted felt. Care must be taken to distinguish between a real wettable and therefore clean surface and a surface which may still have patches of greasy film but shows apparent wettability if flooded with water. In the latter case, non-wettable parts show themselves when water is wiped off. Even a highly polished chromium plated surface, if it was properly cleaned, would not lose its complete wettability after hours' standing dry in the atmosphere.

第5章　液滴促进表面特性

CHAPTER 6.

HEAT TRANSFER THROUGH INDIVIDUAL DROPLETS

(1) Statement of the Problem and Simplified Assumptions.

(2) Numerical Solutions by the Relaxation Method.

(3) Approximate Heat Conduction through Droplets.

第 6 章　单个液滴传热过程

CHAPTER 7

TRANSIENT HEAT TRANSFER THROUGH EXPOSED AREAS

In the previous Chapter, an analysis has been given to evaluate the approximate heat conduction through individual droplets. It is expected that unless the droplets are very small, the heat transmission through them would be negligible compared with the heat transferred through exposed areas. A study of statistical drop size distribution, given in the next Chapter, indicates that drops over 0.005" diameter occupy just over one half of the total condensing surface and contribute to about one fifth of the total heat transmission.

Exposed areas are produced both by coalescence and by the sweeping action of the down rolling drops. In either case, the local surface, previously covered by a droplet, is brought into direct contact with the condensing steam. Consequently the local surface temperature is suddenly raised from a lower value to nearly that of the steam as has been explained in Chapter 4. The heat transmission through those exposed areas must take place in an unsteady state, and is limited by the resistance of the metal plate and the water side resistance.

第 7 章　裸露表面瞬态热传导

CHAPTER 8.

THE STATISTICAL STUDY OF DROP SIZE DISTRIBUTION AND THE ESTIMATION OF HEAT TRANSFER COEFFICIENTS IN DROPWISE CONDENSATION.

In dropwise condensation, the cooled surface is seen to be covered by drops of various sizes and some parts of the surface are exposed to the steam. Also the drops are coalescing; the smaller drops growing into bigger ones, the biggest drops running off the surface to give room again for the smallest drops. The whole process is, so to speak, a dynamical one. But presumably there is, at any instant, a regular distribution among the drops of various sizes including the exposed areas when a wider area of the condensing surface is considered.

The associated heat transmission may be looked at in a similar way. At any instant, the total heat transmission is the summation of the heat transferred through the drops of various sizes including the exposed areas. Considered statically, the heat transmission through them takes place according to the law of steady state heat conduction. The actual heat transmission in dropwise condensation is

第 8 章　液滴大小分布统计分析与传热参数估计

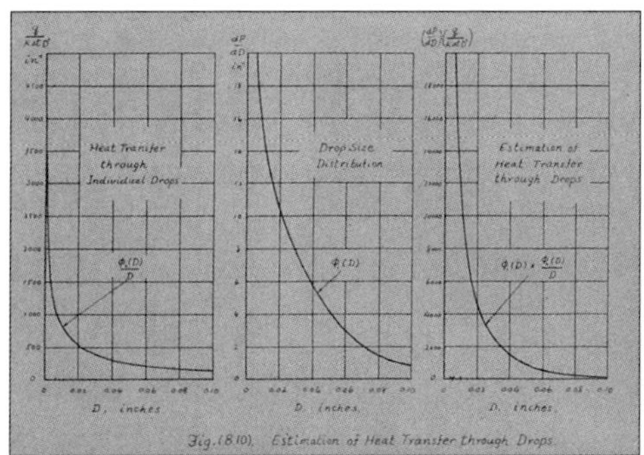

Fig.(8.10) Estimation of Heat Transfer through Drops

通过液滴估计传热参数

附 3：方崇智先生的主要科研奖项和部分学术论文

一、主要的科研奖项

（方崇智先生及其研究团队的主要成果奖项，以年代为序）

[1] 1992 年，“生产过程故障诊断方法的研究”获国家教育委员会科技进步（甲类）一等奖。

[2] 1996 年，“导弹运输发射车行走系故障检测与诊断方法的研究”获中国航天工业总公司科技进步三等奖。

[3] 1997 年，“常压蒸馏系统的建模与优化控制”获中国石化总公司科技进步奖。

[4] 1998 年，“福建炼油化工有限公司计算机集成生产系统（FR-CIMS）一期工程”获中石化集团公司科技进步二等奖。

[5] 2000 年，“石化生产过程多变量预测控制技术开发应用”获中国石化总公司科技进步一等奖。

[6] 2007 年，“复杂不确定环境下软计算技术及其应用”获高等学校科学技术自然科学二等奖。

[7] 2011 年，“基于工艺机理、专家知识和智能学习的延迟焦化装置优化控制技术”获中国石油和化工自动化行业协会技术发明一等奖。

[8] 2012 年，“控制系统实时故障检测、分离与估计理论与方法”获国家自然科学二等奖。

二、部分学术论文

（方崇智先生及其研究团队的部分学术论文，分三类，以年代为序）

（一）系统建模与辨识

[1] 陶洛文，方崇智，萧德云，管内不恒定流的辨识及其应用，水利学报，Vol.17，No.5，pp.44-48，1986.

[2] Z.W. Huang, Y.M. Xu, C.Z. Fang, J. Tang, Improvements in dynamic compartmental modeling of distillation columns, *Journal of Process Control*, Vol.3, No.3, pp.139–145,1993.

[3] Ding F., Xie X.M. and Fang C.Z., The convergence of the forgetting factor algorithm for identifying time-varying

systems, *Control Theory and Application*, Vol.11, No.5, 1994.

[4] 丁锋，谢新民，方崇智，时变多变量系统的一种辨识方法，控制与决策，Vol.9，No.1，pp.54-58，1994.

[5] Li Weihua, Xiao Deyun, Fang Chongzhi, Simultaneous Identification of Parameters and Order of An ARMA Model Using By—Channel Lattice Filter, *Control Theory and Application*, Vol.12, No.6, pp.687-693,1995.

[6] Wang J., Y. Jin，C. Fang，and J. Ma，A modelling method based on wavelet transform and ANN, *IFAC Workshop on On-line Fault Detection and Supervision in the Chemical Process Industries*, June, pp.12-13, Newcastle, England, 1995.

[7] 秦永胜，徐用懋，方崇智，唐杰，改进的多元精馏塔动态分块模型——模型描述与求解，化工自动化及仪表，Vol.22，No.3，pp.18-22，1995.

[8] Wang J., Y. Jin, C. Fang, and J. Ma，A data reconstruction method with wavelet transform，*13th World Congress International Federation of Automatic Control*, June 30-July 5, San Francisco, California, USA, Vol. M, pp.343-348, 1996.

[9] 秦永胜，徐用懋，方崇智，唐杰，多元精馏塔非平衡级模型与仿真——模型的建立与求解，石油炼制与化工，Vol.27，No.3，pp.35-39，1996.

[10] 秦永胜，徐用懋，方崇智，唐杰，多元精馏塔非平衡级模型与仿真——仿真与分析，石油炼制与化工，Vol.27，No.4，pp.39-42，1996.

[11] 秦永胜，徐用懋，方崇智，唐杰，多元精馏过程的非平衡级动态模型，化工学报，Vol.48，No.2，pp.166-174，1997.

[12] 张亚乐，徐博文，方崇智，康飚，常压蒸馏塔的严格在线模型与仿真研究，石油炼制与化工，Vol.28，No.6，pp.41-47，1997.

[13] 王京春，金以慧，方崇智，低频采样数据的恢复及模型辨识，控制与决策，Vol.13，No.3，pp.238-244，1998.

（二）故障检测与诊断

[14] 陶洛文，方崇智，萧德云，以辨识为基础的长输管线故障定位，清华大学学报（自然科学版），Vol.26，No.2，pp.69-75，1986.

[15] Tao, L.W. and Fang, C.Z., Diagnosis of a class of faults in distributed parameter systems, *Preprints of IFAC 10th World Congress*, July, Vol.3, pp.80-85, 1987.

[16] 陶洛文，方崇智，一类非线性分布参数系统的状态观测器，控制理论与应用，Vol.4，No.4，pp.48-55，1987.

[17] Tao, L.W. and Fang, C.Z., Robust observer design for a fluid pipeline, *Int. J. Control*, Vol.47, No.2, pp.601-613, 1988.

[18] Tao, L.W. and Fang, C.Z., State estimation of output decoupled complex systems with application to fluid pipeline, *IEEE Trans. On Industrial Electronics*, Vol.35, No.3, pp.469-475, 1988.

[19] W. Ge, C.Z. Fang, A new diagnosis method for component failure, *IFAC Symposium on Identification and System Parameter Estimation*, Aug, 1988， Beijing.

[20] W. Ge, C.Z. Fang, Detection of faulty components via robust observation, *International Journal of Control*, Vol.47, No.2, pp.581-599, 1988.

[21] 葛卫，方崇智，一类鲁棒观测器的存在条件，自动化学报，Vol.14，No.1，pp.31-37，1988.

[22] 方崇智，陶洛文，徐用懋，王桂增，基于现代估计理论的长输管道自动监测，油气储运，Vol.7，No.6，1988.

[23] 陶洛文，方崇智，基于优化方法的非线性观测器设计，自动化学报，Vol.14，No.1，pp.45-50，1988.

[24] Qin Sizhao, Fang Chongzhi, and Wang Guizeng, Pipeline Leak Detection and Location Based on Model Identification, *Proceedings of The First China-Japan International Symposium on Instrumentation Measurement and Automatic Control*, Beijing, China, 1989.

[25] W. Ge and C. Z. Fang, Extended robust observation approach for failure detection, *Int. J. Control*, Vol.49, No.5, pp.1537-1553, 1989.

[26] 董东，王桂增，方崇智，基于 Kullback 信息测度的长输管线的故障诊断，清华大学学报（自然科学版），Vol.29，No.4，pp.37-44，1989.

[27] 王桂增，方崇智，数学模型的建立与应用，控制与决策，Vol.4，No.3，1989.

[28] Wang Guizeng, Fang Chongzhi and Wang Kefei, State Estimation and Leak Detection and Location in Pipelines, *Proceedings of International Conference on Industrial Electronics, Control and Instrumentation*, Kobe, Japan, 1991.

[29] 李渭华，萧德云，方崇智，基于数学模型的故障检测与分离技术，控制与决策，Vol.7，No.6，pp.401-408，1992.

[30] 王桂增，方崇智，管线的状态监测与泄漏诊断，化工自动化及仪表，Vol.19，No.6，1992.

[31] 王可非，王桂增，方崇智，基于负压波的长输管道的泄漏诊断，信息与控制，Vol.21，No.4，1992.

[32] Wang Guizeng, Dong Dong and Fang Chongzhi, Leak Detection for Transport Pipelines Based on Auto-regressive Model, *IEEE Transactions on Instrumentation and Measurement*, Vol.42, No.1, 1993.

[33] 李渭华，萧德云，方崇智，基于 Delta 算子的格形故障检测滤波器，自动化学报，Vol.20，No.4，pp.413-418，1994.

[34] Ye Hao, Wang Guizeng, Fang Chongzhi, Zhang Yongguang, et al., Application of Wavelet Transform to Fault Diagnosis in Long Vehicle, *Proceedings of the 27th ISCIE International Symposium on Stochastic Systems Theory and Its Applications*, OITA, Japan, Oct. 1995.

[35] 冯恩波，萧德云，方崇智，一种基于时序预报神经网络的故障预报方法及其应用，自动化学报，Vol.17，No.3，pp.348-352，1995.

[36] 萧德云，李渭华，方崇智，一种适用于故障检测的归一化滑动窗协方差格形滤波器，控制理论及应用，Vol.12，No.2，pp.230-255，1995.

[37] 萧德云，李渭华，方崇智，归一化滑动窗格形滤波器——一种新的故障检测工具，清华大学学报（自然科学版），Vol.35，No.1，pp.71-76，1995.

[38] Ye Hao, Wang Guizeng, Fang Chongzhi, Application of Wavelet Transform to Leak Detection and Location in Transport Pipelines，*Engineering Simulation*, Ukraine, Vol.13, pp.1025-1032, 1996.

[39] 李渭华，萧德云，方崇智，一种基于自适应滑动窗格形滤波算法的故障检测器，自动化学报，Vol.22，No.2，

pp.251-253,1996.

[40] 叶昊，王桂增，方崇智，小波变化及其在故障检测中的应用，自动化学报，Vol.23，No.6，pp.736-741，1997.

[41] 叶昊，王桂增，方崇智，张永光等，一种基于小波变换的导弹运输车辆故障诊断方法，自动化学报，Vol.24，No.3，pp.301-306，1998.

[42] 叶昊，王桂增，方崇智，基于脉冲响应函数的正交小波变换系数的故障检测方法，控制理论与应用，Vol.16，No.1，pp.6-10，1999.

[43] Chongzhi Fang, Wei Ge and Deyun Xiao, Fault detection and isolation for linear systems using detection observers, in *Issues of fault diagnosis for dynamic systems*, R.J. Patton, P.M. Frank and R.N. Clark (Eds.) , Springer, 2000.

（三）系统控制与优化

[44] X. Sun, Y.H. Jin, C.Z. Fang, Weighted Adaptive Control of Hysteretic Nonlinear Systems, *Chinese Journal of Automation*, Vol.3, No.4, PP.649-657, 1991.

[45] 孙西，金以慧，方崇智，滞环非线性系统的加权自适应控制，自动化学报，Vol.16，No.6，pp.649-657，1991.

[46] 孙西，金以慧，方崇智，具有多级滞环非线性系统的自适应控制，清华大学学报（自然科学版），Vol.31，No.1，pp.38-44，1991.

[47] Xi Sun, Yihui Jin, C.Z. Fang and Jifeng Zhang, One-Step-Ahead Adaptive Control of Bilinear Systems and its Applications, *Proc. of IEEE Int. Symp. on Industrial Electronics*, pp.131-135,Xian,1992.

[48] 金以慧，孙西，方崇智，一类双线性系统的最小方差控制及其应用，清华大学学报（自然科学版），Vol.32，No.1，pp.9-15，1992.

[49] 黄仲文，徐用懋，方崇智，唐杰，工业过程在线优化技术，机械与电子，Vol.10，No.6，pp.3-7，1992.

[50] 孙西，金以慧，方崇智，死区非线性系统的全局收敛自适应控制，信息与控制，Vol.21，No.6，pp.326-331,1992.

[51] Sun Xi, Jin Yihui, Fang Chongzhi, Adaptive Control of Bilinear Systems, *Chinese Journal of Automation*, Vol.5, No.3,

pp.280-290, 1993.
[52] Y.H. Jin, X. Sun, C.Z. Fang, Adaptive Control of Bilinear Systems with Bounded Disturbances and Its Application, *12th IFAC World Congress*, Vol.3, pp.389-394, 1993.
[53] 丁锋，谢新民，方崇智，一类非线性系统的加权自校正控制，自动化学报，Vol.19，No.4，pp.458-461，1993.
[54] 孙西，金以慧，方崇智，有界扰动滞环非线性系统的自适应控制，清华大学学报，Vol.33，No.4，pp.35-41，1993.
[55] 孙西，金以慧，方崇智，基于加权最小二乘的双线性系统的自适应控制及其应用，成都科技大学学报，Vol.20，No.3，pp.26-32,1994.
[56] Sun Xi, Jin Yihui, Fang Chongzhi, Adaptive Control of Bilinear Systems and its Application to Glutami Acid pH Control, *Chinese Journal of Automation*, Vol.7, No.2, 1995.
[57] 孙西，金以慧，方崇智，双线性系统的自适应控制及其在谷氨酸 pH 值控制中的应用，自动化学报，Vol.21，No.2，pp.209-213，1995.
[58] Yale Zhang，Wu Chen，Bowen Xu，Chongzhi Fang，Application of domain evolution model-based genetic algorithm with fuzzy environment factor to system optimization, *Proceeding of IEEE ICSMC* Vol.3, pp.1936-1941, 1996.
[59] Yihui Jin, Xi Sun, Chongzhi Fang, Adaptive Control of Bilinear Systems with Bounded Disturbances and its Application, *Control Engineering Practice,* Vol.4, No.6, pp.815-822, 1996.
[60] Xi Sun, Yihui Jin, Chongzhi Fang, Bilinear Adaptive Feedforward Control and Its Application, *Control Theory and Application*, Vol.14, No.2, pp.184-191, 1997.
[61] 孙西，金以慧，方崇智，多变量双线性系统的自校正解耦控制，自动化学报，Vol.23，No.3，pp.173-179，1997.
[62] 张亚乐，徐博文，方崇智，康飚，基于稳态模型的常压蒸馏塔的在线优化控制，石油炼制与化工，Vol.28，No.10，pp.48-52，1997.
[63] 张亚乐，徐博文，方崇智，康飚，一种改进的遗传算法在原油蒸馏过程优化中的应用，化工自动化及仪表，Vol.24，No.3，pp.12-17，1997.
[64] 张亚乐，徐博文，方崇智，康飚，原油蒸馏过程中的数

据协调与操作优化，清华大学学报（自然科学版），Vol.38，No.3，pp.49-53，1998.

附 4：方崇智先生指导的部分博士生及其学位论文

[1] 徐向东，燃气轮机系统的动态特性及其应用，1984
[2] 葛卫，生产过程故障诊断的观测器方法，1988
[3] 李春文，多变量非线性控制的逆系统方法：理论及应用，1988
[4] 陶洛文，流体管线和管网的检测与故障诊断，1989
[5] 孙西，非线性系统的自适应控制：理论与应用，1992
[6] 徐川育，一类补料批式发酵过程建模和控制，1992
[7] 黄仲文，多元精馏过程动态模型与控制的研究，1993
[8] 牛绍华，*Augmented UD Identification for Process Control*，1994
[9] 李渭华，基于自适应信号处理的非模型故障诊断方法，1994
[10] 丁锋，时变参数系统辨识及其应用，1994
[11] 陈祥杰，容错控制的理论与方法研究，1996
[12] 叶昊，小变换在系统辨识和故障诊断中的应用，1996
[13] 秦永胜，多元精馏过程非平衡级模型与优化控制的研究，1996
[14] 王京春，小波变换在工业数据处理及模型辨识中的应用，1997
[15] 张亚乐，大型原油蒸馏过程建模与在线优化系统的研究与实现，1997

纪念篇

题词与纪念文章

一、不忘恩师情

2004 年中秋节前夕，吴官正同志委托夫人张锦裳女士到清华大学看望方崇智先生，同时附便函问候先生身体健康。

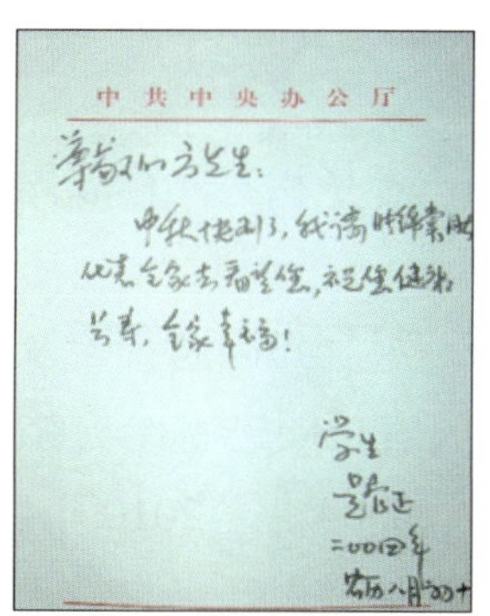

中共中央办公厅

尊敬的方先生：

中秋佳节到了，我请锦裳同志代表全家去看望您，祝您健康长寿，全家幸福！

学生
吴官正
二〇〇四年
农历八月[illegible]

方先生 阅

中共中央纪律检查委员会

吴官正

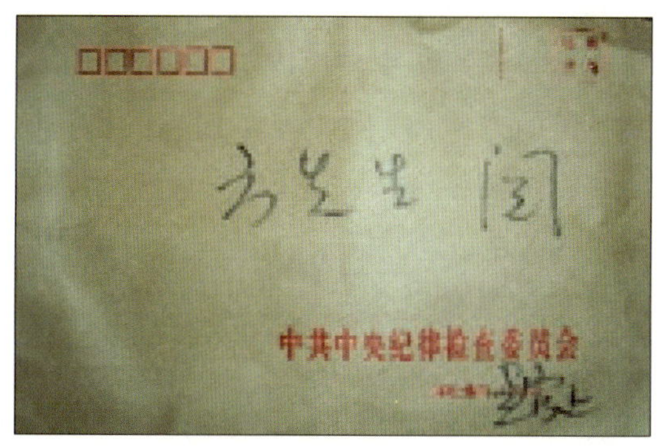

当得知 2009 年是方崇智先生九十大寿，2008 年底吴官正同志就寄来祝寿函，下面是吴官正同志祝寿函的原件和全文：

中共中央办公厅　中共中央办公厅

尊敬的方先生崇智同志：

欣聞先生九十華诞，特致信表示热烈祝贺！

数十年来，先生忠诚爱國，朴實無華，嚴謹治學，術業精深，教書育人，孜孜耕耘，成就斐然。

在清華求學期間，對党组织的关心培養，对先生和各位老師的教育帮助，我永铭于心。

值此喜慶之際，學生和[illegible]

[illegible]

學生 吴官正
二〇〇八年11月10日 [illegible]

编号：

请送

清華大學

方崇智教授收

中共中央办公厅

吴官正

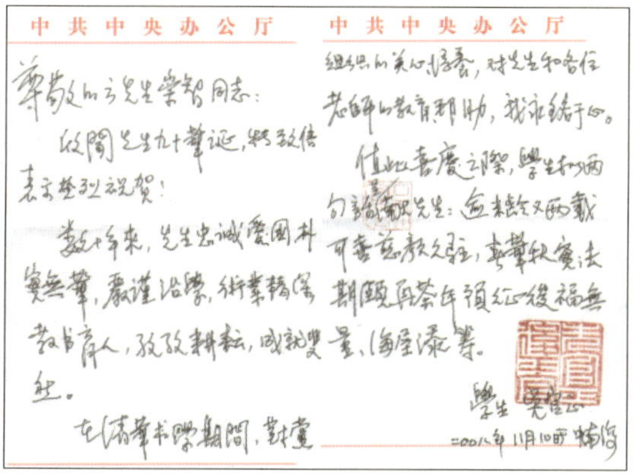

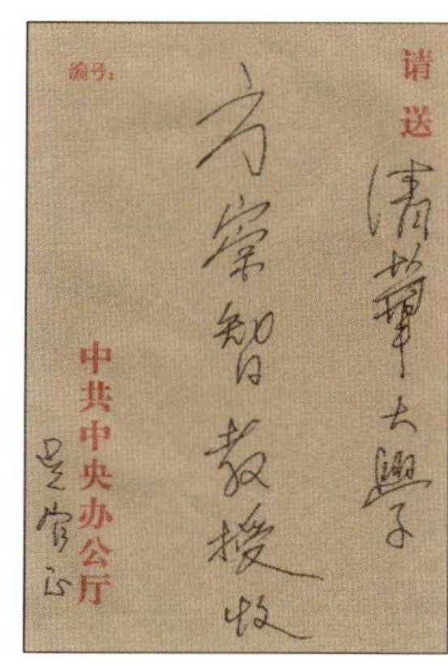

尊敬的方先生崇智同志：

欣闻先生九十华诞，特致信表示热烈祝贺！

数十年来，先生忠诚爱国，朴实无华，严谨治学，术业精深，教书育人，孜孜耕耘，成就斐然。

在清华求学期间，对党组织的关心、培养，对先生和各位老师的教育、帮助，我永铭于心。

值此喜庆之际，学生拟两句话呈献先生：

逾米龄又两载可喜慈颜久驻，春华秋实；

去期颐再茶年预征后福无量，海屋添筹。

学生 吴官正
2008 年 11 月 10 日于中南海

〖**注释**〗“春华秋实”有两种意思：①比喻事物的因果关系，“华”同“花”，春天开花，秋天结实，引申为先挥汗耕耘、适时播种，后才有丰收的喜悦；②比喻文采与德行，多指因学识渊博，明于修身律己，品行高洁（引自百度）。

〖**注释**〗“海屋”：寓言中堆存记录沧桑变化筹码的房间；“筹”：筹码，旧时用来祝贺人长寿。后来常用“海屋添筹”作为祝寿词，祝愿延年益寿（引自百度）。

正值方崇智先生九十华诞，吴官正同志用“春华秋实”称颂先生品行高洁；借“海屋添筹”为先生添寿。

每年的三节两寿，如新年、春节或中秋节，吴官正同志都会及时给方崇智先生寄来问候函或贺卡。下面是吴官正同志寄给方崇智先生部分祝贺信和贺年片的原件（2003 年、2004 年、2010 年、2012 年和其他年份），每次都是非常正式地装在信封里，亲自派人送到方崇智先生手中，表达浓浓的师生之情，不愧是一位敬师尊贤的典范。

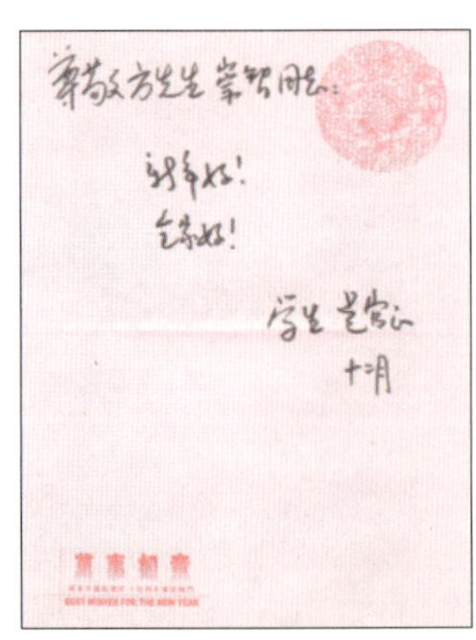

尊敬的方先生崇智同志：

新年好！

全家好！

学生 吴官正

十二月

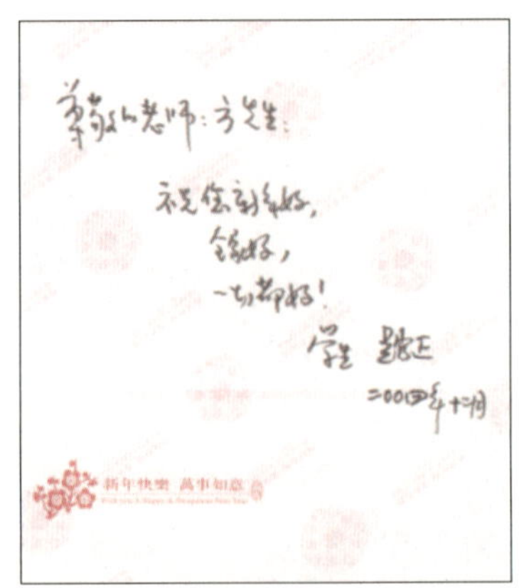

尊敬的老师：方先生：

祝您新年好，

全家好，

一切都好！

学生 吴官正

2004年十二月

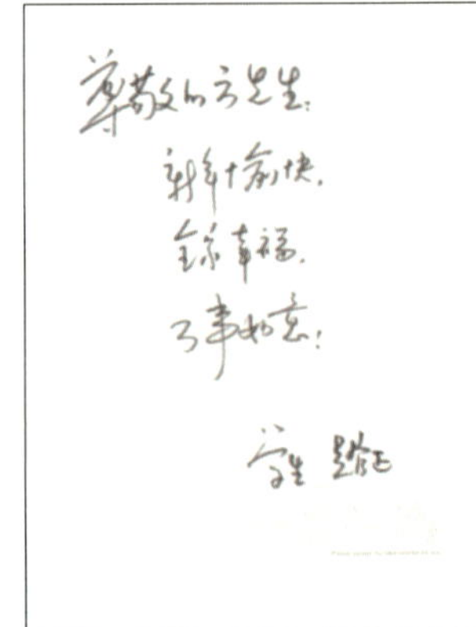

尊敬的方先生：

新年愉快，

全家幸福，

万事如意！

学生 吴官正

中共中央办公厅

尊敬的方先生：

我实太忙，特请吴秘书崇代表全家看望您，祝您全家幸福，一切安好。

学生吴官正
2003年9月4日

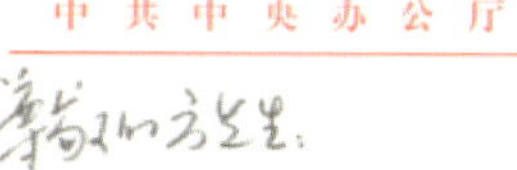

中共中央办公厅

尊敬的方先生：

中秋佳节到了，我请叶秘书崇彬代表全家去看望您，祝您健康、长寿，全家幸福！

学生
吴官正
二〇〇四年
农历八月初十

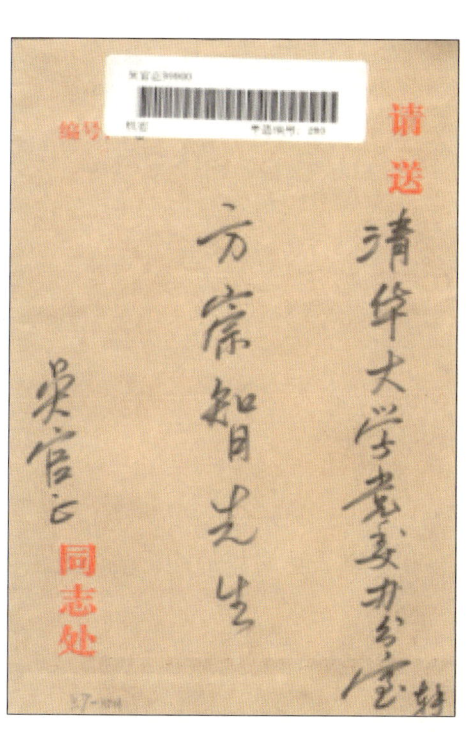

编号

请送

清华大学老干办公室转

方崇智先生

吴官正同志处

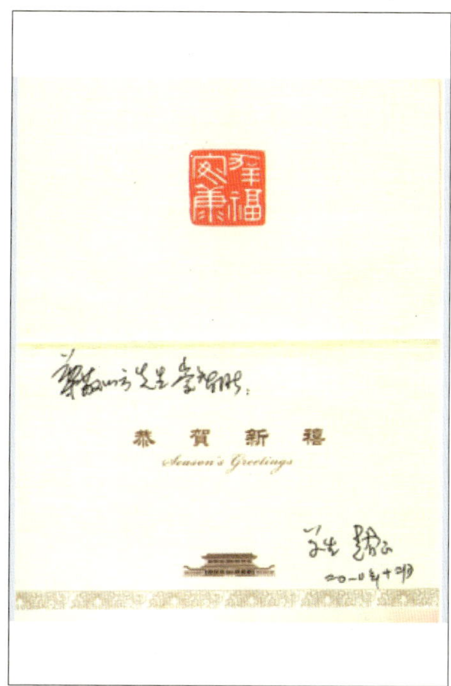

尊敬的方先生崇智师：

恭賀新禧

Season's Greetings

学生 吴官正
2001年1月

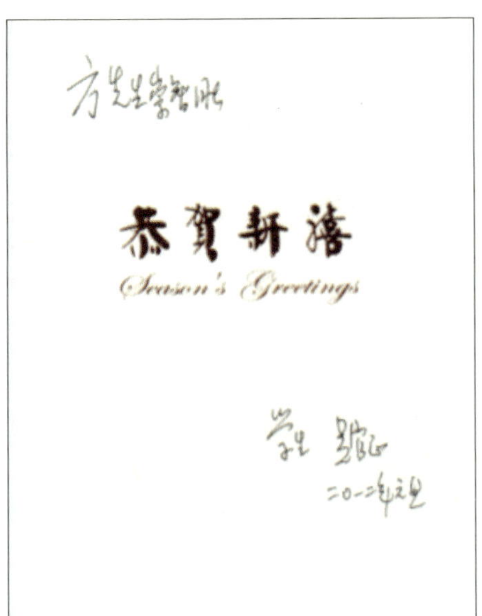

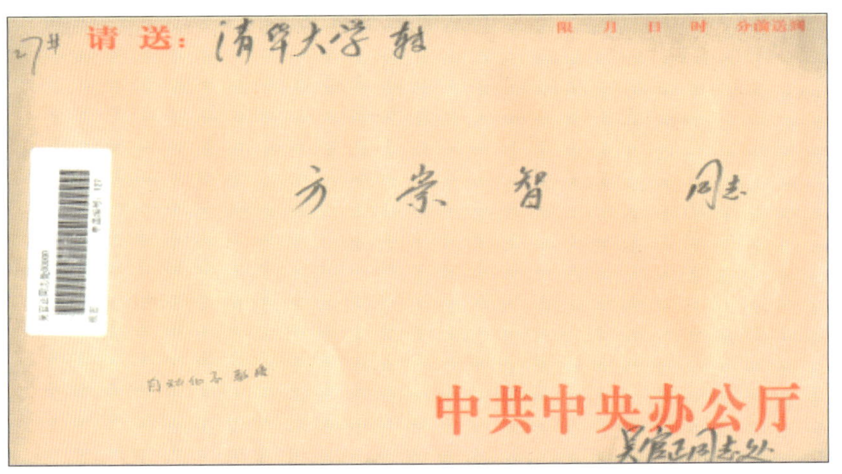

2012 年方崇智先生仙逝，吴官正同志赋一幅哀联，以表达对恩师的沉痛悼念。

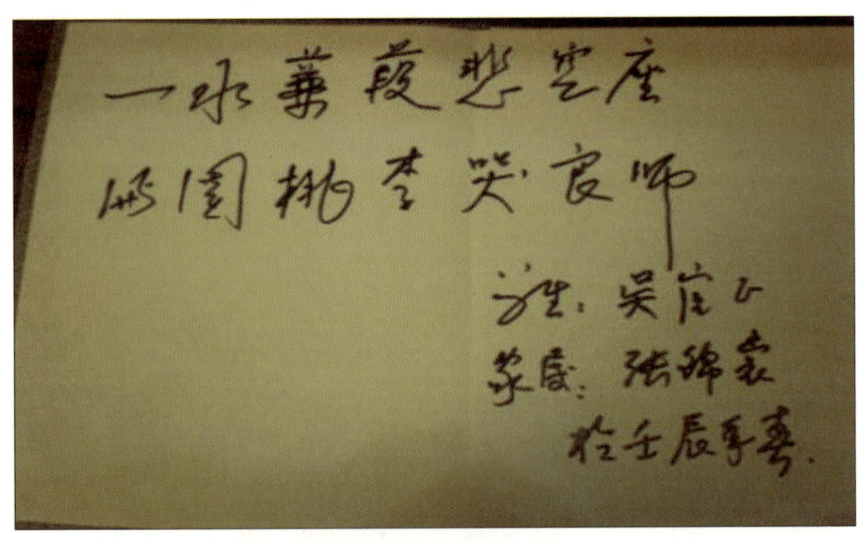

二、真诚的纪念

（一）院士 / 领导题词

治学严谨，谦虚谨慎，淡泊名利，永远是我学习的榜样。

倪维斗

2018.11.18

倪维斗，清华大学能源与动力工程系教授
清华大学原副校长
中国工程院院士

清華大學

方崇智先生百年诞辰纪念

治学严谨，谦虚谨慎，

教书育人，堪为典范。

李衍达

2018,11,28

李衍达，清华大学自动化系教授

清华大学信息科学技术学院原院长

中国科学院院士

清華大學
TSINGHUA UNIVERSITY

P.C. :Beijing 100084
P.R. China

方崇智先生无论在为学还是为人方面，都是我学习的榜样。

卢强 敬题

2018年10月12日

地址：中国 · 北京 · 清华园　　邮政编码:100084

卢强，清华大学电机工程与电子应用技术系教授
电力系统国家重点实验室主任
中国科学院院士

纪念方崇智先生诞辰100周年

莘莘学子两千人【注】，负笈清华，得先生诲人不倦，终成国家栋梁才；

默默耕耘六十载，　　授业学堂，育桃李淡泊名利，师德垂范教后人。

为人师表

学生 吴澄 敬题 吴澄

2018年10月18日

【注】自动检测及过程控制专业近两千名毕业生

吴澄，清华大学自动化系教授

国家 CIMS 工程研究中心主任

中国工程院院士

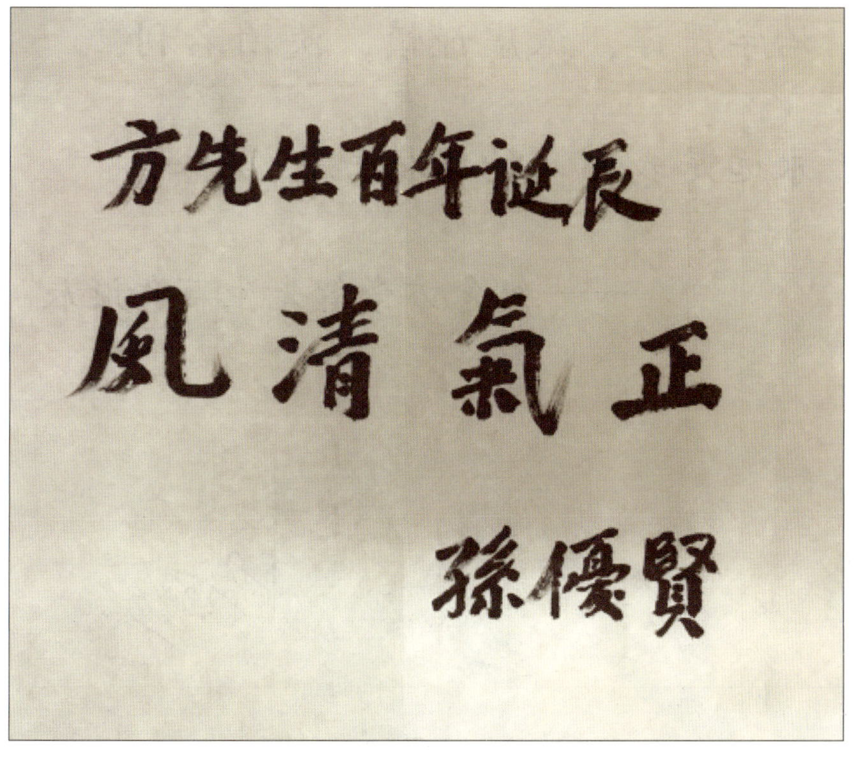

孙优贤，浙江大学信息科学与工程学院教授
浙江大学信息科学与工程学院原院长
中国工程院院士

治学严谨，谦虚谨慎，淡泊名利，

永远是我学习的榜样！

——纪念方崇智先生百年诞辰

陈丙珍

陈丙珍，清华大学化学工程系教授
中国工程院院士

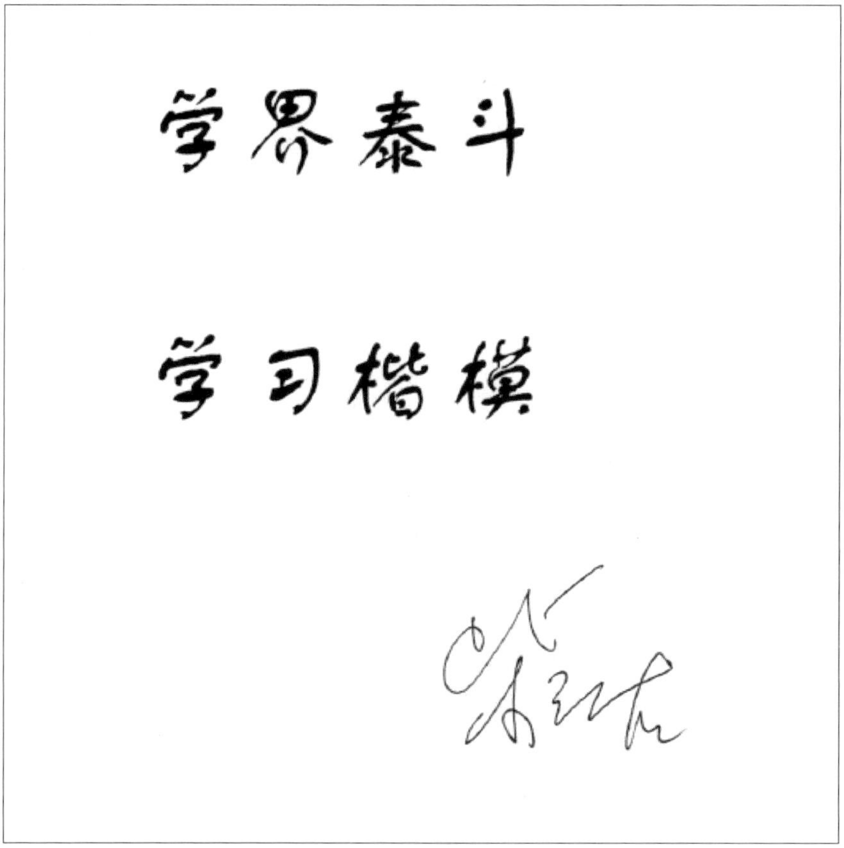

学界泰斗

学习楷模

柴天佑

柴天佑，东北大学信息科学与工程学院教授
国家自然科学基金委员会信息科学部原主任
中国工程院院士

德高崇远为师表
慧心智行育贤才

纪念方崇智先生百年诞辰

学生钱锋

2018年11月20日

钱锋，华东理工大学教授
华东理工大学副校长
中国工程院院士

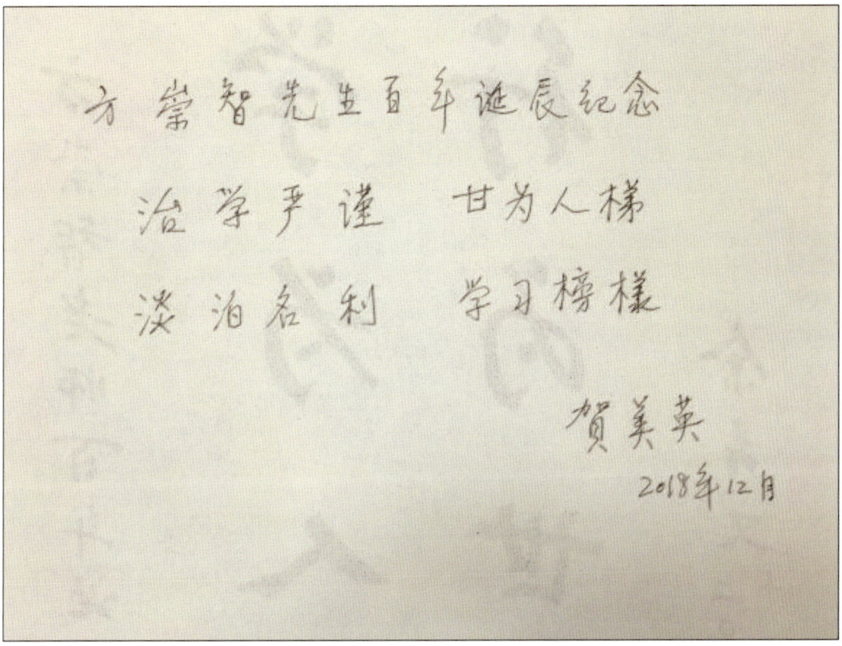

方崇智先生百年诞辰纪念

治学严谨　甘为人梯

淡泊名利　学习榜样

贺美英

2018年12月

贺美英，清华大学教授

清华大学原校党委书记

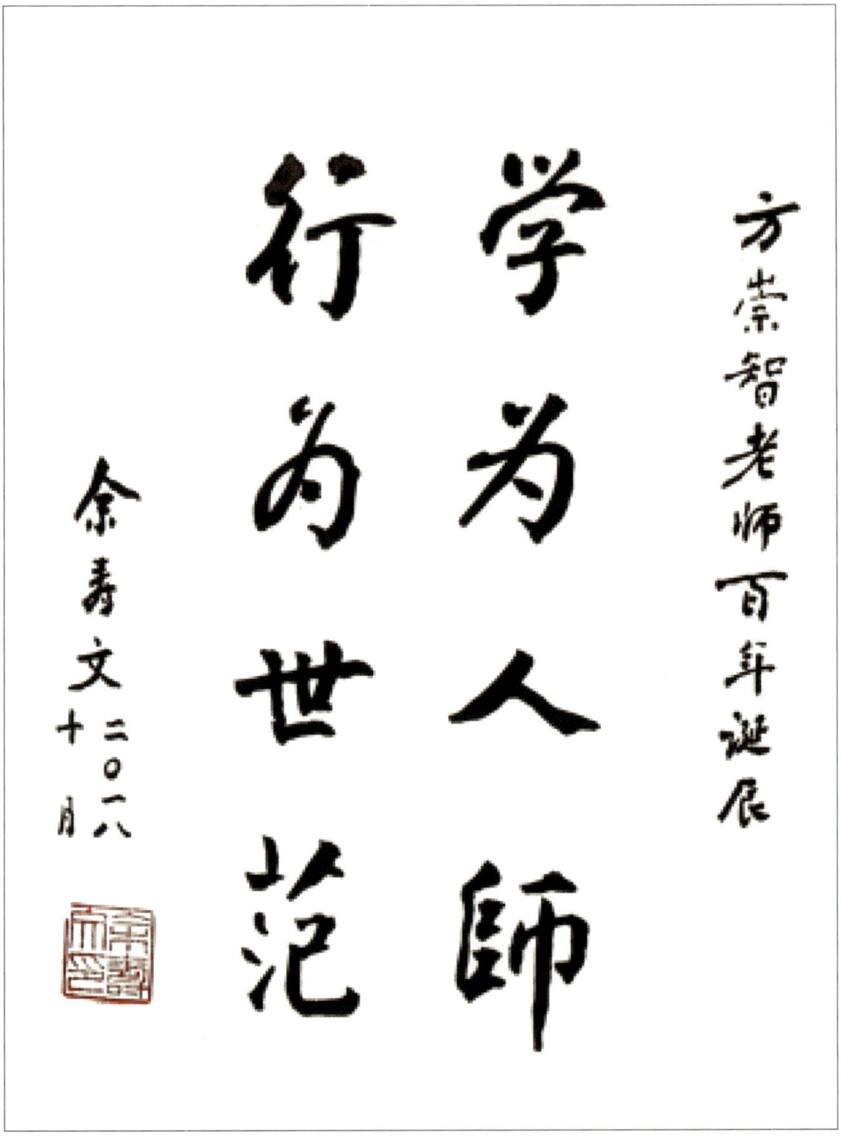

方崇智老师百年诞辰

学为人師
行为世范

余寿文
二〇一八
十月

余寿文，清华大学教授
清华大学原副校长

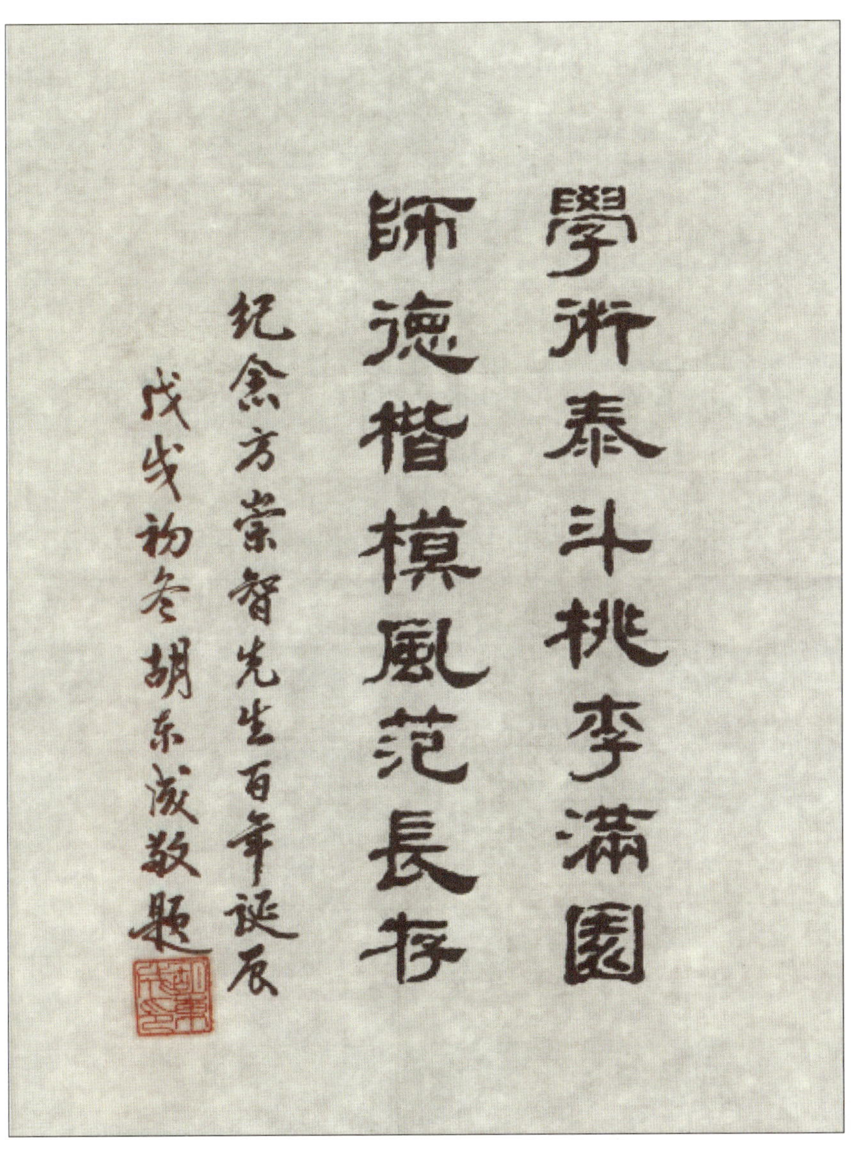

胡东成，清华大学教授

清华大学自动化系原主任

清华大学原副校长

方崇智先生百年诞辰纪念

至诚高节

桃李满园

陶森 2018.11.

陶森，清华大学教授

清华大学自动化系原主任

清华大学原总会计师

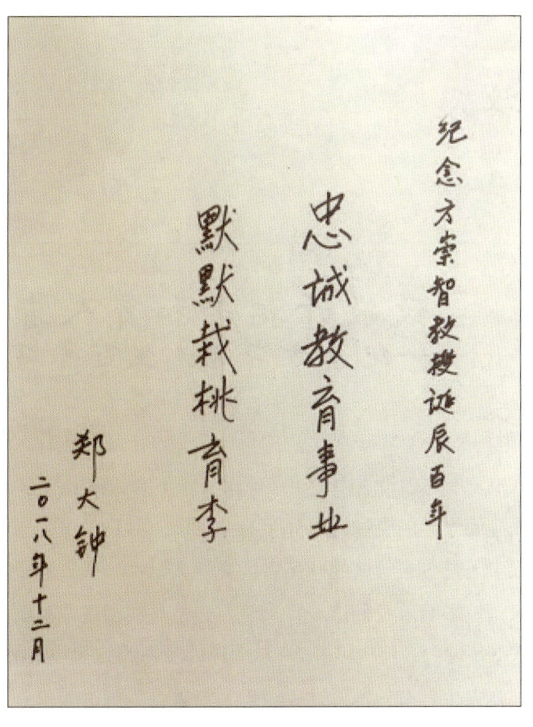

郑大钟，清华大学自动化系教授

清华大学自动化系原副主任

清华大学原校长教学顾问

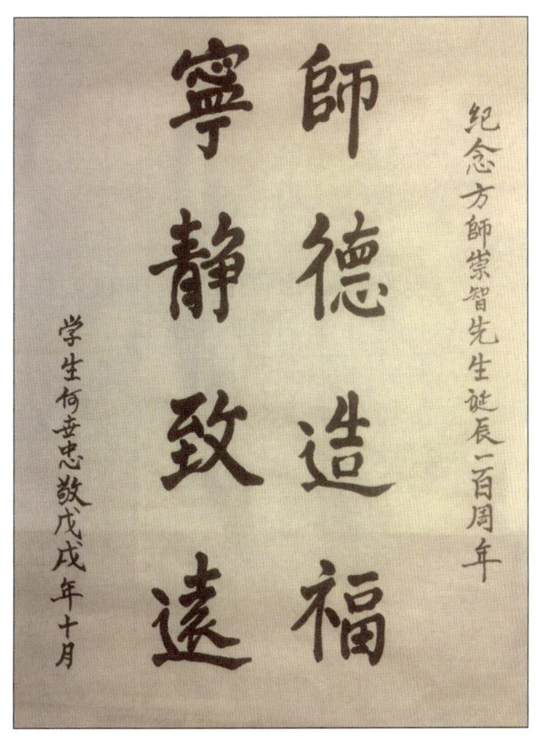

何世忠，清华大学自动化系原副主任

国务院台湾事务办公室原经济局局长

（二）院士纪念文章

致敬开拓者和育人者
——纪念方崇智先生百年诞辰

方先生他们那一代学者亲历了旧中国遭受的苦难与屈辱，以无比的热情投入新中国的科技发展与建设之中，虽经风雨矢志不渝。我虽然不是方先生的学生，但通过与方先生的学生的交往对方先生有些了解。教我的老师与方先生都是同代人，他们中很多人是各自领域的开拓者或奠基人。那一代人的爱国奉献精神和治学与修身，深刻地影响着我们这一代人。方先生是我国过程控制专业的开拓者之一。我不是这个领域的，但我了解到有关报道说，过程工程与GDP的百分之十六的产业有关。方先生著有一本《过程辨识》专著，为想进入这一领域的学子打开了一扇窗户，进而为年轻人的发展和创造打下基础。方先生的著作和他培养的学生在这个领域都在发挥着重要作用，并一直在薪火相传。这是一种润物无声的力量，在服务于中华民族的伟大复兴事业。方先生的学生很优秀，同时对方先生的治学与修身极为敬仰与钦佩。我也间接受到感染和教育。值此方崇智先生诞辰100周年之际，让我对这位自动化领域的开拓者之一和育人者表示崇高的敬意。

赵忠贤

赵忠贤，中科院物理研究所研究员
中国科学院院士

怀念方崇智先生

方崇智先生离开我们6年多了，我们十分怀念他。

我是清华大学自动化系1977级的本科生，1978年3月入学之后，老师常给我们讲起系史。1970年自动化系成立时，师资主要来自电机系工企教研室、动力机械热工量测及自动控制教研室和自动控制系控制理论教研室。方崇智教授是热工量测及自动控制教研室主任，当然是自动化系的创始人之一，也是师生们盛传的自动化系4大导师之一。

2007年自动化系实验研究中心成立，我们展示了反映系史和学科史历史照片，方先生上世纪50年代与苏联专家讨论和80年代指导首批博士生的照片，成为自动化系师生和校友们永远的记忆。

1982年，我在本系读硕士研究生，与方先生的研究生陶洛文同宿舍，常听洛文说起方先生治学严谨，要求严格，对学生职业生涯的影响举足轻重，不由得对方先生敬由心生。

方先生桃李满天下，学生们对他十分崇敬。2003年，他的学生、时任中共中央政治局常委的吴官正同志，特地回系里看望方先生。2003-2008年，我担任清华大学自动化系系主任期间，常与系领导班子成员一起，代表系里到家中探望方先生。方先生的长者风度，慈祥笑容，对学校和系里发展的关心和牵挂，让我们永远难忘。

100多年来，大师云集清华园，清华大学得以发展成为一所举世闻名的大学。近50年来，清华大学自动化学科专业发展壮大，名列前茅，得益于方崇智先生等一批大师。

方崇智先生诞辰100周年之际，饮水思源，不忘师恩，是清华的传统和风范，也是我们建设世界一流学科的文化之本。

管晓宏

管晓宏，西安交通大学教授，电子与信息工程学院院长
清华大学自动化系原主任
中国科学院院士

（三）单位纪念文章

中国自动化学会纪念文章

庆贺方崇智先生百年诞辰

值此方崇智先生诞辰100周年纪念活动隆重举办之际，中国自动化学会向纪念活动表示热烈的祝贺，预祝活动取得圆满成功！

方先生为自动控制工程学家，我国过程控制教育的开拓者之一。方先生1919年11月25日出生安徽省安庆市，15岁考入江苏省立扬州中学高中部普通科，中学毕业后考取交通大学和中央大学机械系，由于抗日战争爆发，辗转到重庆中央大学攻读机械工程，1942年获学士学位。

大学毕业后先生在昆明中央机械制造厂任技术员，三年的工厂实践，为终身工作打下了良好的基础，牢固树立起理论联系实际的作风。1945年公费留学英国，先在英国著名的机床制造公司 Newall Eng. Co.和曼彻斯特大学学习，后考入伦敦大学玛丽皇后学院攻读博士学位，在英国科学技术研究部（DSIR）研究基金的资助下，出色地完成博士学位论文，1949年获哲学博士学位。同年9月回国在北京大学工学院任教，1952年院系调整调入清华大学动力机械系，1981年评为首批博士生导师。

方先生有着严谨的科学作风、实干的工作精神和专心育人的师德，在自动化教育战线兢兢业业、勤勤恳恳工作近六十个春秋。作为首批博士生导师，他博才多学，治学严谨，桃李满天下，是一位受人尊敬的慈祥学者。先生也在系统建模与辨识、故障检测与诊断和系统控制与优化等领域取得许多重要科研成果。

几十年来，方先生为创立过程控制学科呕心沥血，做了大量工作。50年代，在中国高等学校，过程控制还是一个缺门。方先生为服从工作需要，组建教研室担负起电站自动化专门化的教学任务。这就是清华1960年成立的热工量测及自动控制专业的前身，它实际上也是中国过程控制专业的第一个雏型。先生主持制定了专业教学计划和课程建设规划，明确了学科方向，描绘出了这个学科体系的基本轮廓。在形成国内过程控制学科的过程中，先生起了积极的主导作用。

1993年，中国自动化学会第六届理事会研究决定特别授予方先生荣誉理事称号。一直以来方先生特别支持中国自动化学会教育工作委员会和技术过程的故障诊断与安全性专业委员会的工作，为自动化教育事业作出了突出的贡献。

借方先生百年诞辰活动之际，希望可以大力颂扬方先生师德垂范、泽惠数代的功德，弘扬方先生默默耕耘、严谨治学、奉献不止的精神和“无求品自高”的品格！

中国自动化学会
2018年10月24日

上海交通大学纪念文章

一代宗师　过程控制的开拓者

——纪念清华大学方崇智教授诞辰 100 周年

今年是方崇智教授诞辰 100 周年。

我们怀着十分崇敬的心情，深切缅怀这位控制界的一代宗师、中国过程控制的开拓者和奠基人——方崇智教授！

方崇智先生自幼天资聪慧，记忆超人。早年曾就读于国立交通大学和中央大学的机械系。1945 年考取公费留学英国，1949 年获得伦敦大学玛丽皇后学院博士学位，当时正值新中国成立前夕，国家百废待兴，急需人才。在这关键时刻，他毅然决定回国效力。在伦敦的进步青年组织的帮助下，转道香港，于 1949 年 9 月来到北京，应邀受聘于北京大学工学院机械系，52 年院系调整，调任清华大学执教，直至 2012 年去世。在其数十年的教育生涯中，先生先后被聘任为清华大学汽轮机教研组主任、过程控制教研组主任、《自动化学报》编委和顾问、中国自动化学会名誉理事等职，在其担任清华大学"自动控制理论及应用"学科带头人期间，该专业被评为首批国家重点学科。

学高为师　桃李满天下

方教授是中国过程控制学科的开拓者和奠基人。1949 年回国后，出于学子报国的拳拳之心和职业的敏感，他一直关注着世界自动化领域的前沿科技和发展趋势，上世纪 50 年代，中国高校过程控制还是一个缺门，方先生在分析研究西方有关控制领域的最新成果和相关资料的基础上，结合国情积极推进、筹划新专业——热工量测及自动控制专业——中国过程控制专业的第一个雏型。并根据我国实际情况，首次提出扩大专业面，宽口径培养人才的教育思想，明确了中国未来过程控制专业的学科方向和基本轮廓。1958 年他为中国第一期自动化进修班开设"发电厂锅炉设备的自动调节"，"热工过程自动控制系统"等多门课程，为国内许多高等院校培养了一大批从事过程控制科研和教学的骨干。中国过程控制学科能有今天，与方教授所做的大量开拓性，奠基性的工作分不开的，这也是他受到中国众多过程控制学者尊敬和爱戴的原因之一。

身正为范　一代人生楷模

方先生是学术大家，中国过程控制科学的先驱，在中国控制界享受有很高的声誉。现在他已离我们而去 但他的思想精神永远激励一代又一代的青年学子，我们要：

学习他"祖国如有难，汝应作前锋"的爱国情怀。方教授出身在动荡的年代，在英国留学的四年期间，他主攻机械工程，面对难得的机遇，他如饥似渴地学习国外先进技术，并经常利用假期到英国公司考察、实践。凭借自己的聪明才智和国内学到的实践经验，自己动手制造实验设备，出色地完成了学位论文并获得博士学位。1949 年海外学成之际，正逢新中国成立，国家面临百废待兴，急需人才，在这关键时刻，他排除万难，绕道香港，毅然回到自己国家。立志要借西方国家先进的技术，发展民族经济，建设强大的祖国。回国后应国家发展的需要他又改攻自动控制，经过他多年不懈的努力，创建了过程控制学科。在此后的几十年教育生涯中，他始终工作在教学、科研的第一线，为中国的过程控制事业的发展作出了不可磨灭的贡献!。

学习他刻苦勤奋、严谨求实的治学作风。他常说，严谨的科学作风是成功的关键。对于所负责的课题，他总是亲自定目标，抓落实，亲临现场调研，明确技术难点。方案形成务求做到“三必须”：数据来源必须真实可靠、分析结论必须符合实际、文章论点必须严谨有据。每当确定新的研究方向，他总要详细地听取汇报，亲自到图书馆查阅国内外的相关资料，了解演变过程、目前现状和发展趋势。反复推敲分析，确认无误后方可付诸实施。他从不说无根据的话，从不做无把握的事。委托他审阅的文章或著作，总是逐句逐段地仔细批阅，尽量做到准确无误。他这种刻苦勤奋、严谨求实、一丝不苟、精益求精的治学作风深深地感染着一代又一代后来学子，使大家受益匪浅。

学习他呕心沥血，忠诚值守的奉献精神。方崇智教授博学多才。为了培养国家急需的过程控制的专业人才，他不畏艰难，勇挑重担，先后开设了各类课程十多门（包括跨学科课程），组织编写了国内第一本《过程控制》等著作，亲自主持制定过程控制专业的培养目标、知识结构、课程体系和教学大纲，并积极参与中国高等院校过程控制专业教材的编审工作。即使在“文化大革命”中受到不公正待遇期间，也从未动摇过他对祖国教育事业的忠诚，甚至甘冒着极大风险，保护即将出版的教材手稿。在数十年的教学实践中，他特别强调理论联系实际，认为过程控制理论的发展必须与生产实际相结合。坚持培养的学生必须适应中国的国情需求。方教授献身教育，辛勤耕耘，光明磊落，淡泊名利。为过程控制专业的学科发展倾注了大量心血，为我国自动化领域培养了一大批栋梁之才。

今天，在先生百年诞辰之际，我们可以告慰方崇智老先生：在你精神感召下，在全国自动化领域广大师生员工的奋发努力下，中国的自动化技术正取得了巨大的发展，你开创的过程控制学科正在国家的经济建设和社会发展中正发挥着重要的作用。我们一定不辜负老先生的殷切期望，继承先生未竟的事业，发扬优良传统，勇于开拓创新，努力为中华民族的伟大复兴、为人类文明的进步发展，作出更大的贡献！

上海交通大学自动化系

2018.11.18 于上海

浙江大学纪念文章

毕生为学，宁静致远

——方崇智百年诞辰纪念信函

清华大学自动化系：

方崇智先生是中国著名的自动控制工程学家、中国生产过程控制教育的奠基者之一。他长期致力于自动控制理论和过程控制系统的科学研究与人才培养工作，为国家培养了一批又一批高层次专门人才，为中国自动控制学界的发展做出了卓越贡献。

待人和善、低调实在，是方先生留给我院一些老师的最深印象。八十岁高龄的王树青先生曾与方崇智先生在会议中相识，后又在几次会议中多次接触，包括方先生来浙大参加的几次学术会议、专业委员会会议和学术交流等，对方先生多了份了解。据回忆，方先生对人说话总是慢声细语、没有架子。“他是 20 世纪 40 年代就在英国留学的人才，但很平易近人，低调、不张扬，毕生致力于教书育人、科学研究，不计较个人名利得失，让我不禁想起了我们学院的周春晖先生，一样的大家风范”。王老师听说，曾有人建议方先生申报院士，被方先生婉拒了。在方先生看来，这些事要费很大力气，却又得不偿失。对方先生而言，把全部精力专注于学问本身就好。“在我们这一辈的学者心中，方先生是一位高风亮节、默默耕耘的德高望重的学者，就像我们的周先生一样”，王树青教授如是说。

几十年来，方先生为创立过程控制学科呕心沥血，在形成国内过程控制学科的过程中，起了主导作用。为了发展中国的过程控制学科，他始终孜孜不倦地探索着，提出了许多新观点和新构想，扩大了过程控制学科的外延，丰富了过程控制学科的内涵，撰写了以经典控制理论为基础的过程控制学科的论著和教材，无论在清华大学还是在整个中国，都起到了十分重要的作用。他所主持的科研工作也一直跟踪本学科的世界前沿，在故障诊断理论和方法研究及过程建模与优化控制等方面均取得了丰硕成果。

在学术方面，方先生的著作《过程辨识》给大家印象最深。这本书详细精辟地描述了过程建模的各种方法及应用，不仅适用于过程控制，其他领域也都可借鉴采用。当今智能制造、智能系统的应用十分火热，其中制造业中各种领域知识的获取和建立、过程系统数学模型的建立，是智能制造的关键。方先生的著作是一本经典的著作，也是一本非常优秀的教科书。

光阴荏苒，岁月如梭；惟学无际，际于天地。值此方崇智先生诞辰一百周年之际，我们怀着无比尊敬的心情，怀念这位毕生为学、宁静致远的学者。作为我国过程控制教育的开拓者之一，方先生的精神将永远激励着控制领域的工作者，不忘初心，砥砺前行。

浙江大学控制科学与工程学院

二〇一八年十一月三日

北京化工大学纪念文章

纪念方崇智先生百年诞辰

今年是我国著名过程控制工程学家方崇智先生诞辰100周年（1919-2019），我们与方先生结缘于他的专业巨作《过程辨识》，所谓辨识，就是从含有噪声的输入输出数据中提取被研究对象的数学模型。其实，过程控制学科的建立也正是如此。方先生基于早年的留学经历，积极引进国外先进的科学技术和教育理念，同时进行了本土化的创新改革，取其精华，培养了大批的科技和教育人才，从而形成了我国的过程控制学科。

1949年，饱受战火摧残的祖国终于迎来了欢声与笑语，然而此时全国的科技人员还不足五万，现代科学技术基础十分薄弱。在祖国最需要发展科技力量的时候，方先生满载知识而归，作为中国过程控制领域的启航者和领路人，他兢兢业业，为这一学科的创立倾注了大量的心血。他始终秉承治学严谨的观点，事事亲力亲为。方先生以过程控制事业为己任，在关键时刻扛起重担，开拓创新，不仅搭建了这一学科的基础框架，更描绘出控制科学与工程未来发展的宏伟蓝图。

近几十年来，过程控制学科取得了惊人的成果，与时俱进，不断朝向综合化、智能化方向发展。《过程辨识》一直是我们为学生授课的经典教材，常置于书案之上，随时参考和学习。方先生宏大的格局与精妙的构思不断激励着我们在这一科学领域不忘初心、砥砺前行。

最后，以一首诗表达我们对方先生的怀念之情！

少年苦读为救国，横渡大洋走夷郭。
发奋图强学有成，过程控制开先河。
深稽博考书巨著，镂心鉥肝富五车。
桃李天下育春秋，振兴科技谱新歌。

北京化工大学信息科学与技术学院

北京理工大学纪念文章

北京理工大学自动化学院

关于纪念方崇智先生百年诞辰的函

清华大学自动化系：

方崇智先生是“过程控制”学科的创始者，中国生产过程控制教育的开拓者。他长期致力于自动控制理论、过程控制系统的科研和教学。创建了中国最早的过程控制专业，建立了过程控制的教学，取得了许多重要科研成果。培养了大批高级专门人才，为中国自动控制学界和过程控制事业的发展作出了突出贡献。

一、呕心沥血，创立工程控制学科

回首过去，方崇智先生为创立过程控制学科呕心沥血，倾注一生。50年代，国家百废待兴，在中国高等学府学科设置中，过程控制还是一偏空白。清华大学设立了热能动力装置专业自动化专门化，方崇智先生便带头进行学科的建设，组建科研室，担任起电站自动化专门化的教学任务，这不仅是清华大学自动控制专

- 1 -

业的前身，更是中国过程控制专业的第一个雏形，意义重大，影响深远。为了发展中国的过程控制学科，方崇智始终孜孜不倦地探索着，提出了许多新观点和新构想，扩大了过程控制学科的外延，丰富了过程控制学科的内涵。

二、孜孜不倦，勇攀世界科学高峰

多年来，方崇智先生所主持的科研工作一直跟踪本学科的世界前沿，在故障诊断理论和方法研究及过程建模与优化控制等方面均取得了丰硕成果。模型残差分析法对长输管线泄漏和堵塞的研究获得了与国际水平相当的成果，工业管线上的初步试验结果证明具有良好实际应用前景。在大型旋转机械故障诊断方面提出一种新的基于向量投影的故障诊断方法，通过观察故障信号向量在观测信号空间上的投影来实现故障检测与分离，较传统的谱分析法对故障检测的灵敏度高，计算量小，更重要的是可以进行实时检测。在国际上发表了多篇论文，深得国际故障诊断专家的赞赏。

三、兢兢业业，激励师生上下求索

方崇智先生勤勤恳恳，献身教育事业。潜心教育，先生亲力亲为，循循善秀，编写《过程控制》教材，主持修订教学计划，引入国际先进理论，亲自上讲台教授，尤其强调理论与实际结合，重视学生的实践能力，使学生受用终生。方崇智先生在培养研究生和博士生高层次人才的方式上，也对现在的高等教育人才培养有很多可借鉴之处。先生严谨求实，不浮不躁做学问的精神，深深

- 2 -

地影响着每一个自动化人。

作为教育家，方崇智先生一生默默耕耘，师德垂范，严谨求真，奉献不止的精神深深地激励着这个学科的不断进步和发展，培育了大批优秀人才。作为科学家，他呕心沥血、攻坚克难，为国家发展和科学事业做出了突出的贡献。“春蚕到死丝不断” 方崇智先生为了他深爱的祖国和人民，用尽了毕生的精力和心血，给世人留下了宝贵的精神财富和光辉的榜样。

北京理工大学自动化学院

2018 年 11 月 25 日

– 3 –

纪念篇

中国科学院自动化研究所纪念文章

中国科学院自动化研究所

致纪念方崇智先生百年诞辰的函

清华大学自动化系：

近日获悉2019年是方崇智先生诞辰100周年，谨以此函缅怀方崇智先生的创新精神和优秀品德，并向方崇智先生家属致以诚挚问候和敬意！

方崇智先生是我国过程控制领域的奠基人，他建立了过程控制的教学和科研体系，为我国过程控制事业的发展做出了突出贡献。他一生教书育人，奖掖后进，培养了许多优秀人才。他严谨求实的治学态度，勇于创新的科学精神，谦虚谨慎、淡泊名利的高尚品德，是后辈学习的典范。让我们更好地弘扬与传承方崇智先生精神，为推动我国过程控制领域的发展作出贡献。

中国科学院自动化研究所

2018年11月22日

清华大学出版社纪念文章

清華大學出版社有限公司

北京市海淀区双清路学研大厦　邮政编码：100084　Tel：(010)62783933　Fax：(010)62770278

尊敬的清华大学自动化系：

方崇智先生不仅是享誉国际的知名学者，著名的自动控制工程学家，也是一位工程专业教育的开拓者和著作等身的大作者。清华大学出版社在建社之初有幸为方先生出版过程控制专业教材，这不仅为我们留下了传世之作，也是我们几代编辑的一段美好记忆。值此先生诞辰 100 周年之际，回顾先生的儒雅风度和治学之道，重温先生的谆谆教诲和音容笑貌，我们心中充满无比崇敬与怀念之情。

早在 20 世纪 60 年代，方先生作为我国过程控制学科的创始人，非常重视教材建设，亲自编写了《自动调节原理》《热工过程自动化》等专业教材，为专业的发展奠定了坚实的基础。到了 80 年代，针对我国高等教育发展的新形势和我国过程控制学科发展的需要，方先生高瞻远瞩地组织规划并亲自参与编写了国内最早的过程控制领域专业教材，包括《过程控制系统》《过程辨识》《过程计算机控制》等，并翻译出版了 F. G. 欣斯基的《过程控制系统——应用、设计与整定》(第 2 版)。在教材的编写出版过程中，我社的编辑、校对等工作人员深深体会到先生一丝不苟的工作态度和宽厚亲和的人格魅力。

当时，正值清华大学出版社初创时期，出版社的技术条件很有限，作者撰写书稿也没有计算机工具，全部都要手写，大量复杂的图稿也都要手画。方先生的手稿堪称典范，方格纸书稿整整齐齐，一字一句清清楚楚，为编辑加工、排版、制图、校对等带来极大的方便；先生对编辑校对提出的问题非常重视并耐心解答，使得教材的编校质量非常好。这批教材得到了广泛的认可和高度的评价，例如《过程辨识》一书曾获清华大学优秀教材奖和机电部优秀教材奖，还在台湾地区出版发行了繁体字版。F. G. 欣斯基的《过程控制系统——应用、设计与整定》第 3 版和第 4 版也分别于 2004 年和 2014 年由萧德云教授等翻译出版，使得这本跨越数十年的国际知名著作完整地呈现在我国读者面前。

这批教材的出版为我国高校过程控制学科的发展做出了极大的贡献。伴随着一代代学生的成长，几十年过去了，这批教材一版再版，已经成为经典，也成为清华大学出版社作为国家优秀出版社的一块重要基石。先生百年之际，我们由衷地感谢方先生及他所带领的众位教授对清华大学出版社的信任和大力支持！

愿先生精神永存！

清华大学出版社有限公司

清华大学出版社

2018 年 11 月

机械工业出版社纪念文章

尊敬的清华大学自动化系：

继承先生遗风 继续艰苦奋斗

2019 年是自动控制工程学家、清华大学教授方崇智先生诞辰 100 周年，他是我国过程控制教育的重要开拓者和奠基人。

1949 年，方崇智先生学成回国，正值国家百废待兴，他深感民族文化水平不高，国家难以强盛，民族难以兴旺，于是立志献身教育，献身科学。20 世纪 50 年代，在中国高等学校，过程控制还是一个缺门。方崇智先生主持制定了专业教学计划和课程建设规划，明确了学科方向，描绘出了这个学科体系的基本轮廓，并为国内许多高等院校培养了一批从事过程控制科研和教学的骨干。在此基础上，我国的过程控制学科才逐步成长起来。

方崇智先生还曾担任高等工业学校热工仪表及自动化专业教材编审组副组长，高等工业学校仪器仪表类专业教材编审委员会副主任委员。为了发展中国的过程控制学科，方崇智先生提出了许多新观点和新构想，扩大了过程控制学科的外延，丰富了过程控制学科的内涵，撰写、翻译出版了以经典控制理论为基础的过程控制学科的论著和教材，包括《过程辨识》、《过程控制系统》。这些著作进一步促进了我国过程控制学科的稳步发展，很好地满足了广大高校教学的需求。时至今日，这些著作仍在惠及众多师生和科研工作者，对我们出版同类教材仍然具有深远影响和参考价值。

在方崇智先生诞辰 100 周年到来之际，我们对他充满了无限怀念之情，先生献身教育，献身科学，默默耕耘，忘我工作。我们当以方崇智先生为光辉榜样，继承先生遗风，继续艰苦奋斗，传知播识，服务于中国的教育事业、出版事业。

机械工业出版社

2018 年 10 月 24 日

清华大学能源与动力工程系纪念文章

清华大学自动化系：

谨奉上我们为《方崇智百年诞辰纪念册》撰写的纪念文如下（见【附件】），如蒙采纳，不胜荣幸。

清华大学能源与动力工程系

2018年11月26日

****

【附件】《方崇智百年诞辰纪念册》纪念文正文

方崇智先生是清华大学动力机械系的开拓者之一

——虽然不是家园柳 一样风流系我思

1944年胡适主持北京大学校政时，曾打算邀请清华大学出身的杨联陞去北大任教，为此在给杨的一首和诗中写了这样两句：

虽然不是家园柳，一样风流系我思。

方崇智先生出身于中央大学，1949年在英国获得博士学位后立即回国参加新中国建设，进了北京大学工学院，在1952年的院系调整中才来到清华。他不是清华的“家园柳”，却在清华绽放出芳华。他也是院系调整后在清华新成立的动力机械系的开拓者之一。

动力机械系（现为“能源与动力工程系”）的前身是1932年成立的机械工程系中的“原动力组”。在当时的教学内容中，原动力（prime mover）主要指的是火力发电的动力设备和汽车用的内燃机。虽然当时火力发电和汽车在我国已有广泛应用，这也是成立这一教学机构的动因，但根本还没有自己的制造业。因此培养的人才也只能服务于运行、维护和管理，或出国深造。教学内容也比较基本，还不足以支撑设计和研究。开创这一专业和学科的前辈庄前鼎、李辑祥，后来还有董树屏等先生，也不得不担负起从基础（机械制图）、专业基础（热工学）到专业课的全面教学和实验指导工作。

院系调整使清华从通才教育转向了专才教育的模式，确立了按专业培养和以教研组为单位组织教学科研的体制，这对于属于工科的动力工程学科是件好事。新成立的动力机械系有两个专业：热力动力装置专业和汽车专业；分三个教研组：热力发电设备教研组、汽车教研组及热工学教研组。

其中的热力动力装置专业是按照苏联当时的范例设置的，取代了原来的“原动力组”，而在教学要求上则要向设计研发迈进一大步，这个任务则要由新成立的热力发电设备教研组来承担。

这一变化是适应国内发展独立的动力装置制造业的要求而发生的，也仰赖于清华和北大已有的基础。除清华外，国内其他历史悠久的大学也走了相同的步骤，如上海交通大学于1952年成立了船舶蒸汽动力装置专业组，哈尔滨工业大学也在1954年成立了动力机械系。而制造业的发展还在此之后，最早的上海三大动力厂成立于1653年，哈尔滨三大动力厂是在苏联援助下在1956年才建立起来的。我国的第一台6 MW汽轮机是上海汽轮机厂于1955年制造出来的，当时是作为大事上了《人民日报》的。这些院校中相应专业的提前设立正好为后来这些制造和研究机构准备了急需的人才。

院系调整也为动力机械系带来了生力军。当时系里除了几位老先生外，教员队伍基本上都是刚脱离学生队伍的新兵，这时从北大机械系合并过来的中年教师自然成为了骨干。北大来的方崇智、王补宣、冯俊凯几位先生后来都成为了各自领域的学术带头人。

当时热力发电设备教研组主任的担子就落在了方崇智先生身上。为了解决急需的教材问题，他自学俄文，参加了好几种教材的翻译出版工作，其中有：

《汽轮机》（上、下册），（苏）施亚新（П. Н. Шляхин）著，庄前鼎、方崇智、敦瑞堂译，1953年，上海龙门联合书局；

《汽轮机习题汇编》，（苏）萨莫诺维奇（Г. С. Самойлович），（苏）托罗扬诺夫斯基（Б. М. Трояновский）编，庄前鼎、方崇智、敦瑞堂译，1954年，上海龙门联合书局；

《高压汽轮机：构造与维护》（上、下册），（苏）Л. И. 屠比扬斯基，Л. Д. 弗林凯里著，方崇智、敦瑞堂译，1957-1958年，北京：水利电力出版社。

至1955年，为了适应人才培养的需要，经苏联专家建议，热能动力装置专业内部做了专门化的划分，加之1954年留美归国的吴仲华先生正在筹建我国的第一个燃气轮机专业，热力发电设备教研组改组为“热电站及热网”、“锅炉设备”、“汽轮机及燃气轮”三个教研组。方崇智先生任“汽轮机及燃气轮”教研组主任。1956年，“汽轮机及燃气轮教研组”又改组为三部分：“汽轮机”“燃气轮机”和“热力设备自动化”，“燃气轮机”由吴仲华先生主持，“汽轮机”由一直在清华工作的敦瑞堂先生负责，“热力设备自动化”则由方崇智先生主持。

成立“热力设备自动化”教研组，是由于热能动力装置专业内“电站自动化专门化”的需要，也是方崇智先生科学敏感的自觉行动。1956年，他已开始主讲“调节原理”和“热工过程自动化”等专业主干课程。正是在汽轮机教学和科研的实践中，方崇智先生发现了自动控制是推动电力工业发展的重要因素，于是毅然服从工作需要，组建教研室，担负起电站自动化专门化的教学任务。

至 1960 年，动力机械系的原热工量测及自动化方向改建为“热工量测与自动控制专业”，原热力设备自动化教研组改建为“热工量测及自动化教研组”，从当时动力系的锅炉、汽轮机、热工等教研组抽调了多名教师，学科方向扩展为工业中热过程的热工测试技术和自动控制，同时建立了热工量测与自动控制实验室。它实际上是中国过程控制专业的第一个雏型。方崇智先生被任命为热工量测及控制教研组主任。

1970 年，学校通过了《专业体制调整方案》，不久又做了进一步调整。在此过程中，动力机械系的热工量测及自动控制专业被调出参与组建自动控制系。方崇智先生就此与我系告别。这对于方崇智先生来说可谓得其所哉，而对于动力工程学科来说则是重大损失。所幸当时热工量测及自动化教研组有一部分教师留在电厂从事热工测量、仪表和自动控制的技术工作，其中有长期跟随方崇智先生的杜建寰、吕崇德等。至 1978 年，动力机械系又恢复了建制，改称热能工程系，这部分人也随电厂回到了热能工程系，并重建了热工量测及自动化教研组，定名为“热工测试技术”教研组，到现在已发展为“热能动力仿真与控制”研究所。这也是方崇智先生留给我系的遗爱。

1979 教育部统一选派的改革开放后第一批留学人员中，我系燃气轮机教研组的王存诚被派往英国剑桥大学，三封推荐信中有一封就是方崇智先生写的。1982 年燃气轮机教研组徐向东攻读在职博士生，当时燃气轮机专业还没有取得培养博士的资格，因此请方崇智先生担任名义导师，而实际由倪维斗教授指导。这些事对方崇智先生来说，可能不过是举手之劳，但先生引路之善意和栽培之苦心是我们永远不能遗忘和辜负的。

方崇智先生作为我校以至我国自动控制学科创始人的业绩已广为人知，我们在这里谨将他对我校动力机械系及热能动力学科的建设和发展所做贡献的点滴加以回忆，以作为对他诞辰 100 周年的纪念。

能动系史编纂工作组
执笔：王存诚
2018 年 11 月 24 日

亲友篇

一、亲人怀念文章

我的父亲方崇智

方进[①]

父亲的家乡在长江沿岸富庶之乡安徽怀宁，那里人杰地灵，崇尚文化。

1919 年 11 月 25 日，父亲出生在一个兄弟姐妹众多的大家庭，成年的兄弟姐妹八人，父亲在兄弟中行三。爷爷开一个杂货铺维持全家生计，家里虽算不上富裕，却也可吃饱穿暖，保证每个孩子都能受到中等以上教育。记得父亲说，儿时早起出门念书，家里给几个铜板吃点心。这几个铜板只够买一个烧饼或者买一根油条，如果想吃烧饼夹油条，就得饿一天肚子。

大伯父是家中长子，毕业后在民国政府电信部门做技术工作，1949 年以国民党特务罪被投入监狱，病死狱中。以后大伯父虽然被平反，但对全家的影响是巨大且无可挽回的。大伯母是家庭妇女，含辛茹苦养育七个孩子，虽然个个品学兼优，却都被剥夺了上高中、上大学的权利。

大姑比父亲大五岁，最为不易。作为家中长女，每增添一个弟弟或妹妹，她就被迫中断学业回家帮忙照看弟弟妹妹，六年小学加三年初中，她断断续续读了很多年才读完。少时的她一边摇着摇床中的弟弟妹妹一边说“你们快睡着了吧，你们睡着了，我好去念书”。正是体会了做母亲的不易，她坚持读了师范，以教书为业，一生未

①方崇智先生的女儿，北京钢铁学院学士，清华大学经济管理学院 MBA，中国科协中国国际科技会议中心高级工程师。

婚，以百岁高龄辞世。

二伯父与父亲年龄仅相差一岁，两人脾气最为投缘，兄弟俩一起念书，一起解题，一起下棋游戏。二伯父“文革”前是安徽省农业厅的总农艺师，“文革”期间下放到淮北农村。因生活条件恶劣，心情抑郁，罹患胃癌不治。

小姑心灵手巧，记忆力超人，八十岁的时候上百人的电话号码依然能脱口而出，做会计几十年从未出过差错，随便一块布头在她手里就变成漂亮合体的衣服。可惜因学生时期集体糊里糊涂加入“三青团”，1949 年后几次政治运动下来成了历史反革命，与同是历史反革命的小姑父一起，一生坎坷，儿女也受父母所累，不能上高中只能上中专技校。2018 年，小姑以九十五岁高龄辞世。

父亲的三个弟弟中，大弟弟（我的四叔）与父亲关系最亲密。因年龄相差五岁，父亲 15 岁离家前，觉得他太小，不带他玩儿。四叔在 1949 年已经大学毕业,和更小一些上中学的双胞胎弟弟（我的五叔和六叔），都积极参加了迎接解放军进城的活动，四叔还参加了共产党的外围组织。他生性开朗，善交朋友，在工作单位非常活跃。1957 年反右时，他对“引蛇出洞”的计谋毫无防备，提意见时口无遮拦，结果被打成右派。后下放农村劳改，亲历三年大饥荒的惨景。他眼见同屋劳改犯饿极了，生吞房梁上掉下来的大青虫，这一幕令他以后想起来就呕吐。四叔一生历经坎坷，但始终乐观，2016 年以九十三岁高龄辞世。

五叔六叔是双胞胎，分别在南京和上海工作。六叔仍健在，今年已年过九十，方家良好的遗传基因使兄弟姐妹人人都长寿（配图 1）。

配图 1：安庆大家庭合影

后排左起：五叔，父亲，四叔，小姑父，六叔，大伯父家长子

前排左起：大姑，四婶，奶奶，小姑

父亲的学生时代

父亲小学读的是学堂，初中时代在安庆，周围人家都知道方家重教育，孩子们都特别会读书。父亲初中毕业时，听一个大一些的孩子说扬州中学很有名，父亲就找爷爷和奶奶要了路费，稀里糊涂地坐船跟随那个大孩子去扬州，报考江苏省立扬州中学高中，结果他说自己“很容易就考上了”。开学第一个学期他听不懂老师的扬州口音，加上年龄小个子又矮，坐在前排经常打盹睡觉，老师就让他坐到后面，就更看不到黑板了。一个学期下来两门课不及格，差点被劝退学。放假回到安庆老家时，向爷爷和奶奶诉苦，说不想回扬州去了。家里人见他又黑又瘦，虽心疼不已，还是硬着心肠逼他返回扬州继续学业。第二学期语言已经没有问题了，他擅长的几何、代数课程也多了起来，他的学习成绩一下跃升到班级的前几名，重建了信心。自此以后他完全适应了扬州的学习生活，并始终保持着很好的成绩（配图 2）。

配图 2：中学照

1937 年，父亲从扬州中学毕业，报考了当时南方最好的大学——上海交通大学并被录取。由于此时抗日战争爆发，他无法去上海，只好跑回安庆老家躲避战争。到乡下躲避战争（当地称为“躲反”），一大家子十几口人居无定所，四处躲避日本鬼子，所幸全家人无一伤亡。“躲反”的生活条件很差，但父亲一直没有放下手中的书，一年以后形势稍微稳定后又考取了中央大学。此时中央大学已经从南京搬到了陪都重庆，不少扬州中学的同学在重庆沙坪坝再次成为同学（配图 3）。

配图 3：中央大学同学集体照，第三排右一为父亲

在春城昆明的日子

1942 年，父亲从重庆中央大学机械系毕业，到云南昆明中央机器厂作技术员。中央机器厂 1931 年始建于湖南，是国民政府为加强中国重工业实力成立的，生产制造航空发动机、动力机械和工具

机具，1939年抗战爆发后迁至云南昆明。父亲在此期间与我母亲庄瑞珍相识。母亲是江苏无锡人，高中毕业后随二姐和姐夫来到昆明躲避战乱。母亲身上江南女子温婉娇柔的特质深深吸引了父亲，他们一起骑车漫步在昆明的阳光下，度过了一段大后方相对安稳而浪漫的时光。父亲当时有一架相机，为母亲和二姨一家留下了宝贵的记忆（配图4）。

配图4：昆明时期照片
后排左二是母亲，左三是二姨，右一是父亲

全家定居北京后，父母时常怀念春城昆明，怀念那里四季温暖如春的气候，怀念昆明新鲜的食材（北京在相当长时间里冬天只有大白菜、萝卜和土豆），特别是云南的汽锅鸡和米线。母亲还从昆明带回一只汽锅，但北京买不到活鸡，炖出来的鸡汤完全不是那个味道。

留学英国

1945年，父亲考取了庚子赔款的留学英国项目。当年启程，辗转印度加尔各答，等候搭乘邮轮赴英国留学。父亲与母亲离别前拍了订婚照，相约学成即归国成婚。父亲在印度等候了两个多月，挨过了难以忍受的酷热，终于登上了开往伦敦的邮轮。当时第二次世界大战刚刚结束，海上还有很多水雷来不及清除，轮船小心绕开水雷，在海上漂了一个多月才到达英国。父亲先在英国著名的机床制造公司Newall Eng. Co.实习，翌年转入伦敦大学玛丽皇后学院机械系，1949年完成博士论文答辩，顺利取得哲学博士学位（配图5）。

配图5：父亲留英期间照片

父亲的两位中央大学同班同学万嘉璜和杨立铭与他同期考取了一同留英项目，其中万嘉璜先生进入英国剑桥大学力学系，杨立铭先生进入英国爱丁堡大学物理系。

万嘉璜先生与父亲是扬州中学的同学，比父亲低一级。父亲因抗战爆发休学一年，故同期考入中央大学并同班。万先生50年代初回国后就职于北京大学，院系调整后和父亲一起到清华大学，在基础课力学教研组就职。1957年被错误打成右派，“文革”后摘帽。万先生出身官宦之家，才高气傲，酷爱音乐，却因政治原因一生坎坷，终生未娶。万先生与父亲中学同学，大学同班，同期留英，同校执教，是一生的挚友（配图6）。

配图6：父亲与万嘉璜、杨立铭在北大未名湖合影

左起：父亲，万嘉璜，杨立铭，1980年摄于北大未名湖

杨立铭先生回国后就职于北京大学物理系，夫人夏培肃与杨先生同期留英归国，就职于中科院半导体所任研究员，杨先生和夫人夏先生是中科院不多见的院士夫妇。

父亲留学期间住在伦敦郊区 Surrey（配图7），房东太太是一位非常和蔼可亲的夫人。父亲当年不满三十岁，年轻英俊，举止文雅且勤奋好学。房东太太很喜欢他，有意把自己的女儿嫁给父亲。父亲拿出母亲的照片说，我的祖国还有一个美丽的姑娘在等我回去，谢绝了房东太太的好意。房东太太对父亲一直非常照顾，当时战争刚刚结束，食品供应非常紧张，鸡蛋都实行配给制，最经常吃的就是土豆泥，每顿饭给一个球状土豆泥。当时因为战后粮食紧缺，英国甚至有一条禁令，禁止面包坊出售刚刚出炉的新鲜面包，因为刚烤好的面包香味诱人，会不知不觉多吃一个，这种情况到1947年底就彻底好转了。

配图7：留学期间所住房屋照片

父亲常和我们说起留学期间趣闻，印象最深的是一位同去留学的大陆学生，

想对房东太太表达“我住你家，在你家吃饭”，说出来的英文却是“I will live you, and eat you”，善良的房东太太明白他要表达的意思（就像外国人说多么蹩脚的中文我们也能理解一样），还是做出一副夸张的受惊吓的样子，惹得大家哈哈大笑。

1949 年父亲顺利通过博士答辩，立即准备启程回国。当时中国正面临巨大的政治变革，国民党节节败退，北方大部分国土已掌握在共产党手中。按照父亲和母亲原来的约定，父亲回国后就到北平找工作，因此母亲已提前来到北平，在供电局谋得职位，等候父亲学成回国。当时与母亲关系亲近的二舅和二舅妈也在北平工作。1949 年北平解放前夕，在解放军强大的攻势下，国民政府人员纷纷逃往台湾，二舅也为母亲买好了火车票，准备一起去台湾，并设法告知了父亲。当时北平与外面的通讯都断了，父亲乘坐的邮轮在海上漂了两个月才到达香港。父亲为了省钱买的是无床铺的底舱票，他买了一个帆布行军床，白天在甲板上溜达，晚上就在甲板上打开行军床睡觉。这个行军床我们一直在用，每逢家中来客人就撑开，一直用到 2001 年搬入蓝旗营小区才丢弃。

父亲在香港等候母亲的消息，心急如焚，不知母亲是留在北平还是已经随二舅去了台湾。北平这边二舅看形势紧急再不走恐怕走不掉，就和二舅妈一起，先上了火车，并带走了母亲的行李箱，约好等父亲一到北平立即去台湾相见。岂料二舅乘坐的火车是北平开出去的最后一趟火车。从此兄妹永隔，音讯全无，再无相见。北平政局稍微稳定后，父亲得知母亲还在北平，立即启程到北平找到母亲，结束了三年多的思念。父亲和母亲团聚后即举行了婚礼（配图 8）。上世纪 80 年代初，大陆与台湾逐步恢复往来，听台湾来的朋友说二舅和二舅妈都已仙逝，来人还带来二舅生前的画作给母亲留作纪念。

配图 8：父母结婚照

执教北大清华

听父亲说，他之所以有幸与清华大学结缘，是因为原中央大学李西山教授的推荐。李先生当时已是北京大学工学院教授，得知父亲从英国回国，就邀请父亲去北京大学任教。后经院系调整，父亲才来到清华大学动力机械系，从此在清华大学执教六十载，把毕生的心血全部奉献给清华大学，奉献给祖国的教育事业。

父亲以副教授入聘于北京大学，1960 年晋升为正教授，是同年资者所能达到的上限。当时清华大学共有正副教授 108 人，被校长蒋南翔戏称为“一百零八将”。凭良心说，“文革”前十几年，尽管各种政治运动不断，清华大学乃至全社会对教授还是相当尊敬的。

上世纪 50 年代初，中国和苏联关系好得蜜里调油，苏联派来很多援华专家，清华大学也有不少，我家住的 17 公寓楼上就有一位。中国也选派了不少优秀人才到苏联去留学，这些人后来都成为各个领域的栋梁。父亲当时也被选中准备去苏联学习，并集中学习了半年俄语，临走前体检发现肺部阴影，怀疑肺结核，去苏联进修一事作罢。“文革”后谈及此事，父亲说幸亏没有去成，否则国民党特务、英国间谍再加上苏修间谍，恐怕性命难保，此乃后话。

父亲虽没有去成苏联，但在苏联专家的指导下学习并掌握了热工自动化的理论，担任新增设的热工量测教研组组长，为在清华大学开展过程控制教育打下了基础。上世纪 70 年代初自动化系建立，父亲是自动化系四大教授之一（另外三位分别是常迵先生，信号处理专家；郑维敏先生，系统工程专家；童诗白先生，电子学专家）。上世纪 80 年代初国家恢复学位制度，父亲成为清华大学首批博士生导师，为清华培养了数十名研究生，他们现在分散在海内外，都是各自领域的精英。

历经坎坷，初心不改

初心是什么？不同的人有不同答案。于父亲而言，爱国是他的初心，并终其一生未改。

父亲那一代知识分子对国民党后期的腐朽早已深恶痛绝，共产党在那段时期以开明的形象给中国带来希望。父亲回国是真心拥护共产党的，也接受共产党关于改造旧知识分子的一套说法，真心认为自己确实需要改造。他怀着极大热情，积极参加了建国初期的各项政治运动，当1957年“反右派运动”开始的时候，他作为教研组主任也曾经被人怂恿给党提意见，所幸系里的党总支书记和父亲的工作关系一向很好，配合愉快，父亲实在提不出意见。在经不住再三要求必须提意见的情况下，父亲就随便写了一个无关紧要的意见交给了校广播室。此时“反右”已经开始收口，负责广播室的老师得知消息后，劝父亲将意见收回。父亲本就不想提意见，于是就把写的意见拿回来了，躲过了右派帽子，而那位广播室的负责老师，则因类似的行为引火烧身，保护了一大批教师，自己却被划成右派。

“文革”中几乎所有的高级知识分子都是反动学术权威，父亲也未能幸免。因为曾留学英国还多了一项特务嫌疑的帽子，又因留学英国是当时国民政府所派，又戴上一顶国民党特务的帽子。父亲搜肠刮肚地想出所有和他一起留学英国的人的名字，说他们可以证明自己不是特务，结果被造反派们告知，他所列举的名单中所有的人全部都是特务嫌疑，无一例外。父亲知道浑身是嘴也讲不清了，索性也不再申辩，随他们去折腾吧。在父亲被关进“牛棚”的日子里，母亲整日忧心忡忡，担心高傲的父亲精神上是否会崩溃，从未做过体力劳动的父亲身体上能否挺得过来。偶尔父亲也被允许回家拿两件换洗的衣服，父亲让我们放心，说他没有挨打，每天就是搬砖拔草、挨训斥。父亲坦言，如果挨打他会受不了，一定会自杀。

“文革”开始时我刚满12岁，我们住在大白楼（15～17公寓），都是副教授以上或者校系领导，“文革”时不是黑帮分子就是反动学术权威，几乎没有一户人家可以免遭红卫兵造反派的抄家厄运。父亲保留的学生时代，包括留英时期大部分书信日记照片都被抄走了，只有极少部分“文革”后返还。清华出现打着叉子倒写的刘少奇名字的时候，父亲流泪了，说这样对待一个国家主席，这个国家完了。这话是父母背着我们孩子说的，母亲在“文革”后才敢说出来。

1970 年父母先后去了江西鲤鱼洲，那里是血吸虫重灾区，曾经是劳改农场。连劳改犯都待不下去的地方，让清华北大的教职员工去建农场，可见作此决策的人是何等的歹毒！清华北大有不少教职工都染上了血吸虫病，父母虽没有查出来被感染，但精神和身体受到的伤害是不言而喻的。

尽管被没完没了的政治运动折腾得疲惫不堪，父亲那一颗爱国的初心始终未改。与那些被打成右派的人和“文革”中被逼跳楼的人相比，父亲还算是幸运的。作为教师，就是要对学生负责任，把课讲好，把学生培养好。这一点父亲做到了。他作为清华过程控制的奠基人，制定了完整的教学计划，亲自为本科生研究生授课，为国家培养了一批栋梁之材。

父亲对学生的生活也很关心。清华学生不乏寒门子弟，每年 9 月新生入学时北京已是初秋，有些南方学生来的时候还光着脚穿着凉鞋，甚至没有鞋子，入冬后也没钱买袜子。父亲对极端困难的学生会提供一些帮助，让母亲买鞋袜送给学生，做一些可口的饭菜带给学生吃。受过父亲恩惠的学生几十年后还对此念念不忘。

“文革”前的幸福生活

父亲与母亲 1943 年在云南昆明相识，1945 年暂时分别，父亲 1949 年留学归来，在北京与母亲结婚，母亲 1982 年 12 月病逝。他们相识相知相伴，共同度过 36 年，感情甚笃。父亲英国绅士风度，言语不多，脾气特别好。母亲是基督徒，心地非常善良，乐于助人，见到谁都是笑眯眯的，说话声音软软的，特别好听。母亲后来因为高血压的缘故，脾气有些急躁，父亲总是谦让母亲，并让我们不要惹母亲着急。

父亲肠胃不大好，喝牛奶就拉肚子，在英国留学期间发现牛奶里面加入红茶不仅美味，而且不会拉肚子。喝红茶加牛奶这一习惯，父亲保持了几十年。母亲为保持茶的热度，专门为茶壶缝制了一个精致的“棉外衣”。很多客人到我家来都奇怪这个物件的用途，了解之后都夸赞母亲的细心和体贴。

哥哥和我分别出生于 1951 年和 1954 年，正是新中国成立初期百废待兴时期，父母给我们起名字时没有用家谱中“文”字,直接取名“胜”和“进”，意为“胜利前进”。在我的记忆中，上世纪50年代至“文革”前是一生中最无忧无虑、最幸福的日子。平日父母上班，我和哥哥上学，周末经常去颐和园或香山游玩（配图9）。那时去公园玩都是自带面包，再带上一个饭盒，装上自制的红烧肉和卤鸡蛋。母亲是无锡人，会烧无锡排骨，周六晚上父母一起准备餐食，星期天在公园里野餐，是最开心的童年记忆。

配图9：颐和园照片

父亲刚到清华大学时，住在新林院52号，那时我还小，记忆不深。后来搬到新林院6号，和王明贞教授住在一个院子。记得院子里有一棵高高的柿子树，秋天柿子成熟的季节，王明贞教授的先生俞启忠就搬个梯子爬到树上摘柿子。俞启忠先生是俞启威的弟弟，“文革”期间俞启忠夫妇惨遭横祸，关押在秦城监狱6年，释放回来几乎不会说话。

1961年左右，新林院6号据说要改为托儿所，我家又搬到17公寓。印象中父亲每天晚上都看书备课到很晚，我睡觉前会习惯性地看一眼父亲书房关着的房门，台灯的灯光从房门毛玻璃透过来，非常柔和，可以看到父亲伏在书桌上的模糊的身影。这个身影深深刻在我的脑海里，至今那扇门，那灯光，那身影，闭上眼睛就浮现在眼前。

父亲是“文革”前的正教授，工资207元，和母亲的工资加在一起将近三百元。在那个物资匮乏的年代，有钱也买不到东西，按说家里应该有不少积蓄。但直到1978年，家里全部储蓄还不足万元。父亲的兄弟姐妹多，加上我和哥哥去安徽插队，得到姑姑叔叔们的照顾，父亲时常要汇钱，母亲对此从未有过抱怨。对我们自家生活而言，则是能省就省。家里用的家具非常简单，床和书桌椅子都是从清华租的，沙发、衣柜、碗柜等等都是从市场上淘来的二手货，我们兄妹二人从小穿的衣服都带着那个时代的特点——两节的衣服三节的裤子，我们和楼里的孩子们到了饭点都去食堂打饭，从来不会大手大脚地花钱，甚至比很多人都表现得更为“抠门”。

清华大学的老师大多动手能力都比较强，家里什么东西出了问题都自己动手解决。我们小时候父亲也鼓励我们自己动手，家里有个铁盒子，里面装着各种工具，以及各种型号的钉子。那个时候和现在不一样，很少添置新物件，家具和衣服一样，都是新三年旧三年，修修补补又三年。哥哥本就心灵手巧，在父亲的影响下，家里的水电桌椅有任何问题都手到病除。

父亲的生活极为规律，每天几点该干什么，几乎像时钟一样准。东西都分门别类放在一定的地方，要找什么东西，闭着眼睛也能一拿一个准。他的书桌上只放固定的那几样东西，其他物品用完即收。他自己承认这种极为有序的性格习惯，抑制了创新的思维，他大学同班的几位当选院士的同学都是当年出名的“乱包”。

父亲备课的时候从来不允许我们打扰，无论什么事情都要备好课后再说。父亲的备课笔记书写得非常非常认真，几乎不用怎么修改，稍加整理就是教科书。记得我女儿两岁的时候在父亲备课期间提了一个要求，父亲当时不理她，她就躺在水泥地上大哭起来，父亲只当没听见，继续备课。女儿躺着哭了半个小时以后，见无人理会，哭声变成哼哼，最后只好臊眉耷眼地自己爬起来，以后她再也没有躺倒耍赖的情况发生。

影响我一生的 1969—1975 年

1968 年，国家处在混乱之中，政府面临六届初高中毕业生就业安置的极大压力，于是，几千万人通通下乡，去接受贫下中农再教育。1969 年初，我和哥哥在奶奶和叔叔、姑姑的要求下，没有和学校同学一起去陕北，而是到生活条件相对较好的皖南山区插队落户，那里有一个堂兄在公社作文书，可以得到一些照顾。我们下乡以后，父母很快也随清华大批教职员工去了江西鲤鱼洲农场，北京的家只剩下了空荡荡的屋子。

父亲和母亲去江西鲤鱼洲农场的时候都已年过半百，农场实行半军事化管理，没有家庭，男女分开住集体宿舍。妈妈是校机关的，住在团部，爸爸则在下面连队。住在自己亲手用土坯砖和稻草帘建起来的房子里，一个房子上下铺住着十来个人，早上吹起床号，晚上吹熄灯号，半夜时不时还被折腾起来打行李拉练。除了干活就是政治学习念报纸，听工宣队、军宣队训斥，精神上的苦更胜过生活上的苦。

1970 年我去江西鲤鱼洲探亲。沿路看到走在路上的人装束十分奇怪，不少都戴着眼镜，穿的衣服上打着许多补丁，戴一顶破草帽，腰间多系着一根草绳。看到父亲时，他的装束也差不多，他说这是江西鲤鱼洲的“奇装异服”，包括为对付插秧时带有冰碴的水而发明的“棉短裤”，以抵挡炙热的阳光而发明的“屁帘儿草帽”。江西鲤鱼洲农场原来是鄱阳湖的湖底，一到下雨天就泥泞不堪，滑得不得了，清华的老师们就在鞋底绑上草绳来防滑……江西鲤鱼洲农场类似的发明创造还有很多，在当时也算是苦中作乐吧（配图 10）。

配图 10：父亲在江西鲤鱼洲的照片

我去插队后对前途非常迷茫，不知道这一辈子会不会就待在大山里，看不到希望，看不到出路，非常苦闷。我在江西鲤鱼洲探亲的日子里，父母不能请假陪我，我只能参加劳动才能和母亲在一起。江西鲤鱼洲过“大礼拜”，即每两周休息一天。在难得的休息日里，爸爸妈妈会陪我一起去那唯一的商业点“天子庙”。父亲坚信这样的日子不会长久，让我有时间一定要读书，不要混日子。现在想起那几年好像一晃就过去了，值得记录的事情不多，但身处当时的境地，当真是度日如年。

1973 年，父母陆续从江西鲤鱼洲返回清华园。当时听学校人事处的人说，家里儿女全部下乡的，可以回来一个。我们兄妹二人同时下乡，两个孩子，手心手背都是肉，哥哥是男孩子，但因他患有先天性心脏病，曾经做过手术，终归让人放心不下；我是女孩子，一人在外更让父母不安。我相信父母在做出让女儿先回北京这个决定的时候，心里一定充满了矛盾和痛苦。而做出这个艰难的决定，也让父母在后半生中一直对哥哥心有愧疚，究竟是谁该向我们道歉呢？

离开清华园整整六年后，1975 年 2 月我从安徽返回北京。记得父亲带我去王府井，在“盛锡福”买了一顶獭兔皮帽子，顶上有两个绒球，送给我做生日礼物。这顶帽子我一直舍不得戴，珍藏至今。在父亲 80 岁生日的时候，我也送给父亲一顶皮帽子，父亲非常喜欢。

母亲一直在清华大学财务科做会计，为给我回京腾出指标就办了退休，由我接替在基础课教研组做出纳。那已是“文革”后期，大学基本上是工人阶级和工农兵学员的天下，教师个个灰头土脸，夹着尾巴做人，正常的教学基本不能开展。学校搞开门办学，教授带着工农兵学员到工厂劳动，父亲也不例外。记得父亲当时在呼家楼煤气公司搞开门办学，那时交通不便，乘公交车单程也要近两个小时，为节省时间父亲就和学生住在一起，打个行李卷儿一走就是好多天。回到学校就是没完没了地开会、学文件、念报纸，他这个“资产阶级知识分子”加“反动学术权威”动不动就被拎出来批判一通。父母整天忧心忡忡，女儿虽已经回到身边，儿子却还远在安徽县里的工厂。母亲放心不下就去哥哥的工厂里陪他，一家人继续过着分离的日子。

结束家庭分离的日子

1976年动乱的十年“文革”终于结束了。1977年恢复高考，我决意要抓住这最后一次上大学的机会，参加高考。母亲坚决支持我参加高考，父亲则态度暧昧。一方面他觉得我连个完整的初中一年级都没念完，基础太差，一定考不上；同时又觉得我已经在清华大学有了稳定的工作，女孩子做财务工作挺好，离家近又不累，年龄大了何苦再去念书自讨苦吃。再说好不容易把户口转回北京，大学毕业还不知分配到哪里去。总之就是不十分支持我参加高考。在我和母亲的坚持下，父亲终于表示支持我参加高考。父亲的支持是货真价实的，他为我辅导数学、物理和英文，找人为我辅导化学，语文和政治则靠我平时的底子了。1978年我终于考上北京钢铁学院，尽管专业与我报考的相去甚远。这时的父亲对我说，大学一定要念，无论什么专业都无关紧要，重要的是学习能力的培养。这句话我记了一辈子，也用这句话去鼓励后来的许多考生。

我上大学以后，终于有理由把还在外地工作的哥哥调回北京。因为他那时已经在工厂做了工人，必须要找到一个在北京工作的工人和他对调。这样通过层层关系，终于了解到北京管庄有一个安徽籍的工人希望回安徽老家，而管庄这个单位并不想为对调过来的人安排工作。我们抓住这个机会，在清华大学李恭亮老师的帮助下联系了北京大学物理系，他们正希望招一个心灵手巧的实验员，而哥哥从小动手能力极强，在安徽期间还上过中专。经过面试北大物理系对哥哥非常满意，同意调入。这样，1969年我们兄妹二人离家插队，十年后的 1979 年全家终于在清华团聚。

痛失慈母

1982 年初，我在学校突然接到父亲的电话，说母亲在家晕倒了，已送校医院抢救。我急忙赶到校医院，见到了心急如焚的父亲。母亲当时已经深度昏迷，经检查确诊是蛛网膜下腔出血。此病非常凶险，以校医院的医疗条件能否抢救得过来尚未可知。医生说这是长期高血压控制不力，血管失去弹性造成的。父亲知道后，为自己的无知后悔不已。母亲有家族高血压遗传基因，自己从上世纪 50 年代末开始高血压，一直是血压高了就吃药降下来，正常了就停药，以为药不可多吃，是药三分毒。如果有点医学常识，这一切或许就不会发生。

我当时在学校正处于毕业设计阶段，从清华借了一块制图板搬到病房，一边照顾母亲一边做毕业设计。父亲除了上课也整天在病房陪着母亲，王浩在课余的时间也常到病房探望，给母亲喂饭喂水，甚至端屎端尿。母亲住院两个月，医生终于从死神手里把她拉回来了，但脑出血对她身体造成了严重的伤害：反应迟钝，言语不清，四肢行动也不协调。在我们都以为死神已经放过了母亲的时候，岂知死神已经悄悄接近了母亲。仅仅不到八个月，母亲就再次脑溢血复发，这次死神没有再给我们抢救的机会。母亲在 1982 年 12 月 5 日晚上栽倒后就再也没有醒来，给父亲和我们留下了无限的哀痛。母亲去世时年仅 64 岁，此时距离我和王浩的婚礼仅仅过去半个月。

母亲在生病住院期间，自动化系的领导和父亲的同事、学生多次到医院看望，帮忙联系专家，帮忙照看母亲，从精神上给父亲很大支持。医生说同仁堂的安宫牛黄丸对治疗脑溢血效果不错，建议

配图 11：母亲（左 2）生前留下的最后影像，1982 年

服用。当时市面上很难买到，系里的同事四处打听，终于买到了两丸。母亲第一次发病能够出院，校医院的医生功不可没，这两丸药恐怕也发挥了重要作用。

父亲和母亲从相识相知，到结婚生子，共同经历三年经济困难时期，共同经历“文革”全家分离后再团聚，也看到哥哥和我先后成家。他们携手走过近四十载，感情甚笃（配图 11）。父亲本来就生性少语，母亲走后父亲倍感孤独，话更少了，但他一直没有动过续弦的念头，与我和王浩一起生活了三十年。

朝夕相处三十载

1982 年母亲病逝后，不能想象失去挚爱的父亲如何能独自生活，我和王浩当即从公公婆婆家搬回清华陪伴父亲。感谢我的公公婆婆（公公王大耜先生（1923—2002）生前是中国科学院微生物所副所长、研究员，中国微生物学会秘书长，维生素 C 生产工艺的专利发明人），他们是那样的通情达理和善解人意，在我失去慈母最悲伤的日子里给予我最大程度的关心和爱。他们对我们搬回娘家去住（按中国传统习俗等于男方入赘）表示了充分的理解和支持，让我们尽力照顾好父亲，不用担心他们老两口儿。我们结婚用的房子一直按原样保留了很多年。

从 1982 年到 2012 年，父亲和我、王浩以及后来出生的女儿，祖孙三代朝夕相处，共同度过了三十年充满温馨的日子。

父亲 1983 年起不再担任教研组主任，1991 年退休，但还在继续指导研究生，他培养的几十名研究生都成为各领域的骨干。父亲和萧德云老师共同编写了《过程辨识》教材，出版后获得国内外很高评价，是国内该学科教学的主要教材和参考书。2009 年父亲获得中国自动化学会过程控制成就奖，1999 年自动化系隆重庆祝父亲从教 50 年暨 80 华诞（配图 12），那天晚上，父亲坐在鲜花和绿

配图 12：80 华诞照片，1999 年

树丛中，脸上写满了幸福。

王浩 1982 年从清华水利系本科毕业之后继续读硕士，1985 年毕业后分配到中国水利科学研究院水资源所。父亲很看重王浩，说他勤奋努力，也时常在饭桌上问及王浩的工作情况。1987 年父亲根据王浩承担的工程项目，建议他报考清华自动化系系统工程专家郑维敏先生的博士。两年的博士学习拓展了王浩的视野，在此基础上形成了二元水循环的理论，在以后的工程实践中得到广泛应用。父亲的指点对王浩一生事业的影响是巨大的。1997—2017 年，王浩一共获得国家科技进步一等奖一项，二等奖七项，2005 年被评为全国劳模，成为当时中国工程院本领域最年轻的院士之一。

我 1986 年从清华大学调到中国科协中国国际科技会议中心，早出晚归，工作比以前忙了许多。1994 年我考取了清华大学经管学院 MBA，以后三年的时间里白天上班，晚上和周末上课，女儿的教育和家务杂事都甩给了年迈的父亲，所幸当时有大姑帮忙料理。我能够顺利完成 MBA 学业，一半的功劳是属于父亲的。在和父亲共同生活的 30 年中，前十几年父亲对家庭的付出更要多于我们对他的照顾。

慈爱的外公

1984 年我女儿出生时，那时父亲还没有退休，教学、科研和培养研究生的任务很繁重，而且经常出差在外。记得当时父亲正在湖北武汉出差，电话中向父亲报告母女平安的消息。父亲回家时，我正手忙脚乱地面对不停哭闹的女儿束手无策，无论怎么抱、怎么哄她都安静不了。父亲放下行李就走过来，“我来抱，你不会抱”，说完他轻轻地把孩子抱起来，慈爱的眼睛与女儿尚不协调的眼睛对视着，奇迹发生了，女儿停止了哭闹，小嘴动了几下后就在外公的怀抱中安静地睡着了。我们不由得感叹这个孩子和外公心有灵犀，有缘分，后来祖孙两人其乐融融地一起生活了 20 年。

女儿在我们和外公的呵护下健康成长，一张小嘴特别伶俐，非常会讨外公的欢心。女儿不满一岁时，我患心肌炎住院，出院后暂住到婆婆家养病一年。王浩是个事业心极强的人，几乎顾不了家，女儿就全扔给了外公帮忙照看。父亲自己还有很多教学科研的工作，每天还要备课，家里请了保姆，又把我的大姑请来帮忙照顾。女儿在父亲的精心呵护下，心智和身体都非常健康。父亲不仅养育了我，更为养育我们的女儿付出了许多心血。

配图 13：父亲和王浩与女儿照片

配图 14：祖孙读书照片

女儿一岁多时，父亲经常骑车带她出去玩儿，荷花池荒岛是祖孙俩常去的地方。有一天父亲很得意地说，宝宝的语言能力特别强，她在荷花池畔听到青蛙叫就会说“什么叫，可能是青蛙”，自问自答，逻辑性强，用词准确。女儿在父亲的呵护下身体一直特别好，除了偶尔轻微的感冒和打预防针，几乎没去过医院。女儿两岁多的时候，外公抱着她在楼下和邻居交谈（配图 13），女儿很骄傲地对邻居说，“我有一个优点，我从来不生病”，邻居听了哈哈大笑，外公脸上也满是骄傲的神情。女儿到了识字的年龄，我买了一套迪士尼出版的系列童话故事书，女儿最喜欢的就是晚饭后搬个小凳子坐在外公的身边，听外公讲小象打棒球的故事（配图 14），小小的手指随着外公的语速在字上滑动……那个温馨的场景时常浮现在眼前，每每令我热泪盈眶，真想让时光永远定格在这一刻……

女儿上学期间我和王浩工作都特别忙，女儿和外公在一起的时间最多，受外公影响也最大。女儿从外公讲的故事中受益匪浅，懂得了很多做人做事的道理。外公教育她要有同情心，我家阿姨家的孩子在北京念书，学习英文没有字典，外公就引导她把多余的书本和英文字典送给阿姨家的孩子。女儿中学暑假期间，外公支持她去快餐店打工，参加社会实践活动，扩展视野。

女儿在外公的影响和培养下，养成了不惧怕困难的性格，坚信“只要我努力就能做到”。她从小学到初中到高中都是一路保送，这得益于她有一个好身体和比较好的学习习惯。她在清华附小担任少先队大队长，在清华附中学习期间不但学习成绩好，体育成绩也好，还热心社会活动，被校长赞称“王旖旆是清华附中的全面发展的一面旗帜”。女儿从北京大学医学部药学院毕业后（配图15），又先后获得美国密歇根大学（U. of Michigan, Ann Arbor）毒理学博士（2012年）和斯坦福大学商学院MBA（2015年）。

配图15：女儿毕业于北京大学医学部，2007年

世界上最疼爱我的那个男人走了

女儿上大学后住校，回家的时候就少了，只有周末才回来。我们上班中午都不在家，晚上回家也很晚，经常父亲都已经睡了。父亲和人说话交流的时候越来越少，从2007年开始逐渐显现出老年痴呆的症状（配图16），比如经常会拿错毛巾或牙刷，有时表现出很自私，和以前判若两人。开始的时候，对这种病我们完全不了解，还埋怨过他，现在想起来就会心痛自责。后来病情进一步发展，父亲开始出现一些怪异的举动，比如半夜三更爬起来收拾行李，说要去开门办学，下雪天，非让我陪着去开大批判会等等，我才意识到问题的严重性。我带他去北医六院做检查，确诊他不幸罹患老年痴呆症，而且由于发病机理不明，目前尚无对症药物可用，只能用药减缓疾病进程。我追悔莫及，如果早些了解这个病，早点带父亲去就医就诊，就不会发展这么快。上天不公啊，父亲是那么平和睿智，怎么偏偏让他得了这个病呢？

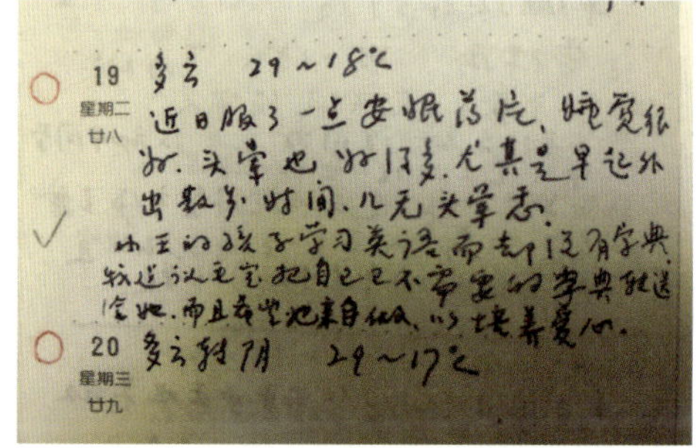

19 星期二 廿八 多云 29～18℃

近日服了一点安眠药片，睡觉很好，头晕也好得多，尤其是早起外出散步时间，几无头晕感。

小王的孩子学习英语而都没有字典，较近没无它把自己已不常要的字典就送给她，而且希望她来自做，以培养爱心。

20 星期三 廿九 多云转阴 29～17℃

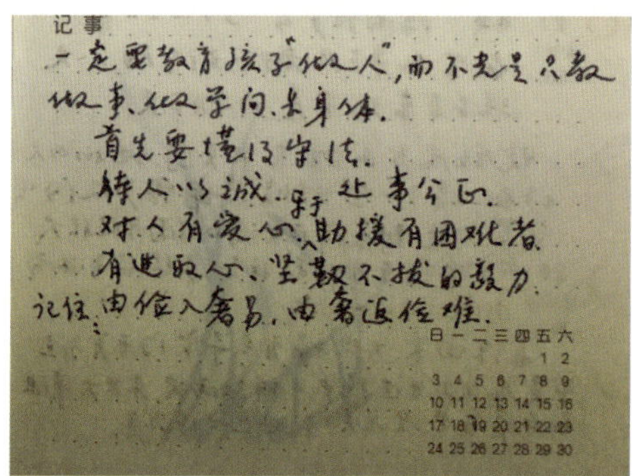

记事

一定要教育孩子“做人”，而不光是只教做事、做学问、长身体。

首先要懂得守法。

待人以诚，处事公正。

对人有爱心，乐于助援有困难者。

有进取心、坚韧不拔的毅力。

记住：由俭入奢易，由奢返俭难。

配图16：父亲日记

记不清从哪年开始，每年春节的大年初一上午十点，教研组的老师们不分长幼，包括已经退休的和在职的，都相约到我家来团拜并合影留念。这个传统

配图 17：父亲 85 岁生日照，2004 年

一直保留到 2011 年。每到春节临近，父亲都会提前准备好花生、瓜子和水果，从柜子里拿出一对平时不用的朱红色鎏金高脚福建漆器果盘。初一一大早父亲就叫我摆好果盘，准备迎接教研组的老师们。看得出来父亲对这一天是多么的期盼。老师们围坐一起谈各种社会见闻，谈论教研组发生的新鲜事情，谈一些科研项目的事情，直到临近午饭时间才慢慢散去。每年的团拜我都充当摄影师的角色，镜头下父亲和教研组同事们的脸上都洋溢着开心的笑容（配图 17）。

2010 年以后，父亲已经不大能认识人了，许多人的名字叫不出来，但父亲仍然保持着他一贯的绅士风度，优雅地对每一位来访者微笑着，努力辨别大家的谈话内容。父亲生病后走路不稳，我专门为他买了一辆电动三轮车，以方便骑车带他一起出门。出门之前我都会问，今天想去哪儿，他最经常说的就是去新盖的学生公寓看学生。我知道他心里始终惦记的是清华的学生。他坐在车上，看学生们在操场上跑步、踢球，特别开心（配图 18）。我时常想，父亲看着那些年轻的身影，是否也在回忆自己的学生时代？

配图 18：父亲在学生公寓

2012 年 4 月，父亲与疾病斗争了 5 年后走了。父亲 1919 年 11 月生，辞世时 92 周岁有加，算是喜丧。

父亲走的前一天我去贵州出差，接到父亲病危的电话时已经没有回北京的航班了。父亲弥留之际王浩问我，要不要采取措施等我回来，电话那边的我已泣不成声，我多想见父亲最后一面，但实在不忍心让父亲再承受更多痛苦。当我说出“不要了”这三个字时，我知道再也见不到父亲了。

父亲走了。带着对亲人的无限眷恋离开这个世界，到天堂与母亲相会。

父亲走了，那个世界上最疼爱我的男人走了，带走了我对他的爱和无尽的思念。如果有来世，我们还做父女。

父亲走了，清华大学以成立方崇智教育发展基金的形式，纪念他为清华大学奉献的一生。父亲一生淡泊名利，这是对他最好的纪念。

父亲离世已 6 年多了，他在世时的音容笑貌一直深深地印在我的脑海里。虽然从 1968 年底下乡插队起，我几乎就没有与父亲长时间在一起共同生活，在父亲百年诞辰之际，回想起我在儿时他的教诲以及他对本职工作的态度，都令我难以忘怀。

怀念父亲

方胜[①]

父亲出生在安徽安庆怀宁县（现属安徽安庆市的一个下辖县）一个普通的大家庭，没有显赫的家庭背景。为了能够报效国家，并且接触到外面的精彩世界，他自幼刻苦读书，奋发进取，15 岁时就从安庆考入当时名声在外的扬州中学。从此就离开了他的出生地，同时也开始了他在家里人看来是拼搏、精彩的一生。

父亲的家庭是一个大家庭，兄弟姐妹多达 8 位，他排行老四，所以自幼就养成了他自强自立且低调的性格，同时家庭亲情的培育也使得他与同学以及同事之间的关系相处得十分融洽。我印象最深的一件事是“文革”后由于他年纪也大了，在扬州高中时的同窗遍布全国各地，与他们保持书信往来是回忆青年学生时期以及了解各位学友近期家庭情况的唯一纽带，很多次我从清华万嘉璜教授家中取回万教授收到并添加了标注后的信件交给父亲，父亲在看过并添加他已读过的标注后又由我转交给北大的杨立铭教授……如此这般综合了诸多当年学友各种各样的信息，在同学中互相传递，直到每一位还在世的朋友都能了解到各位的近况；这种友情在 70 年代后

① 方崇智先生的儿子，北京大学物理系教授级高级工程师。

一直保持了十几年。

工作中父亲一直保持着严谨认真的态度。他的书桌每天都是整齐干净的，所有教案都用牛皮纸做个封皮，再用当年特有的一种由三件薄白铁皮制的组合夹子，将一页页书稿装订整齐，码放在书桌的右上角。我印象最深的是《自动调节原理》一书，每当在家里与教研室同事研究讨论后都会认真听取他们的意见，之后会打开装订并用他那特有的圆润笔体认真修改后再重新装订好。他年届70时和他早年的学生萧德云教授合作出版的《过程辨识》一书，在最终定稿后也是用牛皮纸做封皮，然后再用白色小线装订完成的。

为了保持实验数据的真实性，父亲自制有机玻璃曲线板。有一次我看见他正在用小刀和砂纸打磨他的曲线板，我就问他为什么这样做，他说买的现成的曲线板与在实验中所取得的诸多实验数据匹配不上，从而无法反映实验数据的真实性，只能自己加工才能得到一条光滑且与实验数据相符合的曲线。父亲科学严谨的工作态度也让我受益终生。

父亲工作中保持着任劳任怨的作风。在开门办学的年代，他每天早晨天刚蒙蒙亮就出家门赶乘头班公交车，去远在呼家楼的煤气公司上班，直到天黑了才能回到家里。那时的公共交通远没有现在这么发达，虽说当时人口总数量没有现在这么多，但可选择的公共交通线路更是缺乏。他为了工作一直坚持早出晚归，且从未有过怨言。

父亲在生活上非常节俭，由于大家庭成员众多，生活水平参差不齐，他主动每个月给我的爷爷奶奶寄钱以表达养育之恩。我的母亲是个会计，有记录家庭日常开支的习惯。在母亲去世后的30年时间里父亲坚持了这个习惯，就连日常买菜的开销都详细地作记录，把家里安排得井井有条。

父亲几十年的早餐都是两片烤面包片加一杯牛奶红茶，这也是他在英国留学时养成的习惯。在新林院住的时候，用铁丝编制成的那种夹子，夹着面包或馒头片在煤球炉上烤。上世纪60年代后搬到17公寓有了暖气，但做饭仍旧靠煤炉，他一直坚持到上世纪80年代买了电烤面包片机，但烤面包片加牛奶红茶的早餐习惯却一直延续着。

记得每到学期末父亲都会收集我和妹妹没用完的作业本，并把空白页撕下来，再裁到A4纸六分之一大小后，用铁皮夹子夹好或者用橡皮筋扎好，放在书桌右上的抽屉里留作便签，我偶尔还会从那里拿几张当作草稿纸用，按现在的话说是节约的典范。

我出生时就患有先天性心脏病，受限于当时的医疗条件，直到我小学三年级时，因病情逐渐加重才不得不在阜外医院做了手术。当年像我这种需要在低温体外循环条件下实施的手术，成功率只有90％。为此，在我手术前全家还去颐和园照了全家福，好在手术非常成功，我现在仍健康地活着。回想时处“困难时期”的手术后期恢复，那个食物短缺的年代，牛奶就是老百姓最好的常用“营养补品”，但并不是每个人都能享受到的。在父亲的努力争取下，我从小一直享用每天至少半磅的鲜牛奶，直到1968年下乡插队。记得在我手术前夕，家里还特意为我炖了一只兔子，送到病房为我增加营养。手术后又为我蒸了鸡蛋羹，由于是手术后刚刚苏醒就给我喂了下去，医生知道后怕因手术影响肠胃蠕动，按规定要求在肠胃功能恢复正常之后才能进食，结果护士又用导管从鼻腔伸进我的胃里，把鸡蛋羹全部抽了出来，真是浪费了。手术后在家休养期间，父亲怕我因病假耽误学习，他每天到邻居我同班同学家里，了解学习进度后，按照教学大纲认真地辅导我，还认真地为我批改作业，这才让我跟上了同班同学的学习进度，没有因病假缺课而留级。

为了下一代的健康成长，父亲想方设法地培养孩子们的多种兴趣爱好及动手能力。妹妹方进六七岁就开始接触音乐，虽说后来并没有以音乐为专业，但这也为她后来从插队的生产队进入当地文工团打下了基础，而我因为节奏感不强加上五音不全被老师拒绝。父亲另辟蹊径，为我买了一套简单的木工工具来培养我的动手能力，我记得父亲找来一块小木板，让我利用那一套工具做了一把小木头手枪，完成后我还把枪别在腰间炫耀。进了初中父亲又培养我对无线电的兴趣，先从矿石收音机开始，直到最后完成了由7只晶体管组装成的一台完整的半导体收音机。即使处在“文革”时期他仍旧坚持认为国家的强盛与民族的兴亡和全体国民的文化素质息息相关，因此坚持要求孩子多读一些书。只可惜我没有理解父亲的用意，把大好光阴虚度了。现在回想起来正是因为父亲的多方教诲对我所经历的从学生、回乡知青、县农机厂工人到大学实验室实验员、专业工程技术人员的人生道路打下了非常良好的基础。

金缕词•追忆[(1)]

王 浩[①]

二〇一八年十一月

笑貌音容驻。
卅春秋、恩情往事，
眼前无数。
期我中人能语上[(2)]，
细指学涯荆路。
沐暖日、乘云浴露[(3)]。
漫道迷津终可渡，
幸今生、知遇师和父。
余有进[(4)]，
全凭汝。

育培吾女甘茹苦。
廿冬夏、鸣鸡行兔[(5)]，
呕心以顾。
家教门风泽后世，
德至馨香[(6)]永固。
似樛木[(7)]、柏松桂树。
若九春[(8)]晖何为报，
每念兹、长恨遗无处。
独对月，
泪如注。

①方崇智先生的女婿，清华大学水利系学士，硕士，清华大学经济管理学院博士，中国水利水电科学研究院水资源所名誉所长，全国先进工作者，中国工程院院士。

【注释】

⑴ 此词为作者追忆其岳父方崇智教授而作。方崇智（1919–2012），清华大学教授，著名自动控制工程学家，我国生产过程控制教育的开拓者之一。方崇智教授1945年公费留学英国，1949年获伦敦大学玛丽皇后学院哲学博士学位，同年回国任教，创建了我国最早的过程控制专业，建立了过程控制的教学、科研体系，为我国自动控制事业和自动化专业的建设和发展做出了重大贡献。

⑵ 中人能语上：《论语·雍也篇》："中人以上，可以语上也；中人以下，不可以语上也"。语，以及下片的"后世"中的"后"，本平却仄，为异。

⑶ 乘云浴露：云、露，皆意指前辈为作者创造之进步条件。乘云，屈原《离骚》"吾令丰隆乘云兮，求宓妃之所在"。唐·韩愈《李花》诗曰："夜领张彻投卢仝，乘云共至玉皇家"。宋·苏舜钦《感兴》诗："吾朝三圣人，乘云不可睹"。露，雨露，宋·陆游《闻武均州报已复西京》诗云："列圣仁恩深雨露，中兴赦令疾风雷"。

⑷ 余有进：此句一语双关。进，既指（作者取得的各方面）进步、成就，又代指作者的爱人方进女士。

⑸ 鸣鸡行兔：意指起早贪黑，不辞辛劳。鸣鸡，啼鸣的雄鸡。明·刘基《无寐》诗："夜长无寐待鸣鸡，及至鸡鸣梦却迷"。毛泽东《挽易昌陶》诗："永诀从今始，午夜惊鸣鸡"。行兔，行走的月亮。兔，玄兔，月亮别称。南朝·谢庄《月赋》："引玄兔于帝台，集素娥于后庭"。

⑹ 德至馨香：有盛德才是真正的芬芳。《尚书·君陈》云："至治馨香，感于神明。黍稷非馨，明德惟馨"。

⑺ 樛木：枝向下弯曲的树，代指君子。诗经《樛木》云："南有樛木，葛藟累之。乐只君子，福履绥之"。意指君子能够用善行（心）庇护、安定他人。

⑻ 九春：春天。魏晋·阮籍《咏怀》诗云："悦怿若九春，磬折似秋霜"。

我童年的守护者
——忆外公

王旖旆[①]

在我知道外公是个大学教授之前，我就知道他是个老师了——我的汉字识字、英文、数学和仅能记住的两三句德语，都是外公教的。

小时候很喜欢周日，因为表姐会回到家里和我一起听外公讲数学。表姐比我只大四个月，高我一级，是可以一起学习玩耍的小伙伴。我俩并排坐在外公的书桌跟前，书桌是靠南墙摆放的，前面就是一扇很大的窗，挂着纱制的窗帘，上面印着简单的花草图样。那时候天总是很高很蓝，太阳非常明亮，花草纹样顺时针变化位置，渐次走过桌面上摆放有序的台灯、镇纸、笔筒和一摞我也不知道有什么用的纸。

数学教学有时紧张激动，有时生动有趣，全看那天外公为我们安排了什么内容。较为紧张激动的那一类一般是复杂的四则运算、分数运算和快速口算等，都是外公出题，我和表姐比赛谁做得又对又快。他写字的固定搭配是蓝黑色鸵鸟墨水和一只已经挺旧、但写起来很流畅的英雄包金尖儿的笔。非常工整的钢笔字写在“废纸”上——外公把一面打印过内容但另一面仍是空白的纸都留起来，或装订起来给我们出题，或裁成小方纸做便笺，从不浪费。

我从小争强好胜，又一直跟外公住在一起，心里和外公很亲，加上有点介意我是“外孙女”而表姐是“孙女”，就总是想在这类

① 方宗智先生的外孙女，北京大学医学部理学学士，密歇根大学哲学博士，斯坦福大学商学院 MBA。

比赛中获得优胜,暗搓搓地争取外公的欢心。一般来说我也能获胜,但是外公的表扬力度总是不遂我愿。他戴着老花镜检查我的成果,虽然脸上笑眯眯的,但是不发表评论,都是等表姐也做完之后,才很开心地一手拿一个本,看看我又看看她,说做得真快做得都对。偶尔有错题,外公也从不着急,而是慢条斯理地圈出来,一步一步地带我们再做一遍,声调和第一遍讲解没有丝毫变化,既不加快也不特别放慢。讲完还会再出几道题让我们巩固。

生动有趣的那类题,往往是以“鸡兔同笼”和“追及问题”为代表的应用题。小学一直学“奥数”,怪题层出不穷,外公会选一些讲,即使是我会的,他也能从另外的角度讲,往往更巧妙、更简单,应用题从来都是这么分析。偶尔我爸回家,对我的“奥数”学习表达一下关心,掺和应用题讲解时,我爸最喜欢说的一句话是:“不用分析那些!直接设 xy。”拿过题目看一阵,接着说,“假设有 x 只鸡,y 只兔子,这样就是 2x+4y=30,x+y=9。”这样扬扬得意地说完了,才想起来问我一句,“你们学没学到二元一次方程啊?”外公往往会接过去说,“你不要那样设未知数,应用题本来就是锻炼思维分析能力的,那样设 xy 就没有分析的过程了。”年纪渐长,我意识到设未知数的快捷,更加感激外公当年不厌其烦为我讲解分析的过程。

除了数学,我也喜欢英语。外公有一种魔力,把每种东西都弄得让我特别有兴趣。我从来没有意识到我在“学习”英语,因为这些都通过讲故事完成了。离家不远有个海淀图书城,小时候家里经常带我去买书,一般是小说,中文英文都有,回来我自己看中文的,外公带着我读英文的。从很简单的小短文开始,遇到不认识的词外公会和我一起盯着它,“你猜这个词怎么读啊?”外公一边用铅笔划分音节,一边问我。我有时能蒙对,有时蒙不对。不管对错,外公都会让我先把故事读完,然后再去猜那些生词的意思,这样我总是先明白故事在讲什么,感觉总是在看故事,完全没有学生词的痛苦。

对背单词产生抵触,也发生在我爸试图掺和我的英语学习时。写到这里,我发现被工科毕业生包围着的童年真是心酸啊……因为“文革”,父母在该念书的时候下乡插队,他们最多只接受过不到一年的初中教育,英文全靠自学,难免要走些歪路。我爸曾经自豪地给我展示过他的一本宝书《英语 900 句》,以此来炫耀他自学成才的伟大成果。幼小的我翻开书,被上面那些写在 vegetable 旁边的“歪鸡特宝”和 dangerous 旁边的“单脚拉屎”震惊了……可想而知，外公作为一个正经的留英博士，对这些中文标注是多么不认同，但他也很注意维护家里的和谐气氛，从不当着我爸的面表达不同意见，而是悄悄告诉我，不要用中文标注发音，要直接记住英文发音。

学校在小学四年级开设了英语课，配合教材一起使用的，还有磁带。家里有一个可以播放磁带的录音机，平时一般是外公听广播用。学校留作业要求听磁带时，录音机就归我使用。我学习的时候外公从不干涉。学校要求听五遍磁带，我听完让外公签字，他就签字，从不多问一句“你听完五遍了吗？”他对我总是保有这种无条件的信任。只是偶尔有一次，放磁带的时候他正好在旁边，跟我一起听完磁带后，他很严肃地问我：“所有的磁带都是这么念的吗？”得到我肯定的答复后，外公皱着眉头说，“以后磁带不要听了，这种口音不好，语调也不对。”顿了顿又说，“以后我还是给你签字，但是磁带不要再听了。”直到后来我们买了《新概念英语》，配套的也有磁带，录音机才又发挥作用。

上完大学我出国留学，因为英语口语一直不错，还做过翻译挣到了钱。这都要感谢外公，感谢他在我小时候保留了我对英语的兴趣，保护了我用简单词语表达自己的勇气，学会了正确的语音语调。

作为一个老教育工作者，外公还做过一件让我非常感动的事。小学四年级的一节数学课上，老师讲一道题目，我觉得老师讲得不对，于是我举手发言，直愣愣地说：“老师我觉得您讲得不对。”如此这般地说了一通我的解法，说完就很自然地坐下了。因为在外公给我们讲题的小课堂上，我和表姐有了不同的想法解法都是这样直接说的，所以这次我也这么说了，脸不红，心不跳。但是数学老师愣在了当场，声音猛地提高了，哐哐地敲着黑板，“还有谁是这么做的？”我感到莫名其妙，不理解为什么她突然看起来很生气。只有两三个同学举起了手，我忍不住又站了起来，想要重申一下我是如何的正确。但是没等我说完，数学老师就大声说：“你不要扰乱课堂纪律！”并且让我坐下。我闭嘴了，但是没有坐下，而是站着盯着她，心里默默嘀咕着，大家只是讨论问题啊，凭啥不让我说完。老师又讲了一遍她的解法，有个平时和我玩得好的小伙伴举手，老师没有点她，她坐在下面很小声地说：“我和你的答案一样，也是180。”我这下可来了精神，终于有人发现真理啦，忍不住说“没错就是这个数”，还得意地一挺脖子。这下老师彻底火了，脸也红了，指着教室门让我出去站着。

这是在我多年学生生涯里从来没有发生过的事情。一般都是特别闹腾的学生才会被请出去，而我只是指出了一个错误啊，积极参与课堂讨论，怎么还能错了呢？我当时有点愣神，又站了一会儿才走出教室，边走还听见老师说“你不学不要妨碍其他同学学习”。我虽然不理解我怎么妨碍其他同学学习了，但也乖乖地站在了门外。教室门在我身后砰的一声关上了。

外面正是春暖花开的时节，在门外也听不见课堂里说些什么，我很快被那花花草草吸引了注意，也看不见课堂里的时钟，过了一会儿觉得肚子饿了，就自己回家了。到家后外公很惊讶地问我，今天怎么这么早就回来了？我才跟外公说起来课堂上发生的事。本来只是觉得困惑，在跟外公讲述的过程里变成了委屈，说着说着，我就哭了。外公和我一起回忆了题目，然后说，“你做得没错，的确是你们老师讲错了。”我抽抽噎噎地说，“那为什么老师不让我说？”外公没有多说，只是让我先吃饭，并且说下午他送我去学校，当面和数学老师说。

下午我拉着外公雄赳赳、气昂昂地找到数学老师办公室，觉得可算找到给我撑腰的人了。上完第一节课，外公在门外等我，说他已经和数学老师见完面了，先回家去了。晚上回到家，一家人在饭桌上谈论起白天发生的事，我仍然感到很委屈，不明白为什么我明明得出了正确答案还要被罚站。外公和爸妈都肯定了我的答案，但是对我如此耿直地指出老师错误所表现出的情商感到担忧……外公是家里我最不害怕的人，我问外公为什么老师要罚我站，外公给我解释了一些理由，比如伤害老师的自尊心啊，打乱了她原本的教学计划之类的，但最后他说，下次发现老师讲得不对，把题目记下来，回家我们讨论。老师真讲得不对，你再私下去向老师提出来。

我的情商在此后多年一直没有质的飞跃，稳定保持在一个较低水平，但至少“你做得不对我做得对”这句话，应该是没有再对人当面说过（突然一阵心虚，是不是还是说过，但是我选择性遗忘了……）。现在还保留的一点耿直和独立思考能力，也是多亏了外公。

除了学习，生活上的照顾外公也操了不少心。小学都要求排路队回家，因为家住得远，我当了路队长，是个十九品芝麻官，我却干得特别来劲。不仅记得每个人的住址，还要求大家必须到了不得不拐弯的时候才能离开队伍，简直是魏敏芝的路队长版……有一次还剩最后三个人了，一个男同学非要提前一个路口脱离队伍回家，我不同意，结果推推搡搡地我俩竟然打起来了。我虽然是个妹子但是一直在田径队训练，算是很有劲儿的。那个男同学也不高大，我俩简直棋逢对手，马上展开了一场激战。我非常投入，书包也甩一边儿了，小黄帽也扔地上了，全心全意地要将这名同学带回正确的路线上。扭打中隐约听到有人叫我的小名儿也没顾上看。最后我终于气喘吁吁地将他制服。我整理一下衣服，自己想想打架毕竟是不对的，心虚地环视四周，发现并没有家里人，遂拍拍土，和男同学握手言欢，一起回家去了。

过了几天，有一天午饭时外公突然问我，“你是不是和同学打架啦？”我我我……我都快不记得这件事了……而且外公是怎么知道的呀？我有点紧张，但是看外公还是很和蔼的样子，并没有生气或者责怪的意思，就把打架的前因后果说了一遍。外公听了之后竟然还笑起来了，说那天他在教研室，同事和他说，“你那个小外孙女真是了不得，把男同学按在地上打！”他听了，虽然觉得很不好意思，但是认为我打架肯定是有原因，所以回家先问我是怎么回事。接着他还表扬我能坚持原则很不错，又和我说了一通什么工作要注意方式方法，以理服人，不能光靠打架解决问题之类的话。虽然我也不知道，如果光说道理对方还是不买账，我该怎么办？还好经此一役，我善于诉诸武力的威名远播，再也没有刺头非要提早脱队，于是这个问题也就过去了。

回忆小时候的成长经历，我逐渐意识到，外公的宽容和耐心，帮助我最大限度地保留了好奇、正直和率真。可能是外公注意到了我的暴脾气只能当个顺毛驴，顺毛能捋，逆毛肯定要爆，所以他因材施教，对我总是以鼓励为主，给予我全心全意地信任和支持，也可能是外公本身就是个非常温柔的人，他对人一向都是这么信任、耐心和宽容。

我不大愿意回忆后来，因为后来外公得了老年痴呆，逐渐丧失了进行复杂对话的能力。而上高中、上大学的我，正是渴望各种深度对话、渴望接触各种新鲜事物的时候，我没有能够保持对外公的耐心，在很多时候都伤了外公的心。我做得很不好。如果我能更耐心，和外公说更多的话，外公那时候会幸福一点，而我现在的愧疚会少一点。大部分人不愿意回忆和书写自己的错误，而当我意识到当时的错误时，已经是 2007 年出国之后了。

外公的认知能力从我上大学开始越来越差，行动也不如原来利索。2007 年夏天我赴美留学，考虑到外公的身体状况，没有让他去机场。我们在楼下的停车场告别。外公已经不如我高了，拥抱的时候他的头只到我的肩膀。我已经不记得和外公说了些什么，只是感到非常的不真实，对于长久地告别一个在我前 22 年生命里从来没有远离的人，感到不真实。

2009 年的冬天我回国，外公的情况更差了，经常把我和我妈搞混，看着我叫“小妹”。我感到很悲哀，但是对于长久地分别后又能和外公见到，仍然觉得很开心，在外公身边总是放松的。有一天晚上爸妈都不在家，只有我和外公两个人坐在沙发上看电视。我一边看一边玩手机和同学发短信。外公突然问我，你这个专业，毕业之后的职业发展路线一般是什么样啊？我一震，感觉外公很久没有问过这么“不家常”的问题了，于是收了手机很认真地回答，“可以去药企做做研发啊，或者就是进政府部门做政策制定研究之类的。还有人去大学或者研究院当老师。”外公沉吟一会儿说：“我看都不错，当老师呢，就是像我像你爸那样。去政府也是搞研究，可能和学校差别不大。去企业做什么我不太懂，你再讲讲。”于是那天晚上，我们进行了大概半个小时的探讨，仿佛回到了小时候和外公对一个数学问题你来我往，我几乎忘了他得了病——他的提问、对答、反应，都和原来好的时候没有什么区别。我特别开心，感觉这个对话一下子弥补了我们近几年没有深度交流的空白。这是外公最后一次和我进行这种对话，2009 年的年底回家那次，也是外公最后一次和我说话。

外公在 2011 年 9 月染病住院，2012 年 4 月去世，我也永远失去了我童年的守护者。外公用他的耐心培养了我自信的心态，良好的习惯和坚实的基础，这些超越了知识、永不过时，是外公一直陪在我身边的证明。

忆爷爷

方芳[①]

都说人生如茶，要细细地品味，才能知道它独特的味道。我的爷爷就犹如一杯现磨的咖啡，走近他时可以闻到那特别的香气，再细细地品味后，发现他是苦中有香。

在我的记忆中，爷爷个子不高，略微有点儿瘦，身体挺健朗的。平时衣着朴素得体，夏天的时候在家里总喜欢穿白色的背心，米色

① 方宗智先生的孙女，美国 Ware Malcomb 公司设计师。

的短裤，脚上踏着一双棕色的皮凉鞋。

爷爷家的家具是浅色实木，玻璃立地书柜里有很多书，他自己写的《过程辨识》和《过程控制系统》等，还有很多是英文的，都是我看不懂的。爷爷在家时，总是坐在他的藤椅上听着古典音乐，闭着眼睛，着迷时手臂还随着音乐轻轻挥舞，忽略了外界的一切。贝多芬、柴可夫斯基、肖邦、舒伯特的作品都是在家里常常听到的。爷爷很喜欢去市场上淘唱片，一旦挑起来就是几个小时。也是因为爷爷对于古典音乐的着迷，我从小开始便被西方古典音乐深深吸引，经常歪着头，似懂非懂地微笑着跟着他一起听，这让我的童年时光充满了色彩。

爷爷有一双炯炯有神的眼睛，脸上微微带着笑容，双鬓挂着温暖的白发，让人感觉很和蔼。讲起话来稍带着一点南方的口音，“ne”和“le”不分，印象最深的就是，小时候的我们总是嘲笑爷爷对“牛”和“流”的发音分不清楚，他也是笑笑继续“流奶，流奶”地说着，和我们这些孩子打成一团。爷爷对吃饭较为重视，每次我和爸爸周末去爷爷家的时候，他总是亲自写好菜单让小阿姨去照澜院菜市场买回来，做上四五个菜，大圆桌摆得满满的，他偶尔还喝上一小杯桂花陈酒。爷爷最喜欢吃安庆的特色菜，如清蒸鱼、粉蒸肉，还有腊肉；还有一道特色菜——西红柿炒鸡蛋。爷爷吃的西红柿炒鸡蛋跟我们熟悉的很不一样，鸡蛋不是“焦香版”的中式炒蛋，而是蓬松柔软，一口咬下去，非常滑嫩，与其说是炒蛋，不如说像是蛋糊，西红柿的味道也不是很重。对于那时还没有尝试过西餐的我，总觉得爷爷家的西红柿炒鸡蛋与众不同。出国后，我惊奇地发现他们的早餐炒蛋不就是小时候爷爷家与众不同的西红柿炒鸡蛋嘛，后来回想大概因为是爷爷早年留英的原因，已经习惯了西式口味的西红柿炒蛋。现在，每每吃到西式早餐炒蛋，都会想起小时候，那就是爷爷家的味道。

夏天时，爷爷曾经带我去荒岛遛弯儿，在水边看到许许多多的小蝌蚪，黑黑的，小小的，爷爷卷着裤腿儿，和我一起抓了一小瓶带回家。然后开开心心地养着，看着它们在鱼缸里游来游去，先是后腿长出来，然后前腿，尾巴慢慢地变短，最后完全褪掉，也让我知道了青蛙小时候是什么样子。深冬时，带着我去荒岛滑冰。记得小时候的北京天气特别的冷，荒岛的水面上已经结上了一层厚厚的冰，我一不小心跌倒后常常看到爷爷站在岸上，一边对着我微笑，一边鼓励我重新站起来继续滑，那一幕直到现在我还记忆犹新。

我于 1997 年出国后，离他距离远了，但每有机会都会去清华看他，他还是那样关心我，只是笑容多于严肃了。转眼间爷爷已经离开我们六年了，他的眼睛、他的笑容，至今都留在我的回忆里（配图 19）。

配图 19：8 岁时与爷爷的合影，颐和园，1992 年

二、亲属怀念文章

受人尊敬的崇智哥哥

袁静云①

崇智哥哥是我的表姐夫。表姐庄瑞珍的父亲和我的母亲是嫡亲兄妹，她叫我的母亲“三姑”。在我的家乡无锡，如果把姐夫称为哥哥，是表示关系的亲近，以及对人的尊敬。

我 1963 年从复旦大学外文系毕业，分配到北京外文局工作。当时我在北京矿业学院工作的小哥哥陪我去外文局报到，然后就去清华大学瑞珍姐家。我和崇智哥第一次见面，他很儒雅，话不多，当时正在备课。见到我他很高兴，还给我冲了一杯咖啡，咖啡的香味久久停留在我的记忆中。

我初到北京时住在西直门附近的冶金部招待所，每个月都去矿业学院和清华看小哥和表姐。1964 年我把女儿从无锡接到北京，次年又把母亲接了来。1965 年的国庆节前夜，瑞珍姐带女儿住到我家，国庆节一大早天还没亮我们就一起去西单六部口看国庆游

---

① 方崇智先生的内表妹，1963 年毕业于上海复旦大学，北京外文局翻译。

行。晚上崇智哥来把她们接回清华。

我在北京的亲戚只有小哥和表姐两家，经常来往。我女儿的年龄正好比瑞珍姐的儿子略小，比女儿略大，三个孩子是从小的玩伴，关系非常亲密。那时清华地处郊区，交通不便，商业不发达。瑞珍姐和崇智哥每个月都带着孩子来看我，我每次都让我女儿提前买好菜，做上一大桌子饭菜，大家吃得很开心。崇智哥每每对我的厨艺大加赞赏。

“文革”期间，崇智哥和瑞珍姐跟清华去了江西鲤鱼洲农场。因清华家中无人，临走前把两只箱子寄存在我家。有一天两个人（应该是造反派）突然造访我家，让我打开箱子，说要找什么东西，被我和先生（他是新华社的编辑）拒绝了。我说别人放在我这里的东西，我要负责任，丢了东西我要赔的。我和先生都说一口浓重的无锡话，来者既听不懂，也无法说服我，只好悻悻而去。这两只箱子在我家存放了两年，直到他们从江西回北京以后才取回。后来崇智哥怕我因此事挨整，还多次电话询问。

1967 年我的儿子东东出生，他生性安静，喜欢一个人静静地坐着读书。“文革”期间外面很乱，我们不让他出去，他就自己在家里看书，五岁的时候就已经能够熟练掌握三位数的乘除。崇智哥特别喜欢他，说这个孩子聪明，将来一定会念书。转眼东东到了考大学的年龄，他的成绩上清华和北大都没有问题，但拿不准报考什么专业才好，我就带他去向崇智哥请教。崇智哥知道东东喜欢物理，就说学物理很好，物理学好了将来转什么专业都很容易。东东考取了北大物理系，后来又考取了李政道的 CASPEA 项目。学成之后，现在 IBM 公司从事超级计算机的研发。

我在外文局工作多年，因工作之便每年都能得到人民画报社印刷精美的挂历，挂历在一段时间内曾经非常时髦和紧俏，是送礼佳品。我拿到后都会专程去清华送一本挂历给崇智哥，他非常喜欢。我走的时候，他总会送我到清华西门外的公交车站，再忙也会送到楼下。

瑞珍姐 1982 年 12 月初突然病逝，崇智哥非常伤心。那年的最后一个工作日，一大早我还没出门上班，他就来到我家，诉说对瑞珍姐的思念。我和他都难掩悲伤，痛哭失声。我和先生留他在我家过完元旦再走，他坐了一会儿，说声“好多了，打扰你们了”，就走了。我知道他与瑞珍姐的感情非常深，瑞珍姐猝然离世对他的打击很大。儿女虽然孝顺，但终究不能替代。

我 2001 年患肺癌，手术后住在女儿家，因化疗头发都掉光了。

当时我的情绪低落到了极点，自以为将不久于人世。崇智哥带着女儿来看我，安慰我，鼓励我。亲人的安慰和鼓励给了我战胜癌症的力量，我如今已经 85 岁了，每年都独自往返美国。

崇智哥走了，留下博学儒雅，谦虚平和，受人尊敬爱戴的背影，我一直很想念他。

忆远去的三叔

方敏①

得知三叔方崇智病逝的噩耗时，我正在上海出差。当即订了晚上从上海飞北京的机票，赶到蓝旗营小区三叔的寓所，已是夜间 11 点。堂妹方进安排我当晚住在三叔的卧室里。房间很小摆设很简单，一张小床，一张书桌，两个书柜。三叔在这里度过了人生最后的十几年，直到病重住进清华校医院。这一夜，躺在三叔的小床上，我离三叔是那样的近……

我父亲这一辈人是方姓的崇字辈，弟兄取名仁、义、礼、智、信、宽、厚。仁早年夭折，存活的叔伯 6 人，父亲排行老二，与三叔年龄相近，早年在一起相伴读书。上世纪 30 年代末父亲在四川大学农学院读书，三叔在中央大学机械系求学，从此各奔东西。新中国成立后父母带我们生活在合肥，一次父亲去北京出差，带回了很多新奇玩具，红红绿绿地摆满了一张儿童床。父亲告诉我们是北京的三叔三婶送给我们的，我们几个孩子欢呼雀跃，那是我童年时对三叔仅有的印象。

第一次见到三叔是在 1967 年 4 月，“文革”大串联时，我和同学去步行串联，没有到北京来，一直心有不甘。1967 年 4 月底我和两个同学扒火车到了北京，临走前瞒着父母，身上只有几块钱，一路买食品，下车后拍份电报回家，剩下的钱只够坐公交车到清华园。我按照地址找到 17 公寓 104 室，堂弟方胜打开门，我立刻自报家门。三叔不在家，三婶闻讯立即拉着我进屋坐下。按规矩，来之前应该由父亲先写信告知，以免给人家带来不便。我自知很唐突，坐在那里心里很不安。下班时间三叔回来了，让我站起来看看个子长多高了。那时的三叔人很清瘦，也很严肃，他问什么我就回答什

① 方崇智先生的侄女，合肥工业大学教授，电气与自动化学院原副院长。

么。白天，三叔和三婶去上班，我在清华园到处转，在大礼堂前的草坪上听清华红卫兵辩论，跟着辩论的人群挤进大礼堂，看着蒯大富被簇拥着走上讲台，一切都很新鲜。晚上回家跟三叔聊聊我看到的一切。转眼到了“五一”劳动节，三叔让方进带着我跟随清华的学生乘车去天安门广场观看焰火晚会。天安门广场人山人海，各单位被安排在规定的地方，从下午等到晚上。焰火晚会开始了，我们被拥挤的人群挤到了金水桥边，正好毛主席和其他领导人走到天安门城楼的一角向下面欢呼的人群挥手。能见到毛主席，对那个时代的中学生是非常兴奋的事。“五一”节过后同学来约我，我就告别了三叔一家回去了。

“文化大革命”在继续，父辈中大多被归为旧知识分子，“文革”中的日子自然不好过，被抄家、批斗的事时有发生，亲属中有人被迫自杀，大家互相担心。1968 年底我和同学一起下放到皖西的大别山区当知青。1969 年的年初，父母作为省直机关下放干部带着弟弟妹妹全家落户到淮北的一个偏远农村。听说三叔也下放到江西鲤鱼洲劳动，那里还有血吸虫，亲戚们都很担忧。

1974 年 6 月我父母终于调回合肥，家还没有安顿好，父亲就查出胃癌，已是晚期并且转移到了肝脏。抱着一线希望，上海的六叔联系了医院，父亲到上海后病情迅速恶化，三叔得知情况赶紧去订火车票。我们把三叔要来的消息告诉父亲，父亲艰难地坚持着，眼神里满是期待。车票不好买，三叔晚上 9 点多赶到病床边时，父亲已在弥留之际。三叔拉着父亲骨瘦如柴的手，我呼唤着“爸爸，三叔来了，三叔来看你了！”不知父亲是否还能听到。医生走过来拔去了氧气管，三叔和父亲多年不见，竟然以这样的方式告别，令人格外悲哀。11 月的上海秋风萧瑟，三叔和我们一起在龙华殡仪馆告别了父亲，在等待骨灰的漫长时间里，三叔独自坐在一边沉默不语。我在极度悲痛之后突然感到一种解脱：父亲再也不会受政治运动的折磨了。分别时，三叔一再嘱咐我们好好照顾母亲。

1974 年 11 月失去父亲时，我在工厂当学徒工，弟弟妹妹下放在农村，生活变得艰难，而且看不到希望。回家不久，我们收到了三叔寄来的 15 元钱。随后的几年里，三叔一直给我们寄钱，我也每次回信报平安。我知道那个时期除了我们，三叔还要接济其他有困难的亲戚。“文革”终于结束了，1977 年传来恢复高考的消息，三叔立即给我们写信说：你们都是聪明的孩子，好好补习功课，争取读书的机会。由于出身不好，我们子侄辈 20 多人都没有机会上大学。在三叔的鼓励下，在后来的岁月里，我们通过读书学习改变着自己的命运。

上世纪80年代是个充满希望、生机勃勃的年代，虽然百废待兴、物质依然匮乏，但人心思变，大家对前途充满期盼。父辈们在历次政治运动中遭受的不公逐步得到了平反，子侄辈都有了稳定的工作或学习机会。1983年到1985年期间，我在东北重机学院自动控制系读研究生，常来北京作课题调研。北京图书新馆和中科院情报所离清华园不远，所以常去清华园看望三叔，三叔家已搬到16公寓406室。1982年三婶因高血压突然去世，对三叔是个沉重的打击，大姑不放心就留在北京照顾三叔。每次来，我和三叔除了叙叙家常，更多地可以谈谈我的研究课题。因为与三叔工作学习在同一个领域，在众多侄子侄女中我与三叔走得最近。年近70的三叔依然忙碌，白天忙教研室的工作，回家后就在书房里关上门，看论文、写论文。三叔工作时，大姑从不允许我们打扰。家里有了第三代，外孙女猫宝活泼可爱，三叔变得轻松和开朗了，每当我们说一件有趣的事，三叔会笑上半天，我以前一直觉得三叔很严肃而且少言寡语。经历了“文革”之后，心灵的轻松和自由是那么珍贵。在空闲的时候，三叔会打开老式的留声机，拿出珍藏的胶木唱片，问我喜欢不喜欢听歌剧，我说喜欢。我完全不懂欧洲的经典歌剧，但我喜欢被古典音乐包围着的气氛，喜欢在美好的音乐中靠近三叔、享受亲情。

研究生毕业后我被分配到安徽工学院电气系自动化教研室。安徽工学院自动化专业于1969年并入合肥工大，1978年又从合肥工大自动化专业分出来重新办学，各方面条件还比较差。系主任王经维教授1957年从上海交大毕业，上世纪80年代赴加拿大访学，回来后一心想把学科建设做好。安徽工学院自动化教研室从1986年开始挂靠在本校机械工程学科招收硕士研究生，但是一直没有控制学科的硕士点。大约是1990年左右，新一轮学科点申报开始了，王老师给我的任务是通过三叔给清华大学和天津大学的两个评委送材料。那时送材料真是仅仅送材料，只想让评委多了解和关注我们，没有送一分钱的礼品。我知道三叔不喜欢找关系，就把我们的困难和他说了。三叔理解我们的不易和学科发展的愿望，就给清华大学高景德教授打了电话，然后带着我把材料送到高先生家。又给我写了一封信给天津大学的李光泉教授。李光泉教授有病在家休息，他让我到家里，收下了材料并答应转交给评委。回到清华，我告诉三叔材料送出了，只是没好意思再提更多的要求。三叔笑了，说我太实在。上世纪90年代后期我开始在两校合并后的合肥工大电气与自动化工程学院分管本科教学工作，好几次到清华大学自动化系参观、学习，因工作关系我们与萧德云教授已很熟悉，萧老师给我们作了很好的安排。但三叔知道我的来意，总是很关心，还会打电话到系里帮我联系。

上世纪 90 年代以后，三叔退休了，但他依然没有闲着。教材要编写修订，新的研究领域要关注，不过闲暇的时间多了不少。一个阳光明媚的下午，三叔提议要带我到校园转转。其实我对清华校园已经比较熟悉了，但三叔带我去看看，我仍然很高兴。出门之前三叔带上了相机。我们沿着清华路，走进“近春园”，看“荷塘月色”亭，体会朱自清笔下的美景。从二校门到大礼堂，再走进主教学楼，一路上听三叔介绍经过的每一座建筑，感受着清华大学厚重的历史。在主楼前面的圆形花坛边，三叔请人给我们拍了张照片。这是唯一的一张我和三叔的合影，我一直珍藏着。

三叔在清华工作了一辈子，他一直把名利看得很淡，他总是跟我说他就是个做实事的人。几十年来他在中国过程控制领域做出了公认的成绩。2009 年 8 月，我们合肥工大电气与自动化工程学院在合肥承办了“第 20 届中国过程控制会议”，大会给三叔和一批专家颁发了“中国过程控制成就奖”，我为他感到骄傲。在三叔的影响下，我在自己的职业生涯中努力坚守着“诚实做人，踏实做事，淡泊名利”的基本准则。

三叔的身体一直很好，1997 年我在西安交大参加“第二届全球华人智能控制与智能自动化大会”，见到金以慧教授，她说：“方先生的身体在清华老教授中是 NO.1”，我听了很高兴。2003 年秋天，我到北京出差，早晨下了火车我决定先去看望三叔。到三叔家看见三叔的孙女方芳从美国回来了，很久没见面，三叔特别高兴，一上午都在和我们聊天。中午吃饭时，三叔没吃几口就头晕嘴唇发紫，赶紧到床上躺下。堂妹方进赶回来了，我们一起把三叔送到校医院，在医生建议下，我们叫了救护车把三叔送到阜外医院。医生做了各种检查，说病人心脏很好。在医院观察了一夜，也没查出什么，我们就放心了。这是我第一次看见三叔生病，几年后三叔患上老年痴呆，不知道这是不是前兆。2010 年暑假，“第 29 届中国控制会议”在北京召开，我又有机会看望三叔。三叔的病情已很严重，早晨起床后的一个小时他是清醒的，他会问起我母亲和弟弟妹妹的情况。一个小时后他就坚持不住了，记忆开始错乱。思维不清醒时，他会说起“文化大革命”中令他痛苦的往事片段，这些事他以前从未说过。我很难过，“文革”造成的伤害留在了他的潜意识里。他是那么睿智的人，我没想过他会失去思维，更没想到这是我最后一次见到他。

2012 年 4 月 22 日是个晴天。我们在八宝山给三叔送行。静卧在鲜花中的三叔面容消瘦而安详，我久久地凝视着他老人家，脑海里浮现他的音容笑貌。我永远失去了我至亲的长辈和可敬的师长。三叔远去了，带走了我们无尽的思念。

怀念三伯父

方雷①

方崇智是我父亲的三哥，我崇敬的三伯父。

我家祖上生活在历史名城——安庆，安庆又名“宜城”，宜居之城。从清中晚期至新中国成立前夕，安庆作为安徽省首府曾有 178 年的历史，又因濒临长江成为长江沿岸五虎之一，古时兵家重地。此城虽小巧，但依山傍水，古色古香，山清水秀，人杰地灵。远古不说，近代名人有共产党的创始人之一陈独秀、佛教圣人赵朴初、京剧鼻祖程长庚、作家张恨水、黄梅戏大师严凤英，还有两弹一星元勋邓稼先等。

三伯父于 1949 年从英国留学回国，是清华当时最年轻的教授之一。他为我国自动化控制工程孜孜不倦工作五十余年，为控制工程的基础理论与实践做出了卓越贡献，亦是我们安庆人的骄傲，我们方家的骄傲，是方家后辈的楷模。

方家祖上从我爷爷的爷爷开始就在西门闹市开药行，悬壶济世，常常接济穷人，遇到穷困潦倒的分文不取，生意和口碑一直不错。祖父是豁达开明之人，常说“生意不在仁义在”。祖母娇小玲珑，精明能干，家里家外都是一把好手。祖父母育有七男二女，生活并不富余。又逢战事，药行关张，陷入断炊之境，靠向亲朋赊借度日。抗战胜利后改开棉花行，但因连年战乱，加上国民党腐败，金圆券一再贬值，棉花行再度关门。尽管生活艰难，祖父母深知一个道理，孩子们都必须读书，都必须以德立世，以仁义为人，以礼智信处事，以宽厚待人。故而父亲兄弟七人，因姓方，崇字辈，从长至幼，分

① 方崇智先生的侄女，安徽安庆机床厂退休职工。

别取名方崇仁、方崇义、方崇礼、方崇智、方崇信、方崇宽、方崇厚。因崇仁大伯弱冠之年病故，三伯父名为老三，实为老四。大姑方崇英是长姐，生于崇仁大伯之后，小姑方崇明生于三伯方崇智与我父亲方崇信之间，两位姑妈分别叫方崇英、方崇明，取“英达明理”之义。

家住安庆北门的老人应都记得，虽方家清苦，但家教甚严，皆以仁义礼智信宽厚作为做人做事之准则，方家父辈们从不在外惹事，个个发奋读书。父亲兄妹九人，尤以三伯父才貌最出众，学业最优秀。当年三伯父在安庆一中（省重点中学）念完初中后，考取了全国最著名的江苏扬州中学高中部，后考进中央大学，1945 年三伯父又被国民政府公派到英国留学。

抗战期间，民不聊生。大姑方崇英身为长姐，虽天生聪颖，却只得听从父母之命在家帮带弟妹们，直到 13 岁才上小学，小学只念两年，就被保送安庆女子中学，初高中分别也只念了两年，18 岁就从女中毕业到公立小学任教。抗战爆发后日本鬼子打进安庆，爷爷的药铺关张，整个大家庭的生活就全指靠大姑的工资，包括弟妹们的学费。抗战初期，省会由安庆迁往金寨，大姑也随校迁往金寨。因爷爷的药行倒闭，叔伯们学费没有了来源，三伯父与我爸爸及小姑一行几人无奈，只得到金寨向唯一有薪资的大姑讨学费及生活费。从安庆步行到金寨历经半月之久，沿途还要躲避日本鬼子的飞机炸弹，常昼伏夜行，苦不堪言。及至金寨，他们蓬头垢面，衣不遮体，鞋不遮脚，兄弟姐妹几人抱头痛哭。大姑为照顾弟妹们终生未嫁，弟妹们也都以长姐为母，十分尊敬她。她教书一生，清贫一生，上帝怜惜她辛苦，赐她百岁，在三伯父去世的第二年她也去了。三伯父先走一步，没人敢把这事告诉她，但她可能有感知，弥留之际仍在叫着三伯父的名字。

自幼我就时常听家中长辈乃至邻居们念及三伯父读书的刻苦、勤奋和优秀。三伯父不仅品学兼优，而且特别孝顺，脾气又是兄妹中最好的一个，我从未见过他发怒。在我儿时的记忆中，三伯父会按月寄来爷爷奶奶的生活费，按月寄来给爷爷奶奶的家书。爷爷奶奶去世后，经常给大姑、小姑及我父亲写来家信。那工整秀丽的小楷“英姐、明妹、信弟”，信开端这排小字似乎这一辈子都印在我的脑海中不曾忘记。方家上下都为三伯父自豪，对三伯父充满了敬意！

记得小学三四年级的一个盛夏，我中午放学回家，看见爷爷与爸爸从堂屋的一个大床下，拖出了一支漆着深蓝色漆的樟木箱，箱子打开的一瞬间，那樟木的香味及黄色裱纸的香味是那样浓郁，让人一辈子忘不了。爸爸搬出了竹凉床，把里面一摞一摞的本子摊开晾晒。本子用白色棉绳装订，厚薄相等、长宽一样，约四十厘米长，二十五厘米宽，封面是深蓝色木纹厚纸。我好奇地翻开几本，扉页上隽秀的字体映入眼帘：江苏扬州中学，原来都是三伯父高中数理化习题本。题目与答题均用工整小楷，题目的抄写与所做的答案简直就像刻印下来的，整齐划一，长短一致，找不出一题错误，找不出一个涂抹更改的字。更让我吃惊的是，老师所打出的红色对号居然都是排列对称的，长短一致的，简直就是教科书！这种认真严谨的态度影响了我一生，我成年后无论做什么事也都要求一丝不苟。

我第一次“见”到三伯父是家中影集里的一张泛黄的旧照片，大约上世纪60年代初，我已有十岁出头，那是一张三寸左右的照片，照片里的青年真是太帅了，母亲告诉我那是三伯父在英国的照片，他坐在一辆马车上，斜倚在车帮上，那模样简直是英俊潇洒、自信、阳光、帅气！三伯父看上去大约二十五六岁，可真是恰同学少年，风华正茂！

第一次真正见到三伯父，是“文革”期间大串联。我和同学到了北京，到了清华园，见到了我崇拜已久的三伯父。那时三伯父家住清华西门的17公寓104号，三伯父与伯母待我如女儿，我感觉到了自己的家。那是1967年的仲夏，晚上我与三伯父携手走在清华园的小路上，听着蛙鸣，看着灯影下的绿荷红花，他给我讲着朱自清的“荷塘月色”，经过清华园内那块镌刻着清华校训的巨石，三伯父给我讲“上善若水 厚德载物”的深刻含义。临回安庆，作为当时大串联的学生可以到全国各地接待站领取回程火车票，我和同学同住在北京西单的一个解放军招待所，三伯父听到领回程票的事，他坚持帮我和同学买了回安庆的火车票，并送我们上火车。半个世纪过去了，这一幕至今历历在目。

我的父母均是1949年前安徽大学外语系毕业的，毕业后均留校任教。后因省府迁往合肥，安徽大学随迁，我父母则随老人留在安庆。新中国成立后，父母分别在安庆“一中”和安庆“二中”任外语教研组组长，他们是当时安庆最享盛誉的外语教师。木秀于林，风必摧之。父母的优秀使他们在“文革”中受尽折磨。母亲1968年服毒自杀，年仅44岁。当时我们兄妹三人分别在初三、初二、初一学习，是老三届初中生，同时面临下放。爸爸与大姑又都被关在各自学校的“牛棚”接受审查。家中的气氛压抑得让人透不过气。三伯父顶着压力，给大姑和父亲来信，让他们扛住，相信国家，相信政府，问题总是可以搞清的。母亲去世后家里不幸的事情接连发生：祖父去世，祖母病倒，弟弟又突患血吸虫病，肚子膨胀，肝肿大，幸亏还有同情妈妈的早年的学生将弟弟接诊到医院。关在“牛棚”的父亲请假将我和哥哥分别送下乡，短短一个月，往日熙熙攘攘的大家庭突然人去楼空。听邻居说，父亲送走我们后大放悲声。每每想到这一段日子我的心就止不住地颤抖。

下放时我弟弟刚满 16 周岁，符合国家暂不予下放农村的规定。弟弟大病初愈，家中无人照料，三伯父就将他接到清华。弟弟不仅在生活上得到三伯父和伯母的悉心照料，更得到了三伯父在学业上的帮助与指导。三伯父对尚年幼的弟弟说：你还小，是需要学文化的，国家要强盛，科技一定占主导。将来国家一定会发展科技，重视科技，重视人才。你要好好地打好文化基础，学好知识是一定会有用的。弟弟在三伯父、伯母的关照下，身体逐渐恢复，帮三伯父家里做一点力所能及的家务。三伯父抽空教弟弟数理化基础知识，让他大量做习题。不久，清华开始招工农兵学员，因学员基础较差，学校编了一套较浅显易懂的数理化基础教材，三伯父给弟弟带回了一套。在三伯父的教化与指导下，弟弟逐渐走上了自学之路。1977 年高考，弟弟以地区总分第四的成绩考上了东南大学建筑系，当年的安庆日报还登载了弟弟自学成才的故事，三伯父更是喜出望外，写信勉励弟弟要更上一层楼。现如今弟弟已经是北京大学教授，博士生导师。如果没有三伯父当年的教导，就没有弟弟今天的一切。

2002 年三伯父最后一次回安庆老家，住了一个月。那时我刚搬到一个新建小区，因家中老人多，常来常往，特意买在一楼，家中有四室两厅两卫。记得当年三伯父与我的两位姑妈及我父亲和继母齐聚在我家，五位老人年龄加起来四百三十四岁。那段时光对三伯父来说是晚年的一段幸福日子。时值中秋前后，安庆新鲜蔬菜又极多，鱼肉蛋虾都很新鲜便宜，我自称“美食家”，每天做一大桌新鲜小菜，清蒸小炒红烧溜爆，极尽地主之谊。三伯父兄妹欢聚一堂，畅叙家中变化，欢声笑语，其乐融融。老人们一起回忆过去生活的艰辛。三伯父说，他在校念书时，到了晚自习常饿得肚子咕咕叫，冬天经常没有袜子穿，鞋子破得经常露出大脚趾和二脚趾，长兄妹的衣服会接上一截给下面的弟妹穿。三伯父说时不以为苦，还哈哈大笑，说那时年幼，不知道苦。受三伯父笑声的感染，我们都快乐地大笑。爸爸每天陪着三伯父，附近公园散散步，安庆老街走一走，安庆知名小吃尝一尝。因秋后转凉，北京已开暖气，三伯父要回北京了。我送他上火车，他恋恋不舍地对我说：小菊，我还想在你这儿住一个月。我说行啊，欢迎随时来住。这是我对三伯父最后的记忆。

如今我已进入喜欢回忆往事的年龄，我常想现在有时间，有经济能力报恩三伯父了，但他老人家却已仙逝作古，孝不等人，无法弥补。生命是一条不能逆转的单行道，永远不会回到过去的时间和地点。思念就像一缕一缕青烟，孤零零地挂在寒冷的冬日枝头，跨越历史，成为一个无时间性的存在；思念又像挥之不去的影子，常萦绕在脑海、眼前及心头。

三伯父去了，留给我们无尽的思念。

忆小姨夫

俞渝[①]

上世纪 30 年代末，为躲避战火，我父母带着我来到大后方云南昆明，同行的还有我的小阿姨庄瑞珍。

1943 年我五岁，妈妈生了妹妹，自己照顾不过来，就把我托给小阿姨帮忙照看。小阿姨和我妈妈感情很好，对我也十分喜爱。小阿姨那时 25 岁，正在和小姨夫热恋中。小姨夫爱屋及乌，也很喜欢我，他有个相机，经常带我出去照相。我儿时很顽皮，有时玩疯了就忘记做功课，小阿姨会不给情面地骂我，小姨夫知道后会温柔地叫我“好好读书”。

1949 年小姨夫从英国回来，到北京和小阿姨团聚并很快结婚。1951 年我小学毕业，小阿姨和小姨夫说北京的教育资源好，建议我去北京读书。他们帮我选了私立学校中最好的贝满女子中学（后改为“女十二中”），我很幸运地考上了，小阿姨和小姨夫帮我预交了一笔半年的学费、住宿费和饭费，真是雪中送炭。从此我就来到小阿姨身边，在北京读书。

1954 年又到了关键时刻，初中毕业要升高中。小姨夫指点我转校，考师大女附中（后来改为实验中学），小姨夫说这个学校师资力量强，有很多特级教师，不少高级干部的孩子都在这里读书。当时这个学校没对平民开放，恰巧那一年对平民开放，面向全北京市招生，录取分数高、难度大。小姨夫鼓励我抓住机会参加考试，

① 方宗智先生的内外甥女，毕业于河北医学院，上世纪 70 年代移居香港。

配图 20：作者（右一）与小姨夫合影

他说只要考上这个学校，上大学就没有问题。我又一次幸运地考上了，高中毕业后顺利考入河北医学院，圆了大学梦，并从此定了我终生的事业。

从小到大考什么学校，我都是懵懵懂懂的，都是小姨夫引导我。我来北京上学，小姨父是我的监护人，视我如同亲生女儿。我在北京上学期间都住在学校，周末回到清华家中。印象中小姨夫总是在看书，也有很多同事来找他讨论问题。他脾气特别好，从来没见他发过脾气。工作有条不紊，生活规律，不烟不酒，休息时喜欢听古典音乐，还跟着音乐节奏小声哼唱（配图 20）。

小姨夫是千千万万个高级知识分子中的一个，在他们这一代人的身上有许多优秀的品格。他爱国，1949 年中国大陆政治形势突变，共产党掌握政权，他对共产党完全不了解，只是怀揣一颗报国的心回到祖国，从此忠心耿耿，一辈子都献给了祖国的教育事业。他忠于爱情，出国前和小阿姨订了婚，在国外也有很多诱惑，但他没有违背誓言，学成后立即回国和小阿姨完婚。他爱孩子，只要有时间他就会和孩子在一起。小阿姨走得早，他晚年虽有儿女陪伴，但内心是孤单的。他谦虚，说话不多，不会宣传自己，只会默默地做好工作。我后来才知道，小姨夫为国家做了那么多贡献，承担了那么多工作，为国家培养了那么多栋梁之材，这些他在家人面前从来都不说。

小姨夫是我人生道路的指路人，他一直教导我要走正路，做一个正直的人。对小姨夫我只有深深的感激，感恩！

怀念我的小姑父——方崇智教授

庄明敏[①]

我父亲庄瑞华有兄弟姐妹 7 人，四男三女，我父亲老三，小姑庄瑞珍最小。抗战时他俩同在重庆工作，那时我刚出生很小，对姑父的印象只是从父母口中得知。随着年龄增大，父母总以小姑父为

① 方崇智先生的内侄女，毕业于华南热带作物学院，高级经济师。

榜样，鼓励我们要排除干扰，好好努力，学好本领，才可报效祖国。“文革”开始，我大学毕业，在广东工作。小姑父早在新中国成立前夕就以留英博士身份回国，一直在清华大学任教且已是学科带头人。我有机会出差北京时，父亲总叫我抽空去看看小姑父、小姑母。见姑父时，感到他很儒雅、慈祥可亲，问了家人近况后就走进书房看书了；倒是小姑母拉着手问长问短，给我们做好吃的，总有说不完的话。上世纪80年代初，我出差路过北京去看望他们，走时，小姑妈依依不舍一直送我出清华大门，没承想这竟是永别。我父亲为此郁郁寡欢了很久，还不时跟我们叨叨他和姑父、姑母一起在重庆之事。说姑父做事认真，业务上很钻研，为人谦和……可惜不久，1983年1月，我父亲也突发脑出血救治无效，到天堂会他小妹去了。

1986年暑假，我带着我女儿去北戴河疗养，路过北京，专程去清华大学看望小姑父。姑母走了，他女儿为照顾父亲一直和他住在一起，家里请了个小保姆。姑父看见我俩很高兴，和我说了很多话，介绍了他的生活起居，看来很有规律，看书累了听听音乐，在校园里散散步；吃得荤素搭配，很清淡；还亲自陪我们在清华园参观，介绍清华的变迁……鼓励我女儿努力读书，考名校，说有知识、有本领才能报效祖国。我女儿听他之话，考上中山大学读至硕士。姑父也要求我：他事多工作繁忙，让我代他多和各地亲戚联系，方便时通报他一下。他还第二天约了他儿子陪我和女儿去颐和园转了一圈。这时他兴致也高，走走说说，我感到他身体还可以，和我等年轻人一起走了不少路。提起他的小外孙女，言语中充满了喜悦，看得出，他对外孙女寄有满满的期待，真为她高兴！

2003年我退休，我弟也退休了。我陪弟弟、弟媳一起到承德等地旅游，路过北京，也带他俩一起来看望小姑父，几年不见，姑父随着年纪增大，身体已比前衰退很多……他告诉我，记忆力差了很多，没力气，已不大出门了。再三总结说，对付忘事，他的体会是要养成良好习惯，不要怕麻烦，东西要放一定的地方，用时找，费时伤神。确实，他这个提醒，令我们终身受用。见我们来一次不容易，仍坚持要陪我们在清华校门附近走走，还拍照留念。谁曾想，这一别没几年，他就生病在床。幸而请有保姆，他女儿随侍照顾了好多年。姑父终年93岁，算是长寿。

小姑父是留英博士，他在内战后，国家一片废墟时回来报效他的祖国，这本身就是一种爱国情怀。他毕生献身于祖国的高教事业，埋头探索，勇于担责；工作认真，治学严谨；为人师表，严于律己；甘为人梯，淡泊名利。我接触小姑父，他从不谈他自己，总是关心我们，鼓励我们向上，学好本领，报效祖国。作为学术泰斗，他是一个大知识分子，但生活上很清廉，很简单，从不追求豪华与名利，不摆架子，平易近人，唯专心治学（配图 21）。

他走了，国家失去了一位学有专长的学科带头人，一位老专家，一位知识分子的楷模，我失去了一个好长辈！

安息吧，方崇智教授，我尊敬、亲切的小姑父！

2018 年 10 月于广州

配图 21：与小姑父合影

方崇智伯伯百年诞辰纪念

张建生[①]

他忠诚于他的事业，六十载竭力授业解惑育人；
他忠诚于科学精神，一辈子求索求真求是；
他忠诚于他的传承，天地间为人师表行为世范。

---

① 方进、王浩挚友，中国科协国际部部长。

穿越时空的纪念

严晋耀[①]

很遗憾，我从未见过清华大学方崇智教授，但和方教授的女儿方进、女婿王浩是好朋友，所以间接地知道方教授零零星星的一些事情。偶然机会，从方进那里知道方教授当年在英国做的博士论文是关于蒸汽液滴冷凝机理的研究。这便勾起了我的好奇心，寻找原文探究上个世纪40年代前辈是如何做学问的？此文即是方先生博士论文的“读后感”，亦作为对一位可敬的同行前辈跨越时空的纪念。

几天前刚从瑞典到中国，阴阳颠倒，时差早醒，完成一件小任务，查找到了方崇智教授1949年在Queen Marry College答辩的关于蒸汽液滴冷凝机理的博士论文。

尽管论文写于六十九年前，但我的直觉，和欧洲对历史文献重视的经验告诉我，应该有论文的电子版。无奈网络长城让我处处屏蔽！不得不“翻墙”、“越狱”，Google可以用dropwise condensation关键词检索，发现有超过万条hits。如此看来，检索年代久远的文献还需要用更特殊的工具和更专业的数据库。于是想到Queen Marry College大学博士论文数据库，遗憾数据库只收藏了近年电子数字版格式的博士论文。我又想到现在Queen Marry从事燃烧学研究的教授，通过他一定可以找到原文。在做其他尝试之前，仍然自信我的文献数据挖掘能力。转往大英图书馆，在大英图书馆居然找到了论文记录，而且有数字版！用我的账户登陆，下载电子版！踏破铁鞋无觅处，得来全不费工夫！大功告成得意之时，拿到电子版，便逐页读了起来……好书让人爱不释手，读着读着，渐入佳境，天马行空穿越，把我带到前辈七十多年前在伦敦做学问的情景：精准的手指在传统打字机上，一字一句敲打在纸上的富有力量感的字符，伴随着音乐般旋律的打击声……细致周全的实验、精美的作图表述、严谨的结果、精炼的文字、缜密的逻辑……不由感叹，不知在今天还能看到这样的博士论文吗？

我的研究领域是能源系统优化和可再生能源技术，不是基础性的传热传质学研究。但大领域与前辈是同行，都属于能源科学与工程，蒸汽液滴冷凝机理是传热传质学的经典研究课题。因为涉及物

---

① 方进、王浩挚友，瑞典皇家理工学院和梅拉达伦大学教授，欧洲人文和科学院院士，国际应用能源顶级期刊*Applied Energy*主编。

质冷凝相变，研究对象呈多相系统，所以无论精确的实验还是数值模拟计算，难度都很大。记得我 1983 年在天津大学开始硕士学习研究时候，同届同学就是做板式壁面冷凝机理问题研究的，与前辈研究课题非常接近。我亲眼看见了同学实验系统搭建和调试、液膜液滴成型显示和试验数据精确测量之不易。再看方教授七十年前设计的试验设备系统和液滴成型图像巧妙捕获方法……不由心生敬佩！方教授一定是一位很会做东西的人（要么就是有很好的工程师配合）。

阅读方教授六十九年前的博士论文是一个很享受的过程。实验系统漂亮的手绘设备流程图配上俊秀文字标注，如同一件艺术品。我总是觉着今天电脑绘制的规整一成不变各种图表，缺少作者的 spirits，不能反映研究者的 passions。七十年前方教授拍下的实验蒸汽冷凝过程中液滴在不同时刻成型变化的照片（配图 22），在拥有各种高分辨率和高速摄像设备和强大的图像处理计算机的今天，仍然是十分漂亮的！ The science of excellence is art（好的科学是艺术）！可以想象方教授一定是一位懂得表现美，能够鉴赏美的人。

做科学研究要严谨，博士论文是原创研究成果的总结，要求整体结构完整，组织自圆其说，表述逻辑缜密，文字简洁精炼。方教授的论文是一篇完美博士论文的范文，他的论文包括实验和数值计算，涵盖内容极为丰富。论文分 8 章：包括引言、文献综述、实

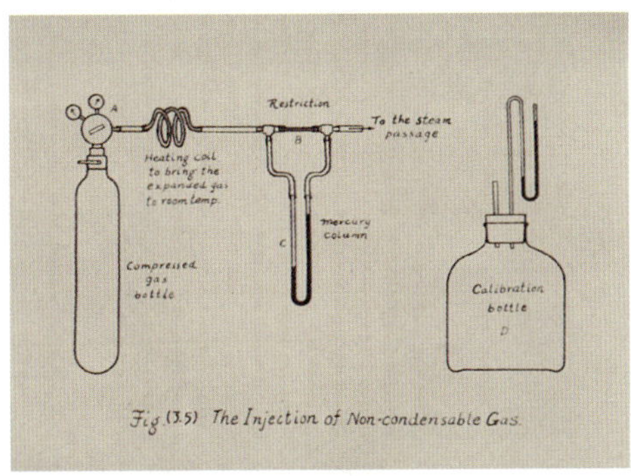

配图 22：系统与手绘图

验设备、凝结传热原理、单一液滴传热、瞬态传热和结果统计分析及液滴传热系数的确定，如此大量研究内容浓缩在仅100页左右的打字稿论文中（配图23）。传统打字机版本，一般每页只能容纳200文字左右，相当于今天电脑文字版的1/3至1/2。Applied Energy是全球最大的能源期刊之一，投稿量每年过万。我作为该期刊主编，每天会读到大量来自世界各地的学术论文，但罕见像方教授这样精炼的文字（配图24）。

如此言简意赅的文字，在100页的论文中处处可见！方教授一定是一位严谨和精准的人。

见文如面！方崇智教授的博士论文让我与前辈跨越时空不期而遇。如果相信心有灵犀，方教授，您会感知我这个同行晚辈在重温体验当年您在伦敦的研究之道，享受您的学术成果之美……

草稿于2018年12月2日北京飞往宁波途中，3日修改

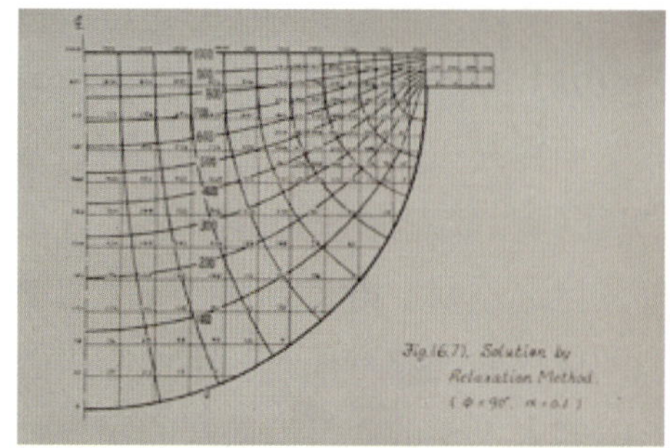

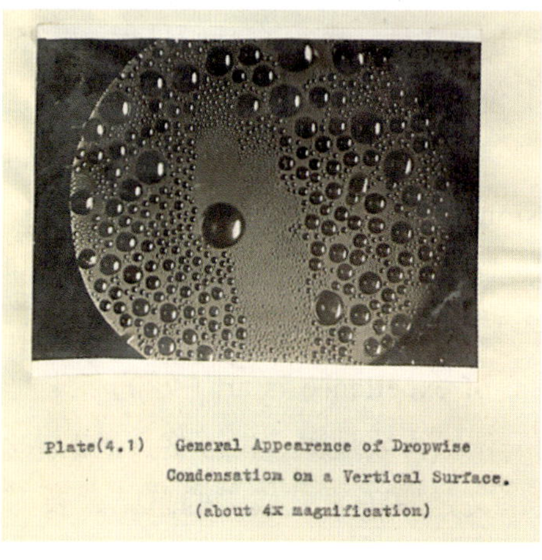

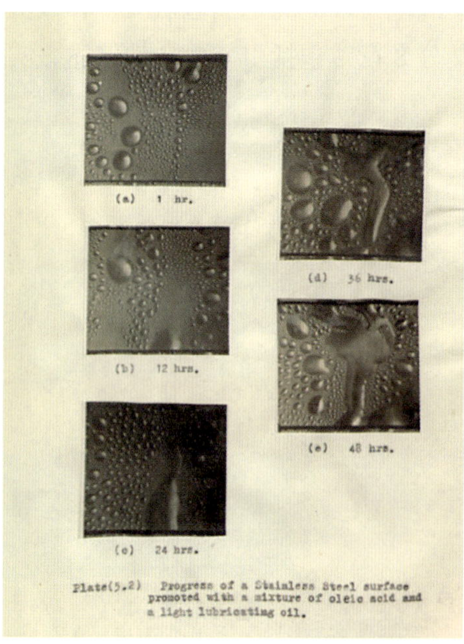

配图23：液滴照片

It should be noted that in the above analysis, the increasing resistance to heat flow due to the accumulation of the condensate layer was not considered. Since the resistance to heat conduction of a 0.0001" thick water film is comparable with that of the metal wall itself, the actual transient heat transfer through exposed areas would be lower than that indicated by the curve L_1L_1 in Fig.(7.6c). It should lie somewhere between the curve L_1L_1 and the straight line L_1L_1. Further analysis in this direction, taking into consideration also the heat resistance of the condensate layer, was contemplated by the present writer, but the greater mathematical complications required too long a time for their computation.

配图24：方崇智教授博士论文中的一段文字

缅怀篇

一、深情的缅怀

（一）同事缅怀文章

怀念我的恩师与楷模
——方崇智教授

杜建寰[①]

从 1951 年的大学二年级到 1966 年“文化大革命”前，我一直在方先生的直接指导下学习与工作。方先生那温文尔雅的风度、严肃负责的工作态度、严格的治学精神对我教育很大。方先生的形象用中国语言形容是“谦谦君子”，用英国语言形容是彬彬有礼的“gentleman”，这恐怕与方先生在英国留学有关。方先生去世后，他的这种形象还经常在我眼前浮动。

方先生的业务基础很好，所以他适应新的学术范围能力很强。1951 年，我在北大工学院机械系读二年级，方先生就指导我们了解机床结构。1952 年，院系调整，北大工学院并入清华，机械系分为机械制造与动力机械两个系，方先生调入动力机械系热能动力装置专业汽轮机教研组任教。1956 年，苏联专家莫斯科动力学院

①清华大学能源与动力工程系研究员，能动系原党委书记；烟台大学原党委书记兼常务副校长。

齐斯加柯夫来动力系，给热能专业及外校进修教师讲课。齐斯加柯夫是学热工自动化和热工仪表的，当时热能专业学苏，建立了热工自动化专门化和相应的教研组，方先生又调任该教研组主任，从此转入了自动控制学术领域。1960 年，动力系又建立了热工量测及自动控制专业，方先生任主任。方先生是高校中这个学术领域早期开拓者之一，我是在方先生指导下建立这个新专业的参与者之一。1964 年，系里要我作为在职研究生并聘请方先生作我的导师，所以方先生一直是我的直接老师。当时方先生对我的要求是要保证学习时间，但在当时的环境下，只做了个实验台，还未来得及做实验便被“文革”冲掉了，在职研究生也就不了了之。“文革”中热工量测及自动控制专业并入了自动化系，我被调入试验电厂，归属电力系，因此隔断了与方先生的联系。

“文革”后得知方先生身体不太好，又参加了自动化系为方先生组织的庆贺九十寿诞并成立方崇智励学奖学金的会议，此后便常到方先生家去看望他。开始他精神尚好，我们“热 5”班毕业 50 周年聚会时，他叮嘱我转告班上一位在国外工作的同学到他家去一下，他说该同学曾帮助过他的孩子，他应当感谢一下，由此显示方先生待人处事的可贵品德。以后方先生的身体越来越差，思维已无逻辑，但他仍挂念着教学，他前后两次对我谈及自动化系一个学生考试的事，他当时叙述已不清晰，我根本没听明白，但当我再次去看他，他又说起此事。显然此事在他心中印象很深，由此可见他对教学的关怀。往后他病越来越重，连我也不认识了，需要自报姓名，他才有些记忆。2012 年，我患肺炎住校医院，恰巧与方先生住同一病区，那时他已深度昏迷，我几次去看他，他都毫无反应，靠鼻饲维持生命，我很心痛、难过、无奈。

方先生走了，他辛勤地工作了 60 年，培养了众多学生，桃李满天下，分布在国内外各地做出了各自的贡献，方先生如能知道也会感到欣慰。方先生虽然不在了，但他的敬业精神、严肃认真求实的学风、默默奉献的表现、待人接物的亲切和蔼的作风永远留给我们。

方先生不仅是我的恩师，也是我做人的楷模。

缅怀方先生

徐用懋[①]

我是方先生的学生，我心目中的方先生，他既承袭了中国古代文人的儒雅，又兼具英国绅士的风度。但做学生时，我却没有听过方先生的课。我是上世纪60代初开始在方先生手下工作的，当时动力机械系正在筹备成立热工量测及自动控制专业，从各教研组抽调六名青年教师，我是其中之一，与原热能动力装置专业的自动化专门化教研组的六名教师，一起组成了热工量测及自动控制专业教研组，方先生任教研组主任。我有幸作为教研组核心组成员，参与了新专业的筹备和成立初建工作的研究讨论，经历了本专业的发展过程。同时作为一名青年教师，在成长的过程中领略了方先生对新中国教育事业的赤胆忠心、严谨的治学态度和对教学认真负责、一丝不苟的作风，并受其深刻的影响。

在热工量测及自动控制专业初建过程中，方先生坚持工科教育必须结合我国经济发展的实际，为工业生产服务。由于新专业是在热能动力装置专业的自动化专门化基础上建立起来的，所以面临的首要问题就是拓宽专业的服务对象。为此，以方先生为首的教研组领导，利用寒暑假时间，组织教师赴我国的石化基地兰州、钢铁基地鞍钢、工业发达的上海等地调查了解工业生产过程控制的现状和对人才的需求。同时还组织教师去相关的高等学校，如浙江大学、华东化工学院（现华东理工大学）、华中工学院（现华中科技大学）等，学习了解相关专业的服务对象、课程设置、实验室建设等。本人曾于1963年初（寒假）被派往兰州炼油厂和化肥厂进行调研，这两个厂都是在我国第一个五年计划期间苏联援建的256个项目中的，是当时我国技术比较先进的炼化企业。当时，我对炼油、化肥生产过程一无所知，所以采取跟班学习的方式，两周的跟班学习使我大开眼界，炼化企业生产流程长、设备多、物料易燃易爆、相应的控制系统更是多样化，也看到了许多控制系统投运效果不好，特别是一些重要的产品质量控制存在的问题更多。

方先生主持教研组会要求大家做调查情况汇报并展开讨论，经过反复讨论得出一致结论：专业服务对象必须扩宽到包括热力发

①清华大学自动化系教授，过程控制教研组原主任。

电、石油化工、冶金等生产过程。这次大调查、大讨论也是对青年教师的一次专业教育，大家都以极大的热情投入到这一变革中。这一结论立即体现在教学安排中，1965 年春就安排“量 5”班的部分同学赴上海合成橡胶研究所，结合聚四氟乙烯实验装置控制系统的改造进行毕业实习和毕业设计。该实验装置虽小，但五脏俱全，有物料加热、精馏和聚合三个工段，物料易燃易爆，对控制系统要求严格，还有许多测量问题需要解决。这是本专业学生头一次结合化工过程做毕业设计，方先生身体力行，亲临现场，带领多名青年教师和“量 5”班的部分学生，从跟班运行开始熟悉生产过程到对整个装置进行检测、控制系统的设计和实现，是一次“真刀真枪”的毕业设计。同时“量 6”班在上海吴泾化肥厂生产实习，方先生也到厂指导。这期间方先生的学识、理论联系实际和认真负责、一丝不苟的工作作风，我记忆犹新，并对我影响至深。

新专业教学计划有着鲜明的特点，首先方先生强调工科教育必须打好扎实的基础，我的印象中大家这样形象地形容我们专业的教学计划：物理课是全校除了工程物理系之外要求最高的，热力学和传热学与热能动力装置专业要求相同，同时要求学电工基础而不是电工学……目的很明确，为的是要求学生具备服务于各种生产过程的基础知识和具备适应控制工具日新月异变化的能力。为了使学生不至于负担太重，宁愿减少专业课的学时。教学计划的另一个特点是重视培养学生的动手能力和解决实际问题的能力，上专业课期间利用假期安排一次温度记录仪的拆装实习。该仪表是当时一种比较复杂的仪表，既有信号放大的电子线路，又有复杂的机械传动部分，要求学生动手测试仪表，在仪表功能完好的情况下，拆卸至最小部件，然后再安装如初，最后进行调试。这一教学环节深受同学们的欢迎，有的校友说“这么复杂的仪表都拆装了，还有什么不敢动手的”“确实是培养动手能力和解决实际问题能力的妙招”。

方先生非常关心青年教师的成长，教研组成立初期曾有一种不成文的规定，就是为青年教师第一次上讲台把关，我就是这一规定的受益者。记得我第一次讲授“热工量测及仪表”课时，以方先生为首的几位老教师检查了我的教案，并对我的试讲提出了许多告诫，到现在还记忆犹新。比如：测量方法、原理和仪表结构众多，极易犯的错误就是一一罗列，形象地比喻为“开中药铺”，要求提炼各种测量方法的内在联系，总结出各种仪表结构的共同之处，以便能举一反三……方先生的这些告诫，使我受益匪浅，多年来一直指导大家讲授这类课程。

方先生驰骋在自动控制教学课堂上，几十年如一日，他对教育事业的一片赤子之心，他对自身要求严格，对工作认真负责、严谨求实、一丝不苟的作风在他的行动中无处不在。记得方先生已六十多岁了，仍在为79级学生讲授“现代控制理论”课。有两件事情感人至深，一件是那年初冬方先生夫人庄瑞珍先生突发高血压病倒，方先生心急如焚，日夜守候在她身旁。当时大家担心方先生的身心健康，曾建议他暂停一两节课，方先生断然拒绝说“不能影响学生的学习”。此后，有一次他在主楼425教室为学生讲“现代控制理论”，刚下课在教室门口见到我着急地说：“我挂堂了！正在讲着时突然我脑袋里一片空白，瞬间后才恢复……我不能再讲课了，不能误人子弟。”在方先生的坚持下，至此落鞭。同样是对待为学生讲课，先后却是两种截然不同的态度，一个是要坚守岗位，一个却要坚持“让位”，这就是方先生做人做事的原则和先生的精神风貌。

方先生虽仙逝多年，但他留给我们的精神财富永驻。方先生安息吧！

深切缅怀我的导师方崇智教授

金以慧[1]

方崇智先生离开我们已经六年多了，可他老人家的音容笑貌却一直驻留在我们心中。每当想起方先生，久久不能平静，我们失去了一位自动控制工程学科的前辈、资深专家、过程控制的开拓者、德高望重的学术带头人和诲人不倦的好老师。

回想起我在大三期末，被分配到热能动力装置专业热工自动化专门化进行学习，首次接触到方先生，便聆听了方先生的“自动调节原理”和“热工过程自动化”等课程。在课程结束后我们班一部分同学被提前一年留校工作，我正好留在方先生为主任的热工自动化教研组，为方先生讲授的课程做辅导，带学生做实验。到了1958年后期，由于苏联从我国撤走了全部苏联专家，原定由他们指导的我校在职研究生也就只能作罢，后来党中央做出决定，由我国自己的专家承担研究生的培养工作。1959年末，我有幸成为新中国成立后第一批研究生，成为方先生指导的第一个研究生，这

① 清华大学自动化系教授，原系副主任。

样我就更能直接接受方先生的指导，从此开始了师从方先生的生涯。回忆起来，无不感受到方先生治学严谨、谦虚谨慎、严于律己、宽以待人、甘为人梯等等优秀品质的潜移默化、身传言教，使我终身受益（配图 1）。下面我从几个侧面缅怀我的导师。

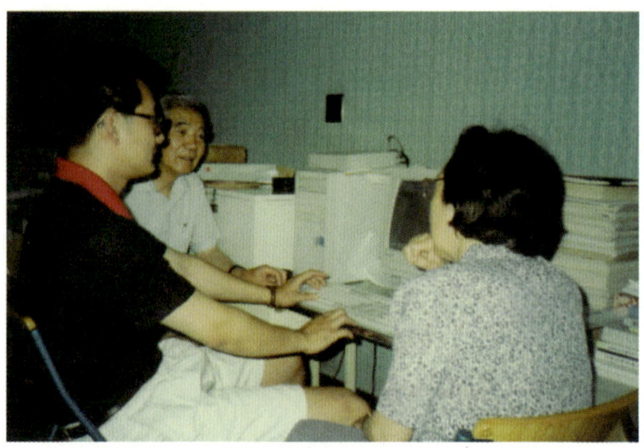

配图 1：方崇智先生、金以慧（副导师）和博士生王京春——三代人在讨论研究课题

1. 勇于探索，立足前沿

方先生思路敏捷，勇于探索，不断引领我们探索、更新前进的方向。记得在上世纪 60 年代初，根据当时我国的情况，他认为只立足于控制已经不能满足国民经济和军工发展的需求，于是与原动力机械系党委副书记也是我们教研组成员的杜建寰老师共同商议，提出要组建热工量测及自动控制专业，并于 1960 年创建了这个首次出现在我国高校的崭新专业。当时系里特别重视，1962 年从别的专业抽调了一个班作为新专业第一届学生，从此陆续培养了一批国家急需的人才，充实到上海热工仪表研究所、国家计量研究院、中国原子能研究院、中国航天工业总公司、南京金陵石化公司、武汉葛店化工厂以及隶属军工单位的总参工程兵研究所、701 所等单位。在“文化大革命”之后的上世纪 80 年代，出现了改革开放的大好时机，方先生经过深思熟虑，深感在研究和实施控制与优化的过程中还存在着不少问题，特别在当时生产安全故障频发，炼油厂大火、汽轮机转子飞上天等造成极大的损失和极坏的影响。方先生果断地提出“故障检测与诊断”的研究新方向，并立即组成研究梯队，还让他“文革”后的开门弟子葛卫和陶洛文以故障检测与诊断为博士生研究课题。葛卫在 *International Journal of Control* 1988 上发表了 W. Ge（博士生），C. Z. Fang，Detection of faulty components via robust observation 的文章，被他引 49 次，出色地建立了非完全可分离故障最大分离理论，受到国际故障诊断权威们的认可。曾任欧洲自动控制联合会主席的 Frank 教授在国际权威期刊上发表论文，评价葛卫的文章对故障分离问题做出了重大贡献，给出了系统性的解决方法。还有一些著名专家在他的专著中介绍了葛卫的成果，认为“葛和方提出了一个鲁棒的部件故障分离方法”，有的专家还在研究生教材中引用并评价为“是先驱性工作，提出了原创性思想”。陶洛文也以“基于知识和模型的分布系统故障诊断”为博士论文题目开展研究，方先生还亲自为此设计了一个巨大的圆盘长管实验台，为课题研究创造条件。二十余年来，方先生领导下的这个团队做出了很多成果，且成功地应用到十二条输油管线的泄漏检测与定位，避免了漏油、偷油事故的发生，同时相关的理论还用来指导导弹车控制系统、水下机器人执行器等的故障检测与

诊断，受到国内外同行的赞赏。在此基础上，我们所于 1997 年发起成立了中国自动化学会故障诊断专业委员会，且于 2006 年在清华大学成功地承办了本领域最高水平的国际会议 *IFAC Safeprocess*，极大地推动了这个领域学科的发展。

方先生勇于探索不止步，与此同时，他老人家进一步发现无论是控制还是优化，都需要依赖于模型。但是，我们是个发展中的国家，企业处在扩容增效的飞速发展阶段，运行模式总处于动态变化中，因而模型也必须随之而变，采用传统的机理建模方法却因为过程对象的高度复杂性而难有成效，建模成了控制与优化的拦路虎。方先生又一次提出了“系统辨识与建模”的研究新方向，欲通过输入输出数据的提取和处理，研究建立过程对象的数学模型。为此，方先生还亲自开设和讲授“过程辨识”这门新课，与萧德云老师一起编写了我国第一部《过程辨识》教材，得到国外专家的好评，而后还被台湾出版社用繁体字进行了再版，此书被很多高校作为教材使用。在我们实施先进控制与优化的过程中，采用系统辨识与建模的思想与理论，在模型的建立方面有不少突破，尤其在与大数据、人工智能相结合后，更呈现了智能建模的巨大威力，解决了动态建模的关键问题，极大地提升了控制与优化水平。

由此可以看出，在学科发展的关键时刻，方先生都能敏锐地捕捉到前沿方向，引领我们去探索、去奋斗、去建树。

2．亲力亲为，推动过程控制学科的发展

上世纪 80 年代，随着改革开放，我国经济有了突飞猛进的发展，触动了方先生敏感的神经，他又一次感到专业发展的紧迫性，必须加快前进的步伐。于上世纪 80 年代后期，他参与了由浙江大学和华东化工学院提出的在我国建立“过程控制科学报告会”的常态制度，以团结在过程控制领域全国高校和工业企业的同仁们一起为促进和发展这个学科而努力奋斗。这个建议获得全国同类专业的热烈响应。第一届过程控制科学报告会于 1987 年在浙江奉化召开，而后也就顺理成章地成立了中国自动化学会过程控制专业委员会。在几位德高望重老先生的指引下，这个报告会越办越好，至今已经召开过二十九届，近几年来还特别注意与国际接轨，每次大会都有很多国际同行前来投稿、参会。参加会议的人数也越来越多，最多一次达到近 700 人，成为中国自动化学会中与会人数最多的几个会议之一（配图 2）。实际上，过程控制专业委员会不仅团结了本领域的同行，做到学术界与工业界的广泛接触，加强了国内外的学术交流，而且极大地推动了我国过程工业的自动化、信息化和现代化，

配图 2：方先生等人倡导的过程控制科学报告会走过了 30 年

使得我国的过程工业逐步达到国际先进水平，有的已经达到国际领先水平。

与此同时，方先生不仅与几位老前辈一起创建这个科学报告会，而且还亲自上阵，给大会做了一个很新颖的科学报告，主要介绍了系统辨识的基本理论与应用。听后与会者反映，这个报告听得过瘾，不但讲的内容是最新的，而且循循善诱、深入浅出。有的说老先生亲自做报告，思路清晰，逻辑性很强，这种亲自上一线的敬业精神值得我们晚辈学习和敬仰。

在方先生等先辈们呕心沥血的倡导下，我国过程控制得到飞速的发展，同时也吸引了国际自动控制界著名专家学者共同来关注和推动过程控制学科的持续发展和创新。

3．科研路线明确、指导思想正确

方崇智教授一直很重视理论联系实际，他认为理工科大学生和老师必须脚踏实地，不讲空话，一定要到实际中去深入研究，发现症结的关键所在，进一步提炼出科学问题，在解决中上升为理论、再回到实践中加以验证，以解决实际问题。这条科研路线在我们单位一直得到贯彻和执行，使我们获益匪浅。在我所在的控制与优化团队，也深入人心。例如，在上世纪 80 年代中期，我国石化企业急需采用先进控制来提升企业的运行水平，以达到增效节能的目标，但当时我国还没有这类软件，而进口国外先进控制软件价格很高。于是，我们向国家教委和计委提出建议书，并最终争取到 1996 年国家“九五”攻关项目，任务是研究开发先进控制规律，形成具有我国自主知识产权的工业化软件。经过团队 30 余位师生的努力，于 1999 年完成了先进控制规律的研究，并开发出工业化软件的雏形。最后由中石化集团公司组织在兰州石化公司炼油厂验收：让该炼油厂继续用国外先进控制软件进行控制，然后立即切换到我们的软件进行控制，要求无干扰平稳过渡，且控制水平相当。我们的软件不仅实现了平稳切换，而且运行效果优于国外软件，顺利地通过了验收，于 2000 年底获得部级一等奖。到此似乎此任务已经圆满完成了，但通过大量现场的调研，我们发现国外软件在开始时效果很好，但很难持久，用一段时间就只能撤下来，束之高阁。经过仔细研究分析，发现这是因为国外软件水土不服，原因就是国外公司不了解我国国情。上世纪八九十年代，我们的工业企业处在飞速更新发展的阶段，处于非平稳运行阶段，所以最初建立的模型不能适应生产的迅速变化，也就无法用于先进控制。这就是方先生以前所揭示的，随着生产过程的变化所建模型也应该随着变化的问题。于是，我们紧接着就进行非稳定工况下的建模研究，最终在突破了一系列难题后，实现了随着工况变化而不断修正模型的一套行之有效的技术和方法，使得软件的应用得以长期持久。例如，长岭炼油厂装上我们的软件已经连续持久地应用十几年从未发生问题。实践证明，方先生提倡的这条科研路线引导着我们创造出越来越多的成果，为我国过程控制领域的发展做出了应有的贡献。

4．严谨的学风，辛勤的耕耘

我在教学岗位上跟随方先生多年，方先生的一言一行给了我深刻的影响，终生受用。今天翻开方先生的讲稿（配图 3），依然如此温馨。记得上世纪 60 年代我做助教时，学生对判定系统稳定性的“乃氏准则”疑问较多，方先生为了让我了解他课堂上讲的内容以便于答疑，他就把讲稿给了我，我一直保留至今。从中可以看到方先生是多么认真细致地写讲稿，稿中他亲自画的插图特别标准、规范，足以显示方先生一丝不苟的严谨学风和勤恳敬业的精神。记得有一次，我去找方先生要考题准备付印，他要我三天后再去取。三天后我去他家，方先生说这个考题在我书桌上放了几天，我每天都要重复推敲，检查考题的内容是否覆盖了课程的重点，给出的条件是否合理。现在你拿去自己先做一遍，记下所用时间，再验证一下考题的分量，然后再去付印。这件事到现在都让我记忆犹新，从一个考题的小事中看到方先生把教学当成一种神圣的事业，他那严肃认真的教学态度和一丝不苟的治学精神一直牢记于心，激励着我

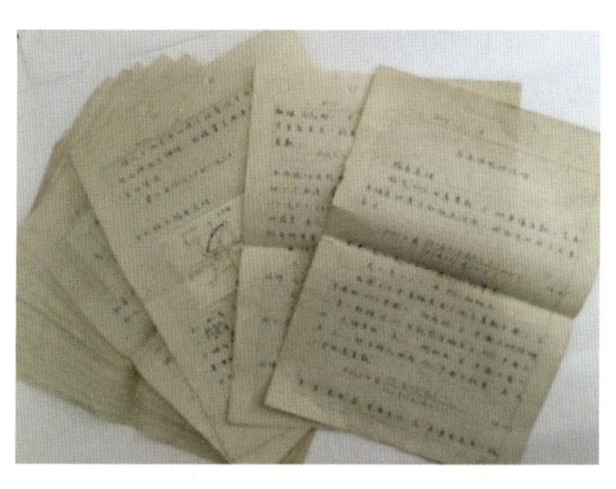

配图 3：方先生授课的讲稿（部分）

始终奋斗在教学第一线。

方先生数十年坚持在教学、科研第一线亲力亲为、辛勤耕耘，为祖国的教育事业和过程控制学科做出了重要的贡献，他是我们后辈的楷模，是我们永远学习的榜样。

师恩浩荡，永生不忘。祝愿先生在天之灵安息！

师德永存
——纪念方崇智先生百年诞辰

王桂增[1]

方先生离开我们虽然已经6年了，但方先生的音容笑貌仍常萦绕在我的脑海中，方先生严谨的治学精神和高尚的品格将永远铭记在我们的心中。

方先生1949年获伦敦大学玛丽皇后学院哲学博士学位后，于1949年9月回到即将建立的、贫穷落后、百废待举的新中国，先后任职于北京大学工学院和清华大学动力机械系，1970年调入自动化系。上世纪50年代中期，苏联援助我国的156个项目为我国工业的发展打下了初步的基础，同时给我国高等教育提出了人才培养的要求。在苏联专家齐斯加可夫的帮助下，方先生受命建立动力机械系热能动力装置自动化专门化并组建相应的教研组，任教研组主任，成为清华大学过程控制教育的奠基人。

1. 严谨治学

我1959年入学时的专业是热能动力装置专业，共两个班："热5(1)"和"热5(2)"。1960年根据国民经济发展的需要，将热能动力装置自动化专门化提升为专业，改名为热工量测及自动控制专业，从"热5"两个班中抽出一个小班，分配到热工量测及自动控制专业，班级编号也由"热5"变为"量5"。

上世纪60年代，在过程控制领域，习惯称"自动控制原理"为"自动调节原理"，方先生主讲这门课程。方先生的讲课思路清楚，言

[1] 清华大学自动化系教授，原系主任。

简意赅，板书整齐，理论联系实际，很受学生的欢迎。方先生为人谦虚谨慎、举止行为的学者风度也给我们留下深刻的印象。

“自动调节原理”是一门理论性比较强、比较抽象，又很重要的技术基础课程。那时没有计算机仿真，为教好这门课程，方先生在实验室（现在新清华学堂西面平台位置，原“汽车楼”一楼），建立了比较直观的、接近工业实际的液位控制实验台，让学生在实验台上进行实验，以验证和加深对所学理论的理解。

我们上学时用的是老式液位控制实验台，其对象是非线性的，即水箱流出流量与水箱液位之间呈非线性关系,而“自动调节原理”课讲的都是线性控制系统。为此，方先生查阅了国外资料，找到一种线性液位控制对象，即通过在水箱侧面开一个经过特殊设计的异型流出孔，使水箱的流出流量与液位的高度成正比。这样的线性控制系统实验台，在教学中收到很好的效果。后来，方先生又亲自设计了过程工业中典型的换热器控制实验台，在教学中发挥了很大的作用。

在科研上，方先生也很重视结合实际。上世纪 80 年代初，方先生开辟了故障诊断的研究方向，作为结合点之一开始进行长输管道的泄漏检测与定位方法的研究。为此，方先生亲自设计了管道实验台，用于对泄漏检测与定位方法的实验研究。方先生所带的这方面硕士和博士研究生几乎都在这个实验台上进行过实验，取得许多研究成果。

方先生的这种理论联系实际、严谨的科学作风影响了我们两代人。

2．永远的老师

上世纪 60 年代，学校研究生招生采用推荐与考试相结合的方式。毕业前教研组委托教学副主任谢新民老师找我谈话，希望我读研究生。我考虑大学已经 6 年，家里兄弟姐妹比较多，希望早一点出来工作，以分担父母的经济压力，决定不报考研究生。

毕业后我被分配留校工作，系里安排我当即将入学的新生（1965 年入学的 00 字班）辅导员，没有下乡参加“四清”。到教研组第一份工作是跟方先生设计新的液位控制实验台（也称水箱实验台）。水箱侧面安装一块经过专门设计具有特殊孔型的平板，孔型设计参考资料是英文的。我大学时学了四年俄语，幸好有中学的英语基础和大学高年级的英语二外，在方先生的指导下，总算完成了任务。

毕业后十多年正值“文革”时期，没有教学也没有科研，更谈不上写论文。在那个年代，对于写学术论文，也没有要求，当然也不知道如何写。方先生认为，撰写论文是教师的基本能力之一，对年轻教师要加以指导。我的第一篇论文就是在方先生的指导下完成的，方先生从文章的选题到文章结构等方面对我进行指导。

上世纪 80 年代初，我加入了方先生领导的故障诊断科研小组，从事长输管道泄漏检测与定位的研究。上世纪 80 年代后期，在方先生的指导下，承担了东北输油管道局“新民站—黑山站”输油管道的泄漏检测与定位任务，并指导研究生。这是我国首次在实际运行的高压输油管道上进行泄漏检测与定位试验，取得了较为满意的结果。方先生亲自去沈阳参加鉴定会，项目顺利通过了验收鉴定。

方先生所领导的科研组在这方面的研究成果对我国“长输管道的泄漏检测与定位”工作起到了促进和引领作用。

1992 年，我作为副导师协助指导方先生的最后一批博士研究生，在协助指导的过程中，从专业知识到工作作风，从方先生那里学到很多。

方先生永远是我尊敬的老师。

3．老骥伏枥

方先生从 1956 年起一直担任教研组主任，“文革”中间教学、科研活动几乎全部停止。恢复高考后的 1978 年，方先生再次担任教研组主任的工作，努力使因“文革”受到严重影响的教学、科研、教师队伍建设和实验室建设走上正轨。

我在国外进修期间，方先生在百忙中抽空给我写了好几封信，每封信长达 4 页之多，除了表示对我的关心外，更多的是讲教研组的现况，教研组的发展和教研组的未来。

在 1982 年 9 月 8 日的信中，方先生除了比较详细地谈了教研组的情况外，重点谈到了教师队伍存在的“断档”问题，希望年轻人尽快成长起来，他在信中说“我年岁已大（时年 63 岁），体力、脑力每况愈下，在业务上心有余而力不足，只想把队伍尽可能建设好交班”。事实上，在方先生的领导、培养和关心下，一批年轻的骨干教师很快成长，使得他所开创的事业后继有人。

在 1983 年 8 月 14 日给我的信中，方先生介绍了教研组近期的几件大事，一件是“教育部制订全国专业目录的事……我们提出了一个书面意见，建议全国绝大多数院校的自动化专业合并成生产过程自动化和工业电气自动化两个专业”，“教育部倾向采纳这个建议”。

信中还谈到了实验室建设，“这两年实验室建设有一定进展……

428是电模拟实验室，419拥有3套新设计的水箱，配备了较先进的仪器，可用于控制理论、过程辨识、过程控制和计算机控制等方面的实验。另外，计划将原来的换热器实验台加以改进提高”“计算机实验室最近新到一台较先进的控制机AIM16 ……在国内可算是先进的了”（配图4）。

上世纪80年代初，方先生率先在自动化系开设了“系统辨识”课程，并于1988年出版了《过程辨识》教材，得到国内权威的高度评价，并被全国高校广泛采用，影响很大。

在科研方面，上世纪80年代初方先生在全国高校中创新地开辟了故障诊断的研究方向，并结合长距离输油管道的泄漏检测与定位进行研究。

为了加强与国际学术交流，缩小与国际上同类研究的差距，1984年方先生邀请IEEE Fellow、曾任欧洲自动控制联合会第一副主席、国际故障诊断权威、德国杜伊斯堡大学的P.M. Frank教授来校讲学，时间约一个月。期间，方先生不辞劳苦，从讲课到讨论，从住宿到参观，都亲自过问。P. M. Frank教授的来访对该方向的研究工作和国际交流起到了很好的促进作用。

方先生的博士生葛卫针对含有多源故障的动态线性系统，证明了分离能力的下界，创造性地提出了以尽量少的观测器实现最大故障分离的鲁棒故障检测方法，文章发表在1988年国际权威学术刊物*Int. J. Control*上，为国际同行所肯定。2012年，“控制系统实时故障检测、分离与估计理论与方法”获国家科学技术奖励自然科学二等奖，上述的鲁棒故障检测观测器设计方法成为获奖的三大发现点之一。

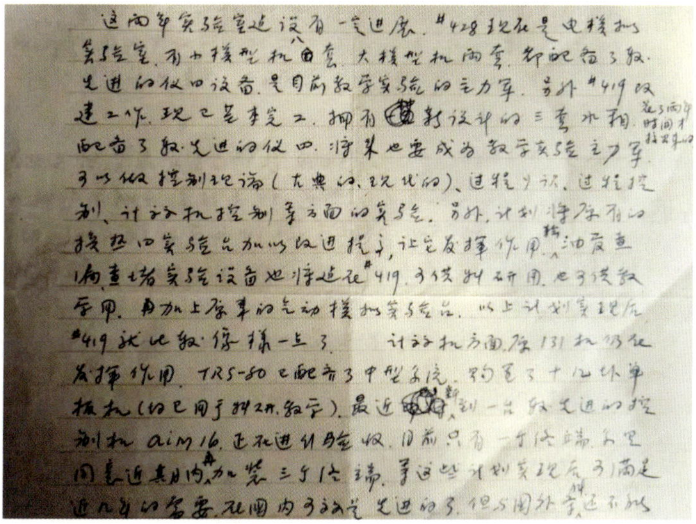
这两年实验室建设有一定进展。#428现在是电模拟
实验室，有小模型机八套，大模型机两套，都配备了较
先进的仪器设备，是目前教学实验的主力军。另外#419改
建工作现已基本完工，拥有新设计的三套水箱，
配备了较先进的仪器，将来也要成为教学实验主力军，
可以做控制理论（古典的、现代的）、过程辨识、过程控
制、计算机控制等方面的实验。另外，计划将原有的
换热器实验台加以改进提高，让它发挥作用。输油管道
检漏实验设备也将建在#419，可供科研用，也可供教
学用。再加上原来的气动模拟实验台，以上计划实现后
#419就比较像样一点了。 计算机方面，原131机仍在
发挥作用，TRS-80已配齐了中型系统，购置了十几台单
板机（均已用于科研、教学）。最近新到一台较先进的控
制机aim16，正在进行验收，目前只有一个终端，我们
准备近期内再加装三个终端。等这些计划实现后可满足
近几年的需要，在国内可算是先进的了，但与国外的差距还很

配图4：方先生1983年8月14日给我的信（部分）

由方先生开辟的这个方向，研究成果在国内处于领先地位，在国际上进入同类研究的先进行列。1997年，中国自动化学会批准成立“故障诊断与安全性”二级专业学会，挂靠在自动化系。2002年自动化系过程控制工程研究所周东华教授成为国际

自动控制联合会（IFAC）“技术过程故障诊断与安全性”技术委员会第一位中国委员。2004 年清华大学自动化系承办了国际自动控制联合会（IFAC）“技术过程故障诊断与安全性”国际会议。这说明方先生所开辟的事业后继有人。

4. 慈祥的长者

方先生不仅是一位学术带头人，而且是一位慈祥的长者。

改革开放初期，学校鼓励各学科的带头人加强与国外的学术交流。上世纪 70 年代末，方先生有机会去法国巴黎参加国际学术会议，在那个年代这算是教研组的一件大事。作为晚辈我送方先生到机场，一路上方先生心情很好，既为自己经过“文革”十多年的封闭，能有机会走出国门进行学术交流感到高兴，更为我们国家即将迎来的教育、科研的春天而感到兴奋。

1982 年师母生病时，教研组的老师们非常关心，对此方先生十分感动。他在给我的信中说（那时我正在国外进修）：“在最紧张的时候，教研组的同志们个个都非常关心，争相前来帮助照顾，使我深受感动，我们的邻居和校医院的同志们无不交口称赞。也正是由于组织上和这样多同志的深切关怀，我才能平安地渡过这一难关。对此，我是铭记在心，终生难忘的”。

在工作之余，方先生喜欢听音乐，特别是古典音乐。上世纪 90 年代初，方先生添置了一套比较好的音响设备。我也喜欢音乐，1993 年买了一套在当时来说价格不菲的“发烧音响”，成为一名音乐水平不高的“音乐发烧友”，从此与方先生有一点交流。一次，方先生家的音响出了点问题，他打电话给我，让我去看看。上世纪 90 年代末我去英国访问，回国前专门到卖光盘的商店选了莫扎特的音乐光盘带给方先生，方先生当然很高兴。

每年春节初一的上午，教研组的同事不分长幼都会准时来到方先生的家里，给方先生拜年，大家无拘无束，谈笑风生，其场面在自动化系也算得上是一道人文景观。

晚年的方先生思路有些迟缓，一次春节聚会时，“老小孩”杨家本老师开玩笑地对方先生说，“我给您出道数学题，3 + 5 等于多少？”方先生不仅不生气，而且很认真地、面带微笑地回答，逗得大家开心大笑。

方先生谦虚谨慎、待人真诚、处事低调，备受教研组同事们的尊重，成为凝聚教研组力量的核心。他的这种精神影响我们几代人，使得过程控制研究所始终保持比较强的凝聚力。

5. 师恩难忘[①]

吴官正同志是我同班同学，我们班的团支部书记，毕业时我们两人同时获得学校“优秀毕业生”称号。我留校工作，吴官正则继续攻读方先生的研究生，1968 年初分配到武汉葛店化工厂工作。后担任过武汉市、江西省、山东省的主要领导，1997 年到中央工作。

吴官正求学成才，使得他一直对培养自己的小学、中学和大学老师与学校怀有一颗感恩之心。在地方工作时，吴官正趁北京出差的机会，多次来学校看望自己的导师方崇智教授和其他老师（配图 5）。

吴官正同志很敬重导师方崇智教授的学识、人品和治学精神，感谢老师对自己的培养和教育。1999 年 11 月 22 日，他写信祝贺方崇智教授 80 华诞，称赞“先生把深沉执着的爱国热情和教书育人的建树凝为一体，以辛劳清淡的高尚品格，严谨勤奋的治学精神，渊博的学识，高超的授课技巧，深深地教育、感染和影响着我们。我为您对党和国家教育事业做出的突出贡献而高兴，为有您这样的师长而自豪”！

2008 年 11 月 10 日，他写信祝贺方崇智教授 90 华诞，信中称方先生“数十年来，先生忠诚爱国，朴实无华，严谨治学，术业精深，教书育人，孜孜耕耘，成就斐然”，并拟两句话呈献先生：

逾米龄又两载可喜慈颜久驻，春华秋实

去期颐再茶年预征后福无量，海屋添筹

2012 年 4 月 18 日，方先生因病仙逝。4 月 22 日，吴官正同志

配图 5：1985 年在武汉工作的吴官正同志（右一）来京开会，抽空看望方先生

① 引自 2014 年 4 月清华校友通讯复 69 辑 185 页。

正在发烧，他说服了医生，打了退烧针，与夫人一起参加恩师方崇智先生的遗体送别仪式，并当场写下哀联："一水蒹葭悲空座，满园桃李哭良师"，表达对方先生的沉痛悼念。

当得知 2019 年是方先生百年诞辰，吴官正同志委托秘书发来他的铅笔画习作"思念"（见《纪念册》文前页），以表达对恩师的思念。画的上方是丝瓜藤架，下面水池中有 3 条鲶鱼，取"丝"和"鲶"的谐音，寓意"思念"。他说："方先生已驾鹤西去，我们怀念他"，"三条鲶鱼代表三份思念：思念母校，思念师长，思念同学"。

2019 年是方先生诞辰 100 周年，我们纪念方先生，就要学习、继承和发扬方先生的爱国、奉献的精神；学习他严谨治学、勇于开拓的精神；学习他淡泊名利，甘为人梯的精神；学习他谦虚谨慎、处事低调的作风；学习他严于律己、宽于待人的美德。为自动化系的发展，为创建一流的清华大学贡献我们的力量！

怀念方崇智先生

周东华[①]

1990 年秋季，在我博士毕业前，因联系清华大学自动化系方先生博士后事宜，我前去拜访了方先生，给我的印象是老先生艰苦朴素、非常和蔼可亲。非常遗憾的是，由于我爱人的工作等问题没有妥善解决，我最终没有到清华做博士后，而是去了浙江大学。1996 年秋季，我在德国杜伊斯堡大学作洪堡学者，经与金以慧教授联系，于 1996 年 12 月份回国后，调入清华大学自动化系过程控制研究所工作，从此与方先生的交流多了起来。我记着，那时方先生虽然已经退休，但他还经常来所里上班工作。

与方先生接触最多的是申报故障诊断方向的国家奖事宜，包括 2000 年和 2012 年的两次报奖，方先生在这两次报奖过程中都给了大力的支持与指导，最终我们获 2012 年度国家自然科学二等奖。2005 年我担任了过程控制研究所所长，2008 年我担任了自动化系主任，作为系主任，我参加了方先生诞辰 90 周年的纪念活动，并

① 山东科技大学党委常委、副校长；清华大学"双聘"教授，自动化系原主任。

参加了方先生的遗体告别活动。2015 年 5 月，我调入山东科技大学工作，同时兼任清华大学“双聘教授”。

方先生作为学术大家，培养了许多高水平的博士，如葛卫博士 1988 年毕业，他在基于鲁棒观测器方法的故障检测方向做出了具有国际领先水平的研究成果，具有重要国际影响。国际故障诊断领域的权威学者，如德国的 Frank 教授，美国的 Gertler 教授等都给予了高度评价，并由此与方先生建立了友好的联系。方先生一生淡泊名利，辛勤工作，在我国过程控制领域做出了重要贡献，有极其重要的影响力。愿方先生千古，英灵永在。

缅怀尊敬的方崇智教授

何镇湖[①]

尊敬的方崇智老师，一位曾获得英国博士学位，清华大学的著名教授，离开我们多年了，作为他亲自组建的热工测量及自动控制专业第一届毕业生及与方老师多年共事的我，未能亲临方老师的追悼会与方老师告别，我为这感到终生遗憾。

回顾当年我来自南方一个小市镇，进入清华大学，对方老师具英国绅士的风度、严肃的态度充满敬畏之心，他为了培养我们这些刚踏入控制专业的小辈关怀有加，让我这个只读完基础课的二年级，对专业毫不知晓的学生通过听他给高年级学生讲课，培养我们对控制专业的兴趣，使我深深感动，难以忘怀。

方老师严谨的治学态度，在当时动力系是有名的，这不仅表现在讲课的科学性、逻辑性，还有他的板书工整，思路清晰，他给我们讲的专业课“自动调节原理”和“热工过程控制系统”，概念清晰、条理有序，至今印象深刻。毕业留校后，我曾担任方老师“自动调节原理”的辅导老师，他对我非常严格，坚持辅导老师要听他的课，给学生的作业要亲自做，批改，作业遇到的问题要给他及时汇报，以利于他讲课有的放矢。

理论联系实际是方老师治学的另一特点，这也许源于他大学毕业后在工厂三年的实践，他深知实践的重要性。他常说，自动控制

①北京联合大学自动化学院教授，曾任教于清华大学热工量测及自动控制专业。

系统是为生产服务的，它的好坏只能由生产实践来检验，方老师指导我的毕业设计题目是“热电厂锅炉汽机单元控制系统”，他坚持要我到当时的东郊热电厂实习，从电厂发电过程检验我们设计系统的合理性，发现存在问题及改进意见，毕业设计图纸、说明书，他本人亲自过目、修改，图纸的标准，甚至说明书的标点符号错误都不会放过。

毕业后，我留在热工测量及自动控制教研组工作，虽与方老师共事的机会不多，作为教研组主任，他言传身教，及时对青年老师的关怀指导，使我难以忘怀。为了帮助我能通过出国英语的考试，让我到他家里亲自辅导，提高英语听力，当我信心不足时又多方鼓励，他对青年老师的细心入微的关怀、爱护，让我终生难忘，只可惜我这个不争气的学生未能如愿，辜负了老师殷切期望。

虽然“文革”期间，方老师曾受到错误的批判及不公的对待，但他总是以国家利益为重，一心一意扑在自动化教育战线，勤勤恳恳工作，从教多年来，他培养了学生无数，指导研究生、博士生几十人。

方老师严谨的科学作风、严谨治学、专心育人的师德、奉献不止的精神，深深影响着我以及一代又一代的学生。

今天，我们缅怀尊敬的方崇智老师，愿方老师的教育精神发扬光大。

方先生

阳宪惠[①]

我们教研组所在的自动化系和动力机械系，无论教师还是学生，不管在公开还是私下场合，大家都称他为方先生。在中文里先生是个尊称，学识渊博的长者、受尊敬的老师，才被称之为先生。尽管现今有那么多教授、老师，能被大家都称为先生的没有几位。

我是清华大学热工量测及自动控制专业量 001 班的学生，虽说不上是嫡系弟子，也算是方先生的学生吧（导师名下的研究生方可称为嫡系弟子哦）。在学生年代，班上的同学都知道方先生是解

① 清华大学自动化系教授，过程控制工程研究所原所长。

放初从英国学成归国的教授。那时只要我看见方先生，就会不由自主地想到 gentleman 这个英文单词。其实那时我并没有真正见过什么英国绅士，只是有点电影小说中的模糊印象。但在我脑子里，方先生就是个 gentleman，一位具有英国绅士风度的 gentleman。Gentleman 就应该是方先生那个样子，衣着笔挺合体，言谈轻声细语，举止温文儒雅，一脸严肃认真，还略带几分威严，许多学生都用仰视、敬畏的眼光看方先生，多少有点怕他。从上小学算起，我也曾有过许多老师。在认识方先生之前，我好像从没有把哪位老师和先生这个词联系在一起。因此方先生是在我心目中作为先生形象的第一位老师，一位典型的先生，一位尊敬的先生。

方先生是热工量测及自动控制专业的创办者，专业发展的掌门人。在上世纪 60 年代，随着电力、冶金、石油化工等行业对自动化技术需求的不断增长，催生了这个新的自动控制专业。在方先生的带领下，从无到有一点点开创积累，闯出一片新天地，才有了今天的过程控制专业。方先生是学科领域的开拓者，也是专业建设的实干家。五十多年后的今天再回头看看，专业在人才培养、课程设置、科研方向、实验室建设等方面，都还明显存留有方先生当年的脚印。

“热工过程控制系统”是方先生最早讲授的课程，后来发展成为本专业的当家课“过程控制”。本人曾有幸在方先生手下作过该课程的助教，多年之后我自己也主讲过这门课程。现在想来，我的专业知识，如被控过程的自平衡率，PID 基本控制原理与算法等专业知识，最初都是从方先生那里学到的，让我受用终生。而方先生那种严谨求实、认真负责的工作作风，更让我受益匪浅。带实验、参与实验室建设是我助教期间的主要工作。自动化系建系之初，教研组从“汽车楼”搬到中央主楼四楼。当时 416、419 等专业实验室的建设基本上从头做起。那时办学条件差，缺少资料缺乏资金，许多实验设备都得靠教工们自己动手设计制造组装，三容水箱控制系统实验台、换热系统温度控制实验台等一批实验装置，包括其中许多部件，都是方先生亲自设计出来的，哪怕再小的零件他都一丝不苟地认真对待，设计、计算、绘制加工图、反复修改，直到满足技术要求。那份认真与执着，的确令我敬佩折服。实验台上的控制器，从最初的带浮子、有圆形记录纸的基地式控制器，发展到电动单元组合仪表控制器，以及后来的数字仪表、计算机控制系统，几十年下来技术工具翻新了好几代，但实验系统的设计框架、教学实验内容设置等基本还是当初的模样。实验台上使用至今的水箱出口泄流闸板等零部件，都还在沿用方先生的初始设计。

方先生从教五十多年，桃李满天下，是当之无愧的教育家，在国内外都称得上是过程控制领域首屈一指的学术权威。在我们教研组，他就像位慈祥的家长，在教学、科研、硕士博士生培养等方面，方先生的创新奋斗精神，严谨求实作风，以及他老人家的学识才干与丰富经验，已经积淀为这个集体的一笔宝贵财富。在方先生的率先垂范下，老教新，传帮带，相互关心帮助，形成了教研组多年以来一直保持的优良传统。学生辈的我们在工作中都得到过方先生的亲自指点。几辈师生合作共事的教研组，氛围和谐，宛如一家。每年春节大年初一上午十点，教研组在校的教工都会来到方先生家，给方先生拜年，同时互相之间致以春节问候。一屋子人围坐在方先生周围，山南海北地神侃，聊得热闹温馨，和谐快乐。多年沿袭下来，形成惯例，直至方先生离开我们。

方先生栽下我们专业这棵树，倾其一生浇灌培育。现今先生走了，树长大了，为我们留下一片阴凉。

永远的老师

杨学岗[①]

1970 年，我大学毕业后留校当了教师，一个来自农村的孩子从学生走上了教育工作岗位，虽然环境没有变，还是在清华园，但仍然感到很有新鲜感。

记得刚工作不久，就碰上了一次出差机会，当时的自动化系教研组主任方先生带领师克宽老师（当时是教研组实验室主任、讲师）和我们三个刚毕业的年轻教师去山东潍坊和东营调研了解原油输油管线的自动控制状况。这次出差虽然只有短短约一个星期时间，但方先生一路上的低调、谦虚和平易近人的作风都给我留下了终生难忘的印象。下面是我们一路上经历的关于方先生的几件“小事”：

（1）乘火车选硬座。这次出差我们一行五人是坐硬座火车去山东东营的。现在回想起来，对其他人尤其是我们三个年轻教师倒没有什么，但对于方先生而言，作为一个五十多岁的老者，一个正教授，还是可以买一张硬卧车票的。当时我们中好像有人问过方先生，

①中国石化集团公司高级工程师，曾任教于清华大学热工量测及自动控制专业。

说如果给他买一张卧铺车票系里能不能给报销，记得当初方先生笑了笑回答："这样就挺好，大家还可以一起聊聊天"。

（2）入住油田招待所的上下铺房间。到了晚上入住时，我们发现招待所的房间里确实够简陋，居然摆了两张上下铺的床，安排我们四个人入住。第二天，我们有意给方先生安排一个单人房间，但方先生婉言谢绝了。

（3）躺在门板上睡午觉。那次我们在出差期间正值盛夏，方先生他们都有午睡的习惯。由于中午实在太热，记得我们还别出心裁地把房间的门板拆下来放在地上，让方先生和师克宽老师一个人睡在门板上，一个人睡在房间里唯一的一个桌子上，好像他们当时还都能睡得着。

（4）打着手电去装置现场。记得输油管线全线贯通的那一天夜里，我们在方先生的带领下打着手电从招待所赶到了开车现场，在这一夜我们迎着东方的曙光和现场的工人们一起分享了开车成功的喜悦。

光阴似箭，不知不觉中这些想起来还历历在目的"小事"已过去快五十年了。在方先生诞辰100周年之际，谨以此短文来表达对方先生的怀念之情，在我的心目中，方先生是我永远的老师！

（二）口述缅怀文章

采访冯元琨[①]和解学书[②]教授

口述执笔：习江北[③]，郭文博[③]

在纪念方崇智先生百年诞辰之际，为了更多地了解方崇智先生在学生培养以及推动学科发展方面的事迹，2018年11月自动化系研究生团委会组织了一次别开生面、对研究生和本科生都有特别教育意义的活动，采访了方崇智先生曾经的同事、自动化系老教授冯元琨和解学书老师，向他们了解方崇智先生的故事，以期学习继承

① 清华大学自动化系教授，控制理论教研组原副主任。
② 清华大学自动化系教授，控制理论教研组原主任。
③ 清华大学自动化系研究生。

方崇智先生的精神财富。

2018年11月7号上午9点，同学们来到冯老师家，冯老师及其夫人见到同学们后，热情招呼大家坐下喝茶。表明我们的来意后，冯老师说："我和方先生一同指导过博士研究生。和现在不一样，我们那时候系里的博导很少，方先生是其中之一。我是在方先生的指导下再去指导博士生的，对于我来说，也是一个学习提升的过程。"

出于对那段历史的好奇，同学们进一步向冯老师请教了当时的具体情况。冯老师对学生们说："当时自动化专业分散在不同系里，后来从这些系抽调老师组建成了现在的自动化系，我最初是在现在的计算机系，后来调到自动化系。有大约三年时间与方先生共事，一起指导过研究生"。回忆起往事，冯老师渐渐打开了话匣子，他接着说："那时候'文化大革命'刚结束，研究生培养刚步入正轨。我当时属于年轻老师，还没资格指导博士研究生。不过系里提倡年轻老师在培养硕士生的同时也要参加并熟悉博士生的指导工作。于是在方先生的带领下，我协助指导了一些博士生。虽然是短短三年时间，但在这个过程中方先生传达出的教育培养理念不仅仅对博士生，对我这样的年轻老师影响也非常大"。

问及具体的人才培养理念，冯老师说："我现在总结起来，觉得方先生培养博士生的理念主要表现在两个方面。一是要充分发挥学生的能动性，发挥他们的智慧、才智。方先生认为培养博士生最主要的还是培养能力，就是让学生能从具体的研究中找到自己感兴趣、有能力解决，而且对国家有益的题目。"说到这里，冯老师给同学举了个例子："我们那个年代，课题的选择都比较偏工程实际，但有一个学生在研读了一些资料后，提出一个偏理论方面的选题，这与当时的习惯不符，短期看不到如何应用与实践，但从长远来看却是一个很有意义的理论发展，方先生当时就讲学生选择这样的研究题目，我们也应该要大力支持。"冯老师接着说："二是方先生主张做研究工作要认真细致，严格扎实进行研究工作的每一步。同时我们对自己的工作也要有足够的自信。"谈到这点，冯老师又给我们举了个例子："当时我们经过严格分析得出一项研究成果，发给同领域一位资深教授的博士一起探讨，这位博士回信说，我们的研究里面有比较严重的错误。我们当时一看就急了，一方面我们自己认为工作经过反复检查应该没错啊，另一方面我们也怕真的有错，那我们后面很多工作的结论就都错了。方先生当时说没关系，实事求是，如果有错就改嘛；如果没错，我们也要仔细理解别人看问题的角度有什么不同，从中学习如何表达，让更多人理解我们的工作。最终证明我们确实是对的，在此基础上和对方进行了更深入的交流，双方都有了进一步的认识，研究工作也更深入了。”

“没接触方先生之前，只知道他是一位很有学识、很有才干、很有名气，人人尊敬的教授，接触之后才发现老先生的人品和风度都令人敬佩，是为人的楷模。”冯老师最后说。

2018 年 11 月 15 日下午 2 点，解学书老师来到中央主楼和同学们聊起了与方先生共事的情景。了解到解老师和方先生一起创办过清华大学自动控制学会，同学们向解老师问起这段历史。解老师说："上世纪五六十年代是自动控制蓬勃发展的年代，特别是计算机的出现，进一步促进了控制领域相关研究的发展。但是这些发展一开始是在西方国家产生，他们提出了很多新的理论、新的见解。到了上世纪 70 年代末、80 年代初，我们看到了和西方国家在这方面的差距，想尽快赶上。大家的想法是一定要赶上西方，把失去的时光抢回来。我们的自动控制学会也是基于这个思想创办的，希望搭建一个平台让这个领域的老师能有更多、更充分的交流机会，以尽快提高我国自动控制学科的研究水平。”聊完方先生对学科的发展，解老师进一步和我们聊了方先生在指导学生方面的故事。解老师说："方先生对于所在学科的内涵研究得很透，能及时掌握学科前沿，善于将最新的理论应用到自己的研究中，紧跟时代变化，所以他的学生所做的课题都很新。”除了注重理论的高度，方先生对于学生的培养很重视实际的应用价值。对此，解老师给我们讲了个故事："方先生认为论文必须有实际的应用背景，印象很深的一件事情是，当时参加方先生的一个博士生选题报告，这个学生选的研究课题容错控制。学生讲完后，我问这个同学，‘容错控制用在哪里？’学生答不出来。方先生说，‘那不行啊，这样的实际问题是必须弄清楚的。’”

访谈最后，解老师说："虽然方先生的学术成就很高，但实际上方先生给我印象最深的还不是这个，方先生给我印象最深的是他作为一名老教师、老科学家的精神。他自己事业蒸蒸日上，但是从来不忘自己底下的老师，非常有长者的风范。所以在他的带领下，那几年过程控制教研组发展得最快，也为自动化系的发展奠定了坚实的基础。”

整个采访过程，我们沉浸在老一代师德的熏陶之中，收益良多。

（三）同行缅怀文章

忆方崇智教授二三事

沈成林[①]　潘立登[②]

1. 上世纪 60 年代初

我们北京化工学院是一所 1958 年才建立的大学，一开始就招收了化工自动化专业的学生，到 1961 年已经进入专业基础课阶段，即将有了专业课。我们的老师却都是刚出校门不久的年轻教师，如何办专业还是门外汉，学校教务处组织我们到兄弟院校去学习取经。我们就组织一些年轻教师，来清华大学联系动力系自动化专业的方崇智教授。尽管我们与方崇智教授素不相识，经我们说明来意后，方教授非常热情地接待了我们。他详细地介绍了培养学生的教学计划，相关的基础课、专业基础课、专业课、实验课及工厂实习。我们是第一次见面，不敢要求去参观实验室，方教授却想到了，并给我们指出实验教学的重要性，而且亲自带领我们去找负责实验室的师克宽老师，让他带领我们参观实验室，了解实验项目和实验设备。方教授的科学态度和理论联系实际的学风，以及待人和蔼可亲，一丝不苟精神给我们留下深刻印象，至今还留在我们的记忆里，值得我们好好学习。

2. 上世纪 80 年代中

大约在 1985—1986 年间，加拿大 University of Alberta 的 Fisher 教授来清华大学访问，方教授认真地组织了学术交流活动，邀请北京高校设置有自动化专业的老师来进行交流，方教授很关心我们，也给我们发了邀请信，我们按时参加了这次交流活动。方教授亲自主持这次交流座谈会，看得出来，方教授做了认真准备和精心安排，请 Fisher 教授介绍他们学校的教学和科研情况，引导大家询问他们为学生开设的课程、实验室情况和计算机过程控制的研究情况等。通过这次交流，使我们大家了解了国外过程控制专业的科研发展以及实验室的装备情况，让我们领略了国际一流大学过程控制专业开展科研的方向和培养学生的模式。

① 北京化工大学自动化系教授，原系主任。
② 北京化工大学自动化系教授，自动化研究所原所长。

3．上世纪 80 年代末

让我们深刻领会方教授的严谨治学精神、刻苦钻研精神和一心倾注在教育事业上，还可以从他的《过程辨识》著作上看出来。这本书内容丰富，由浅入深，却深入浅出，让难以理解的系统辨识理论，能很快理出头绪，来龙去脉清晰，很自然地导出理论结果。该书信息量又非常大，不仅是教科书，也是难得的参考书。

书中这么写着："作者的意图是想把它写成既是自动控制类专业大学生高年级或研究生的教材，又是相应专业工程技术人员的实用参考书。尤其对那些面临设计各种控制系统的工程师，希望能激起他们的特殊兴趣。考虑到读者是多层次的，本书采用了一个多层次的结构，低层次的……高层次的……叙述方法一般始于物理概念，用正规的格式导出理论结果，再用仿真例子或工程实例予以验证，最后阐述理论的应用前景和实践的经验体会。"该书的字里行间，倾注了方教授严谨的科学道德学风和实事求是的科学方法，了解到方教授的学识渊博，也看到了方教授的品德高尚与谆谆教诲的细心和方法，是我们永远学习的楷模。

我心目中的方崇智先生

张永光[①]

方先生离开我们已经有几年了，但是每当我回忆起他老先生时，总是不由地从内心升起一种油然的敬意。我认识方先生是上世纪 80 年代中的时候，这还源于系统辨识的研究。

上世纪 70 年代后期，杨嘉墀先生邀请了荷兰教授埃克霍夫（Eykhoff）来中国讲学。后来在杨嘉墀先生的领导下，我和几位中科院自动化所同行翻译了荷兰教授埃克霍夫（Eykhoff）写的《系统辨识》（*System Identification*）一书，这是国内第一本有关系统辨识的书。此后，我和其他几位年轻的控制界同行在国内率先搞起了"系统辨识"的研究，而且得到了控制界前辈关肇直先生的支持。1982 年暑期借用中关村二小的教室办了一个学习"动态系统辨识"培训班（使用澳大利亚教授 Goodwin 的书），国内这支研究队伍越来越壮大。有一天，我到清华大学自动化系，找王桂增老师，他带

① 中国科学院数学与系统科学院研究员。

我见了方崇智教授，这是我与方先生的第一次见面。王桂增老师告诉我，方先生在清华大学自动化系已经开了系统辨识这门课。我听了之后有些意外，当时我还没有听到有哪个大学开了这门课，这门课程是需要较多的数学知识呀。方先生当时六十多岁了，已经有不少白头发，但是神采奕奕，让我惊讶的是在一般的大学像方先生这样年纪的教授都该退休了，而方先生不仅没有退休，还开了一门在国内尚只有为数极少数学基础坚实的教授才能开的新课。这让我不禁又抬起了眼睛更仔细地打量了方先生。王桂增老师又向我介绍说，方先生早年是在英国获得博士学位的，1949 年就回国了。听到这里我更加对方先生的爱国之举肃然起敬。方先生很慈祥，和我谈了一会儿话，问到了最近在研究什么，系统辨识又有什么新进展，希望我经常来清华聊聊。我离开清华之后，一路上都在回忆与方先生的这次见面，方先生留给我的印象太深了。

后来还见过方先生几面，王桂增教授告诉我方先生写了一本系统辨识的教材，等清华大学出版社印出来后方先生要送给我一本。不久之后我收到了这本书，上面还有方先生的亲笔签名。以后每见到王桂增教授和萧德云教授我总要询问方先生的身体怎样了。后来，我知道方先生在上世纪 80 年代初还领导教研室开展了系统故障检测与诊断的研究，以及先进控制与优化的研究，真是老骥伏枥，让我从内心里崇敬他。他的精神也是我的榜样。我 55 岁时转向研究人工生命，就是受到吴文俊先生 55 岁开始搞机器证明和方先生六十多了还要研究系统辨识的影响。

这就是我从老一辈科学家身上学到的为科学献身的精神。

记忆中的方崇智教授

项国波[①]

三十多年过去了，一个人的名字始终留在我的脑海中，形象那么温和，那么慈祥，那么熟悉，有时又那么严肃认真，我不知多少次地提醒自个儿：“这个人的名字叫方崇智，一辈子不要忘记”。

清楚记得，1987 年在浙江奉化召开第一届过程控制科学报告

① 武汉理工大学教授，自动化系原主任，中国民主同盟原中央委员。

会，方崇智教授在会上做了一个精彩的学术报告，介绍他如何利用辨识理论和方法，研究长距离输油管线的检漏和定位问题。我听后敬佩不已，第一次认识了这位大学问家，心中肃然起敬，心想这才是真正做学问的人，理论用于实际的典范。从此我们成了知交，“方崇智”的名字也深深地刻入了我的脑海。之后我每到清华，必登门拜访，深谈半天，从控制理论的发展谈到控制理论的应用，从国内谈到国外，从大学谈到企业，从天文谈到地理，从生活谈到政治，无所不及，受益匪浅。

还有一件事记忆犹新，上世纪 80 年代，方崇智教授和他的学生编写出版了一本巨著《过程辨识》。当时他邀请我写书评，我认真读后，感慨不已，心情激动，嘴里念着：好书！然后马上提笔疾书：这是我看到的一本又全面、又系统，而且理论联系实际的巨本。后来的事实也证明，这本著作在国内自动化界产生了巨大的影响，成为许多学生必读的教科书。

这就是我脑海中记忆的方崇智教授，他永远留在我心中！

（四）学子缅怀文章

缅怀方先生
——纪念方崇智先生百年诞辰

陈道龙[①]

方先生亲手创建的清华大学热工量测及自动控制专业及其后续的演变已走过近六十年的历程，弹指一挥间，当年方先生那工整的粉笔板书、严谨的公式推导、精炼的言语，还有那端庄的着装——一代大师的风范至今仍依稀浮现在我的脑海中。我们“量 2”班是热工量测及自动控制专业的首届毕业班，在毕业前最后一学期，我参加了当年清华大学研究生入学考试，我被录取为该专业的研究

① 清华大学动力机械系 1962 届“量 2”班学生，清华大学热工量测及自动控制专业研究生，导师方崇智教授；中国原子能科学研究院研究员，中国原子能科学研究院反应堆工程研究设计所原科技委主任。

生，方崇智教授是我的导师。在我研究生学习期间，在培养计划——外语、基础课、专业课及毕业论文方面方先生都做了精心安排，方先生还亲赴科研生产第一线——上海合成橡胶研究所指导我的研究生论文工作和“量 5”的毕业设计及“量 6”的生产实习工作。

研究生毕业分配走上工作岗位至今已逾半个多世纪，其间我仅 3 次回校看望方先生。第 1 次是 1990 年 6 月份，那是我第 2 次访法回国后不久到清华园出差 3 天，在招待所吃住，晚上有时间去方先生家看望他老人家。方先生见到我十分高兴，首先问起我毕业离校后的经历，我简要介绍了那段时间的工作经历。

当方先生得知我两次长达近 2 年时间在法国科研合作并且工作语言为法语时，十分感兴趣地问我是如何学习法语的，我说先前在国内学了 3 个月法语，到法国后在 Vichy 的 Cavilam（现代语言视听中心）由法国人教学、强化训练半年，基本上能适应在法日常生活和工作的要求。同时我还向方先生汇报了我在法国的研究工作的情况，以及回国后的知识更新和再学习的一些体会，方先生饶有兴趣地听着，对于我的工作很是满意。

第 1 次较长时间的看望，还谈了知识更新和再学习的一些体会，方先生对此十分赞赏。

第 2 次看望是在 2007 年 4 月 29 日校庆日，即我们“量 2”班同学入学 50 周年聚会日。那天，我和夫人姜琲首先到方先生家看望他老人家，老人家见到我们十分高兴，坐定聊了一会儿后，金以慧教授来请方先生前去主楼接见自动化系毕业的校友，并帮忙照了一张方先生和我们的珍贵合影（配图 6），随后我们就告辞，前往

配图 6：2007 年 4 月 29 日拍摄（左起：姜琲、方先生、陈道龙）

我们“量 2”班的聚会场所。

第 3 次看望是在 2008 年 11 月 22 日自动化系为方先生举办的“庆祝方崇智教授九十华诞暨自动化系方崇智奖学励学基金成立仪式”上，我送方先生一个生日花篮。会议主持人宣读了我的贺卡，我还前去和方先生握手，祝贺他老人家九十华诞，老人家十分高兴（配图 7）。回想起十年前，方先生八十华诞时，我是通过邮购生日花篮，开会前 5 分钟快递员准时送到会场的，并且那次会议主持人也在会上宣读了我的贺卡，但那一次由于工作忙，我没有到场。后来，徐用懋教授告诉我那一次送生日花篮效果很好。

配图 7：2008 年 11 月 22 日拍摄（陈道龙和方先生）

2012 年 4 月 22 日我和夫人姜琲怀着沉痛心情前往八宝山殡仪馆竹厅向我们的老师—— 一代自动化学科大师方崇智先生作最后告别，愿他老人家一路走好，安息吧！

在纪念方崇智先生百年诞辰之时，作为他的学生——我也已进入耄耋之年。现在我已退休在家，单位里的一些科研和设计评审会议还经常请我参加。在半个多世纪的职业生涯中，我完成了上级交给的所有任务，为我国原子能工业的发展做出了应有的贡献，愿方先生在天之灵得以安息，方先生严谨治学的精神永远激励着我前行。

科研一定要建设一个高水平的实验室
——回忆方崇智先生的教导

张继培[1]

大概是1960年底或1961年初，总之是冬天的时候，我们班有一个“实验室实习”，时间安排约两三个月。我们班被分成两部分，一半人在“汽车楼”专业实验室实习，另一半（包括我在内）则在“系馆”一楼的热工实验室。“实验室实习”这个名称有点怪，我当时是第一次听到，以后也没有再听说。后来我们才听说，由于在1958年开始的“大跃进”中，发生了许多不按科学规律办事的情况，以致各实验室的实验装置都有不同程度的损坏，现在要“调整”了，我们也要上课了，但有些实验开不出来，所以安排了这个“实习”，要我们在老师的指导下把实验装置修复正常，为我们今后上课做实验做好准备。

在一天下班后的聊天中，我听到在专业实验室实习的两个同学谈起那天的工作，他们在实验台接线时，有一个人一直站在他们后面，没有说话，只仔细观察他们的工作，当他们工作告一段落回过头时才发现那是方先生。这时方先生告诉他们，什么才是正确的接线手法，怎样才能使接线牢固、可靠。他们感叹道：“方先生真是认真细致啊”！那时我们班还没有上方先生的课，我也没有见过他。这是我获得的第一个对方先生的印象，也是接受的第一个教导，虽然是间接的，但十分深刻。因为我工作后的绝大部分时间是在实验室工作，我一直都记住这个教导：在实验中要认真、要注意细节。

上世纪60年代中期（大概1964—1965年），《光明日报》刊登了我们教研室写的一篇文章，题目和署名已无法记起，主题是要重视实验室工作，阐明要搞好教学和科研，一定要建设一个高水平的实验室。文章介绍了我们教研室在这方面的经验，还特别提到要派有经验、有水平的教师负责这方面的工作。这文章反映的方先生一贯的思想。我们专业（当时叫热工量测及自动控制专业）

① 清华大学动力机械系1964届“量4”班学生，1967年同专业研究生毕业，师从方崇智教授，机械工业部上海工业自动化仪表研究所教授级高级工程师，原所长。

是1960年才从热电专业的一个专门化发展成立的，实验条件的底子是很差的，到1963年还没有一个恒温室，测量的准确度根本不能保证。但从一开始，就以高标准进行研究工作并同时设法建立高水平的实验条件。在我本科毕业前，就建立了我国首个表面温度测量误差实验装置（当时温度测量是我们教研室主要科研方向之一），并依托这装置在全国率先开展了表面温度测量的研究工作。我国钨铼系难熔金属资源丰富，研制、使用钨铼热电偶符合我国国情，国内外也已开始有关研究工作。美国在1962年刚发表了他们研究难熔热电偶的校准装置的论文，我们教研室在1963年就由比我高两班的研究生在老师指导下开始研制，我研究生入学后，也参加了这课题，在学长毕业离校后，由我接着干。在1963年我们班开始毕业设计时，教研室把实验室建设与“真刀真枪”的毕业设计结合起来，有好几个毕业设计题目是研制、建立实验装置，其中一个就是建立恒温室。在老师的指导下，一个组的同学完成了恒温室的建设并投入使用，另一个组的同学完成了小量程温度记录仪的研制，使这个恒温室成为第一个能以0.1℃的灵敏度指示、记录恒温状态的实验室。至1966年的短短几年中，实验室的条件、水平大幅度得到提高，为教学和科研提供了强有力的支撑。在学校的这些经历及所见所闻，使我对方先生和我们教研室对实验室在科研、教学中作用的重要性有了深刻的了解。

研究生毕业后，我分配到上海工业自动化仪表研究所工作。经历了几年动荡后，上世纪70年代开始，我们所的业务工作逐渐开始正常，但是科研秩序受到很大破坏。当时有一股片面的“开门办科研”的极“左”思潮，只强调下现场搞科研，在实验室的研究被看成是修正主义的，实验室没有人去管，谁要用就自己去用，想用什么仪器就自己去拿，实验做完数据对不对也不知道，更别说建设新的实验装置，研究新的实验方法了，连“文革”前夕花巨额外汇买回来的仪器，也扔在仓库里几年无人过问。学校里学的知识似乎逐渐开始忘却，但“要搞好科研一定要有一个先进的实验室”的教导却越来越清晰，觉得这样下去科研是搞不好的。于是我壮了胆子，向研究室领导提出了自己的看法，也就是向领导宣传了从方先生和教研室学到的思想。幸运地，我的看法得到了支持，并叫我找几个人，先搞个小组，把实验室先恢复起来，再图发展。这样，经过约十多年努力，从三四个人的小组变成一个专业组，研制成功一批在国际上首创或性能世界领先的实验装置，使我们所的测温实验室成为国内在工业测温领域实验能力最强、温度覆盖范围最广的实验室，在国际测温界也有了自己一席之地。依托这些实验能力，我们研究室在科研实验中获得了国外同行没有获得过的数据，从而直接参与了国际标准的制定。

如今，方先生已经仙逝，我自己也退休，进入暮年。得益于方先生和各位老师的教导，这一生能为国家尽一点力。在先生诞辰百年之际，写几个字，表示对老师的深深谢意。

敬仰和怀念方先生

王治祥[①]

我入学时是热能动力装置专业，后转读新成立的热工量测及自动控制专业，毕业后留教研组任教。大学的时候，方先生是我班同学最崇敬的老师，留校任教几年，方先生是我敬仰的慈祥长者和学者，我调离清华后仍然受到方先生的指教。

我敬仰方先生博才多学、严谨治学的科学作风，勤恳踏实、兢兢业业的工作精神和教书育人、为人师表的崇高师德。方先生百年诞辰之际，更加怀念方先生。

这里，仅以片段忆及读书、留校当老师和调离清华后我所知道和感受到的方先生的些许小事，略表对方先生的怀念之情。

大学时候，方先生主讲“热工自动调节原理”课程，这是一门最主要的专业基础理论课，既重要又比较抽象。由于方先生具有深厚的理论基础和宽阔的科学视野，把一门比较枯燥、难懂的自动控制理论课讲得通俗易懂，令听者津津有味。同学们一辈子忘不了方先生讲的“反馈、闭环、PID ……”。

方先生大学时候学的是机械学，出国留学攻读的是传热学，为适应国民经济发展对高等教育的要求，方先生受命创办新专业，并新开设“热工自动调节原理”课，这种勇于创新和开拓的精神难能可贵。

我们上课的教材，是方先生自己编写的“热工自动调节原理”讲义。前几年，我去一位大学同学家里，这位同学毕业后长期担任

① 清华大学动力机械系 1964 届“量 4”班学生，武汉理工大学教授。

一个现代化的大型合成氨厂仪表自动化的副总工程师。他从书柜里取出一本泛黄、还有些潮迹的书和一本作业本。书是经济生活困难时期清华印刷厂用当时的普通纸张印的讲义，封面有“热工自动调节原理”加粗黑体大字。他说：“这是我们上课用的《热工自动调节原理》讲义，方先生编的，我一直精心保存着。”他还说，“这本讲义很精练，又很好懂。碰到问题，我还要拿出来看看，有时给厂里技术人员讲课还用它，很受欢迎！”

我说：“方先生编的这本讲义不厚，很精，自动控制原理的主要内容说得清清楚楚，简洁明了，通俗易懂。方先生的这本讲义，我也一直留着”。

同学又把那本作业本递给我，翻到一页，指给我看：这是我的热工自动调节原理作业本，这是方先生批改我作业时的批语。

我接过作业本，作业本的一页上，见方先生工工整整的楷书批语：“只有当 Q 在缓慢变化时，才这样，不能一般而论”。

同学在方先生批语下写了心得：“……，明白了！”

看了方先生当年在同学作业本上的批语，我又回到了大学时代，好像方先生又在给我们上课，又在给我们批改作业。

方先生很尊重学生，总是在作业本上用简单几句话与学生交流，启迪学生思维，激发学生学习积极性。方先生批改作业时，总是细心地判断作业中的正确、合理、独到和不对、不妥、不足之处。错的，不简单打个“×”；对的，也不简单打个“√”。方先生的这种认真负责的精神一直影响着我。

我留校任教的热工量测及自动控制教研组，没有专门的办公室，只有实验室，实验室就是教研组。刚留校任教时候，开始以为大学老师是不用坐班的，有课就去上课，没有课就在家里、宿舍、图书馆备课。那时候，方先生已年过五旬，坚持每个工作日都去实验室，讨论教研组工作、指导教学和科学研究，还亲自动手建立“水箱控制”实验台等。

那时候的实验室空间有限，在方先生的筹划和指导下，不大的实验室布满了教学和科研用的实验台，其中一些是综合实验台，既可以进行教学实验，也可用于科学研究。

调离清华以后，我经常见到和使用清华大学出版社正式出版的我原来所在的教研组老师编写的专著和教材，有一位老师编著的一种教材却不见有正式出版。一次回清华，我问这位老师：老师的这本书怎么还没有出版？这位老师告诉我：方先生要求教研组老师出版的教材，不试用很多届，不修改很多次，不要送出版社出版。方先生说，大学老师编书著书出书，要千锤百炼，每个字都要经得起检验，每个字都要对读者负责，不要匆忙出书。

我调回武汉以后，方先生一次受邀到武汉讲学，讲的是最新的现代控制理论。方先生已经是六旬老人了，还在最新的控制领域驰骋，引领晚辈学习研究最新的控制理论和控制技术。方先生是引领学习研究最新科学技术的典范！

后来知道，方先生在60高龄以后，又在系统建模与辨识、故障检测与诊断和系统控制与优化等重要控制领域取得了许多重要科研成果（配图8）。

配图8：1998年入学40年，我们班同学看望方先生，前排中间为方先生，前排右2为王治祥

一点一滴总关情
——怀念恩师方崇智教授

蒋伯雄[①]

水木清华，荷塘月色，美丽的清华园是令莘莘学子向往的最高学府。同学们从五湖四海聚集在一起，让我们拥有了一段美好而难忘的快乐时光，六年的大学和三年的研究生学习生活（1959年入学，1968年毕业离校），令我终生难忘！

① 清华大学动力机械系1965届“量5”班学生，正高级工程师，武汉经济技术开发区工委原副书记、管委会副主任。

聆听恩师教诲

光阴似箭，日月如梭，离开清华已经五十年了。时至今日，恩师方崇智老师给我们讲课、指导毕业设计以及在工作中的帮助和指教，仍时常浮现在眼前。我们也从风华正茂的年华步入了老年。母校“自强不息、厚德载物”的校训,“行胜于言”的校风,严谨勤奋、求实创新的学风，爱国为民、服务奉献的精神，一直鼓励着我朝着我所追求的目标努力。

真正聆听恩师的教诲，应是大学三年级时，上专业基础理论课——自动调节原理。以前是大班上基础课，后改成在小班上课。我们听说方教授是从英国留学归来的大学者，心里很是佩服，同时又觉得调节原理很难学。当老师一踏进教室，见他精神矍铄、慈祥的面容，讲话带一点“苏北”口音的普通话，声音洪亮，讲得高深、凝练，逻辑思路清晰、深入浅出，把枯燥纯理论的调节原理，讲得生动易懂，这是恩师讲课的精彩和独到之处。

真正让我不能忘怀的是恩师去上海指导我们做毕业设计的情景。1964 年下学期，按教研组安排，在指导老师带领下，我们班的七位同学去上海合成橡胶研究所，帮助 02 车间解决聚四氟乙烯生产过程的测量和控制问题，然后写出毕业论文。8 个月后，恩师代表教研组来上海了解同学们的毕业设计情况，同学们分为三组，分别在裂解、精馏、聚合工段。我和何慰祖、陈开光三位同学分在精馏工段，承担解决精馏塔釜的温度、液位测量与控制等问题。恩师来到研究所后，首先向 02 车间和所领导了解我们来所做毕业设计的情况，得知同学们解决了三个工序的 15 项测量和控制问题，并获得好评，很是高兴。然后深入车间，亲自参加我们精馏工序的测量与控制方案的讨论。我们来工段后，发现精馏塔温度控制效果不理想，原方案是用蒸汽加热自来水成温水，再用温水给精馏塔加温。同学们经过讨论后，提出能否直接用蒸汽加温，这样不仅可使加热速度快，提高控制系统的灵敏度，还可省掉一套温水设备，每班还可减少一位操作工。改方案后是否影响产品质量，我们说了不算数，要征得车间工艺人员的同意才行。经向工艺技术员请教，认为是可行的，这样一套控制方案就出来了，既满足了工艺要求，又优化了工艺流程，深得研究所领导好评。恩师听了很高兴，鼓励我们说，深入实际了解情况，发现问题、分析问题，然后去解决问题，这样做很好，今后更要严格要求，努力钻研学习，永不满足。恩师的教诲，使我们受益匪浅。

后来我才知道，恩师这次来上海研究所还有一个目的，就是来挑选研究生。五月份教研组党支部书记徐用懋老师来上海找我谈话，要我立即返校参加5月20日学校研究生补考，我听组织的话，回校参加研究生考试，被录取了。指导老师就是恩师方崇智教授。恩师悉心为我选择课题——兰化四厂精馏车间生产工艺计算机控制系统，我主要负责仪表测量及控制系统。尚未毕业分配，就派我参加由化工系有机化学教研室主任徐教授带队、有数力系和自控系老师参加的调研组，去"兰化四厂"考察。原定安排是两周，后因要赶回学校参加毕业鉴定，提前一周返校。回校后，首先将这次考察情况向恩师做了详细汇报，恩师听得很仔细，不时提出问题让我思考，并要求我马上写出汇报材料和车间所需仪表清单（估计价值近200万元），然后向化工系的系主任滕藤教授（后任副校长）汇报。

不久学校决定让我去平谷县参加"四清"运动。第二年返校，继续研究生学习，后来"文革"开始，学校乱哄哄。1968年4月，我被分配到武汉市葛店化工厂工作。"文革"结束后，学校补发了我研究生毕业证书。

追溯遥远的岁月，小学、初中、高中的情景，依稀可见，但最难忘的还是我们的大学老师，特别是恩师方崇智教授更令我终生难忘，真乃师生情犹如父子情。

邀请恩师来武汉讲学

我们的下属单位自动化研究所的技术人员得知，我的恩师方崇智教授是我国过程控制教育的开拓者之一，是一位大学者，就想邀请他利用暑假来研究所讲授自控原理课，时间约20天。作为研究中心的主任，我当然全力支持，于是我就给恩师写了一封邀请来汉讲学的信，他收到信后，欣然同意暑期如期到汉。你可知道，武汉市是全国三大"火炉"之一，8月份天气炎热，老先生从北到南，冒着酷暑给学员们授课。事先我向恩师介绍单位情况，该研究中心下设自动化、光学、能源、计算机应用等四个研究所和一个实验工厂，共有600余人，承担省、市工业和农业及军工方面的科研项目，取得一批成果，得到有关单位和部门的好评。这次参加短训班学习的学员文化知识水平参差不齐，理论讲得太深怕难以接受，恩师很高兴听了我的情况汇报，心中自有良策。

1984年10月28日，短训班结业，恩师利用上午时间，从汉口来到武昌大东门我的家，我家住房条件简陋，两间房，没有客厅，卧室兼客厅和餐厅。当学生见到这位六十多岁的老人，一口气爬上了八楼时，顿时一股热流涌上心头，感受到恩师慈父班的温暖。

坐定后，我告诉恩师，在校学了自动调节原理在实际工作中大有用处。有一次我去自动化所了解情况，得知一位工程师为市内某化工厂搞了一套计算机控制橡胶硫化过程的温度控制，系统形成后很长时间没有投入运行。我答应利用一个上午时间，帮助调试。原来那位工程师不懂自控原理，比例、积分、微分不知怎样设定。在我的帮助下，系统调试成功，在现场投运后，效果不错，得到工厂领导的好评，并特地来到我的办公室告诉这个好消息。他们这次也派人参加了恩师自控理论短训班学习，听课后感受较深，受益匪浅，说老师真不愧为大学者，真是名不虚传，讲课逻辑思维清晰，由浅入深、丝丝入扣，把高深的控制理论，讲得透彻易懂，学员们听后普遍反映收获很大。

随后邀请恩师和学生合影留念，恩师欣然同意，待我们摆好姿势坐定后，恩师见我上衣风紧扣未扣好，突然起身，叫照相的暂停，为我扣上风紧扣，这些看似小事其实不小，让我看在眼里，知恩师像慈父一般为人谦和。不仅治学严谨，即使在日常生活和工作中也能严格要求自己。

下午我又陪同恩师去汉口，看望当时家住在天津路的吴官正同学，并同吴官正同学合影留念。

回母校看望恩师

有一年，在秋高气爽的日子里，我利用到北京出差的机会，回到母校去看望方老师。一进门见老师身体硬朗、精神矍铄，满面笑容迎来，非常亲切地同我握手、倒茶。坐定后，我问老师好并向教研室的老师们问好！他说，老师们都很想念同学们，并问了我的工作情况，给予很多很好的建议，使我受益匪浅（配图9）。

临走时，恩师送我到门口，我请他老人家留步，他一定要送我下楼，沿着河边

配图9：1984年10月方先生与蒋伯雄在武汉

马路，边走边谈，除谈工作，还询问我的家庭情况，像慈父一样关心和爱护。从西校门出去，一直送我上了汽车，车开出了老远，还见恩师站在车站向我挥手。

恩师虽然永远离开了我们，但他为人亲和、治学严谨、一丝不苟、热心培养教育后辈的高尚品质，正直而宽厚的长者风范，生命不息、战斗不止的奋斗精神，将永远活在我们心中。

亦师亦长方先生

盛智龙[①]

上世纪60年代上学时，我所在的动力机械系组建热工量测及自动控制专业，大三分专业时，有幸被分到这个新的专业，那时方崇智先生担任专业教研组主任。

作为一名量测与自动控制专业的学生，平时与方先生的接触机会很少，直到大四上“自动调节原理”课时，才有机会见到他。记得每次他进教室时，身穿西装，面部温和，讲课不紧不慢，推导严谨细致，板书清晰工整，给我们留下深刻的印象。“自动调节原理”是我们专业的主干课，要学好这门课，必须要有扎实的数学基础。为此经常在讲课中间，帮助我们复习高等数学的有关内容，使我们能更容易地学好这门课程。为了了解同学们的理解能力，他还经常通过课代表收集同学们对他讲课的意见。记得这门课第一学期结束时，他要走了我和另一位同学的听课笔记，从头到尾仔细阅看，从中了解我们听课的情况和理解能力。

方先生是一位低调做人的老师，他是我国过程控制系统的权威，但他从来没有在课堂上讲自己的成绩，却经常提起当时国内同行，向我们介绍中国科学院自动化所的杨嘉墀教授、南京工学院的钱锺韩教授、天津大学的刘豹教授，介绍他们在仪表和自动化领域的业绩和科研成就。

课后的方先生是一位家长式的老师，有一次寒假我们几个南方

---

① 清华大学动力机械系1966届“量6”班学生，中国航天部研究员，中国航天信息中心原主任。

同学没有回家过年，春节前的一天，方先生突然冒着严寒，到二号楼宿舍来看望我们，他坐在我们床上与我们亲切聊天，当了解我们几个学生家庭困难情况时，他跟我们讲起在中央大学上学时的情况，他说那几年他家里也很艰苦，冬天都没有穿袜子，一直坚持刻苦学习，最终以优秀成绩完成了大学学习，后来还到英国留学，得了博士学位。他语重心长地说，你们能进清华不容易，一定要有志气，好好学习，毕业后为国家的量测和自动化事业贡献力量。1965年春，我们在上海合成橡胶研究所与“化 4”、“量 5”同学一起，参加“真刀真枪”的毕业设计，负责四川一个三线厂的车间自动化设计。白天，方先生一边给我们讲课，一边指导我们做设计，晚饭后他经常与我们一起，在研究所外面的马路上散步聊天，记得有一次走过一个商店时，他说要进去买点东西，让我们在外面等他一会，没有想到，他出来后买了一袋袋上海小吃，一一地分给我们，边吃边聊，体现了浓浓的师生情谊。

1966 年 4 月，教研组推荐我报考方先生的研究生，不到两个月，“文革”开始，高教部宣布取消研究生制度，我无缘成为他的研究生，从此没有机会见到他。上世纪 80 年代的一个校庆日，我正走在中央主楼附近，突然听到有人叫我的名字，回头一看，原来是方先生，他推着一辆旧自行车在我后面，20 来年没有见面，先生居然马上认出了我，他边推自行车，边与我聊天：“听说你在航天部一个研究所当了副所长，蛮好！蛮好！现在国家需要像你们这样的四化干部。不过从我对你大学期间的了解，我觉得你还是适合搞研究，希望你在做研究所领导的同时，也不要忘了专业知识”。一个资深的老教授，这样直率的谈话，使我深深感动。多年来，方先生的一席话一直鞭策我在繁忙的管理工作同时，不忘钻研业务，努力学习计算机信息系统技术，参加航天信息系统的总体方案、系统设计、系统调试，认真参与有关的课题研究，取得了一定的成绩，先后获得部级科技进步奖一等奖 1 项，三等奖 3 项，还在 1999 年获得“为航天事业做出突出贡献的航天奖”。这些成绩里面，凝聚着方先生期望学生成才的心血。

先生用生命之光点亮我的人生

徐大平[①]

1961 年我考入清华大学动力机械系，那时清华的本科是六年制，入学时不分专业。二年级时，我被分到热工量测及自动控制专业。当时学校实行“因材施教”，方崇智教授做我的指导老师，给我的印象是方先生待人谦和，文质彬彬，不苟言笑，又感到对学生要求很严格。他话不多，不仅要求在基础课学习阶段要学好教学计划安排的每一门课，特别是数学课和物理课，还要求跨专业（到热能专业），去听与热工有关的课程，并参加他们的考试。在电子技术课程设计中，还安排我去做晶体管毫伏计设计（那时晶体管还是一种新器件）。

到了高年级，方先生给我们讲自动调节原理（现在叫控制理论）课。这门课程涉及许多工业过程数学模型的建立，系统的分析、寻优问题，要用到较复杂的数学工具。方先生讲课给同学们留下最深的印象是数学推导严谨，过程要求严格。记得有一次，我对一个结论的推导有些疑问，就到方先生家去求教。他高兴地接待了我，从书架上拿出几本相关的书籍，给我耐心讲解，使我紧张的心情一下子放松下来。我发现平时他讲话不多，可一讨论起教学和学术上的问题就有说不完的话。

由于“文化大革命”席卷了校园，我再也没能得到先生的更多指导。毕业后我被分配到水电建设工地劳动，接受工人阶级再教育。十年后，随着我们党拨乱反正，全国进入了经济发展和科技进步的春天，我又被调到了高校工作，成了一名教师，以后又双肩挑，做了学校的领导工作。无论在生产一线、教学一线、管理一线，控制理论课中学到的理论和方法及方先生潜心教学科研、专心育人和严谨求实的作风，都使我能较好的完成所担负的工作，可谓受益终生。

学高为师，身正为范，感谢方先生用自己的生命之光，点亮我的人生旅途！（配图 10 和配图 11）

---

① 清华大学动力机械系 1967 届“量 7”班学生，华北电力大学教授，原校长、校党委书记。

配图 10：徐大平和方先生

配图 11：校庆聚会与方先生合影

感恩“过程控制”学科的开拓者——方崇智教授

廖华强[1]

1977 年 3 月 3 日，我迈进了向往的学府和专业——清华大学自动化系工业仪表及自动化专业，实现了学习自动化理论与技术的梦想。

我仍能清晰地忆起当年第一次见到方崇智老师的情景，那是刚入学不久的一天，我由主楼到数学提高班（当时学员数学基础相差较大，全校 6 字班学生组织了一次摸底考试，基础好的几十位同学可以到提高班上课）课堂上课。在中央主楼与西主楼之间，迎面遇见一位大约五六十岁的老师，黑多白少的分头，梳得一丝不苟，一副长辈、慈祥面孔和博学多才的眼神，我恭敬地稍微弯腰向老师问好。老师微笑着点点头并停下脚步，似乎有话讲，我也就立即停下。记得老师分几次问我："同学，你是哪个系的？来自哪个省？是单位还是农村的？之前做什么工作？学习上有困难吗？"我一一做了回答："老师，我是自动化系'自仪 61'班的，来自四川省，来之前是二机部 23 设备安装工程公司的一名安装电工，学习上没有大

① 清华大学自动化系 1980 届"自仪 61"班学生，中国工程物理研究院研究员。

的困难。”老师很慈祥地微笑着点头说:“好！好！我是老师方崇智，也是自动化系的，在工业仪表及自动化教研室。”说罢，老师轻轻地挥挥手说：“赶紧去上课吧。”然后，老师向着主楼走去。我在急步前行时还回头望望教授的背影，心里面满是温暖。后来进入专业课学习，我才知道我们的主要课本《热工仪表及自动化》就是方崇智老师编写的。

我最后一次见到方崇智老师是在清华大学 1997 年 4 月 27 日 86 周年校庆日，在萧德云老师的陪同下，与方先生一起在主楼 4 楼过道合影留念。那时方老师的头发却已经白多黑少，但仍然梳得一丝不苟。至今，方老师那种教授风范和慈祥面容还在我的脑海里，并将永远地存在。

1980 年 11 月中旬毕业后，我分派到西南计算中心（现中国工程物理研究院计算机应用研究所）。工作中，我还读过方崇智教授和萧德云教授合著的《过程辨识》、方崇智的译作《过程控制系统》、王锦标教授和方崇智教授写的《过程计算机控制》等自动化相关的书籍。受益于“自强不息，厚德载物”和运用过程控制学科知识，我在技术职位、研究室主任、公司总经理、研究所总工程师等岗位上成功地主持完成了很多科研工程项目。1992 年，我 30 多岁时就在人才济济的副部级研究院里享受“国务院政府特殊津贴”待遇，这要感恩母校“自强不息”的校训和老师的教导。

作为方崇智教授创立的过程控制专业所培养的众多学生之一，我满怀感恩的心情怀念方崇智教授。

我的导师

陶洛文[①]

方先生诞辰 100 周年了，他是我在清华念书的导师，是影响我一生的人。

刚到清华念大学时只知道他是我们这个工业过程控制学科教研室的负责人，后来才逐渐知道他是这个学科国内学术权威。

记得在念本科时，方先生给我们讲过两门课，这两门课都是专

① 方崇智先生指导的博士生（1989 届）。

业基础课，有很多理论方面的内容。很多老师讲理论方面课的时候喜欢推导公式，经常让第一次接触相关内容的学生听得头晕。方先生不是这样，他深入浅出，让人抓到理论的要领，大概这是只有深刻理解了一门科学原理和哲学内涵的人才能做到的吧。

方先生在学生面前不是话多的人，说出的话都是经过慎重考虑的，不多的言语能让人看到他的深刻、独到的思考和对学生的负责与爱护。

方先生的人格魅力也给工业过程控制这门课程带来了光彩。在本科毕业后，我又继续选择跟随他读了硕士和博士，在这几年时间经常去他家请教问题和请他指导我的研究工作，对他有了更多的了解。

方先生喜欢音乐，去他家时常常碰到他在听古典音乐。我一直以为他只听古典音乐，后来有一次碰见他在听一个不同风格的音乐，难免让我感到惊讶。方先生的一句话让我现在还记得："不管什么风格，好听的就好"。现在我喜欢的曲目也是各种混杂，可能就是这句话的影响。

方先生不是一个喜欢出风头的人，可以说是一个淡泊名利的人。这对我也有很大影响，让我在职业发展中更注重内涵和自己的喜好。

方先生对我的一生影响巨大，尤其是工作和生活的内在方面。虽然毕业离开先生已经 30 年了，我还是会不知不觉想到他，感觉他一直活在我的心里。

我所了解的方先生

杨五强[①]

我们 1977 级的学生刚进校就知道，在清华要称有资格的老教授为先生。我们"自 72"班是工业仪表及自动化专业，印象里我们专业只有两个先生。一个是过程控制方面的方崇智方先生，还有一个是过程仪表方面的师克宽师先生。下面是唯一的一张能找到的我们班毕业时与方先生、师先生及其他老师们的合影，从方先生坐

① 清华大学自动化系 1982 届"自 72"班学生，英国曼彻斯特大学教授。

配图 12 :“自 72” 班毕业照（右七方崇智先生）

的位置也能看出他的地位（配图 12）。

方先生是 1945 年开始到英国留学的，因为我现在就在英国曼彻斯特大学工作，方先生也算是我在英国的前辈。那时方先生学的不是控制，而是机械专业，当然都属于理工科。不知道方先生是否来过曼彻斯特，如果来过的话，他应该来过 1824 年成立的曼彻斯特大学理工学院，即 University of Manchester Institute of Science and Technology（简称 UMIST），我现在的办公室就在 UMIST 主楼里。

“二战” 以前的英国是日不落帝国，可以想象当年英国的强大和在世界上的地位，当年在英国居住的生活条件，肯定比当时的中国好得多。根据方先生的聪明才智与工作态度，又加上二战后英国奇缺人才，他肯定很容易在英国找到一个合适的工作，过上舒适安逸的生活，但方先生毅然于 1949 年放弃在英国的工作机会与安逸的生活环境，回到国内工作，踏踏实实地为新中国服务。方先生的爱国精神不是用语言来表达的，而是用实际行动表现出来。

我们开始与方先生有接触是在大学三年级，那时方先生是过程控制教研组主任。系里给我们 “自 72” 安排了 “双容水箱” 水位控制实验，好像由方先生临时带我们做实验。那时刚刚有数字显示仪表，我们用的实验装置上安有数码管显示表，也至少算是在国内处于领先地位。我印象里是三位数字显示，但最后那一位总是跳来跳去，眼睛跟不上，所以没法读出数来。我作为班里的学习委员去找方先生抱怨，说数字表不稳定，没法读出数来。方先生找来了纸和糨糊，他剪了一小块纸，用糨糊把最后一位数字给贴上，然后给我们说，现在数字表不跳了，你们可以读数继续做实验了。当时觉着方先生是糊弄我们，现在想想方先生的做法是科学的。如果一个仪表或实验装置达不到三位的精度，楞要用三位显示，那才是不科学的做法。当然，当时那个实验也的确没有必要用三位数的精度。

我们那时候对所有清华的先生是又崇拜、又有些怕，所以很少与方先生打交道。印象里方先生从来都很严肃，不嘻嘻哈哈。本希望方先生能给我们上经典控制理论课，但系里安排了王焰秋老师给我们上这门课，用的课本是绪方胜彦写的《现代控制工程》。王老师一口四川话，有的南方同学听不懂，比如上海来的孙智敏，我还好，稍微适应一下就可以听懂。后来才知道四川话实际上是北方语系，因为我是山东人，所以能听懂四川话。之后方先生给我们上了现代控制理论课，也是用绪方胜彦的《现代控制工程》，讲了状态变量、状态空间、可观性、可控性等。可能就像王焰秋老师说的，现代控制理论适用于火箭控制，因为那只是简单的二阶系统，而我们学的过程控制要比二阶系统复杂得多，所以方先生教我们的现代控制理论不容易用到过程控制上。后来金以慧老师给我们讲过怎样把一个高维系统降维，但很难把一个过程控制的问题降成二维系统。我的毕业设计是在过程仪表组做的，我的指导教师是孙崇正老师，因为方先生是在过程控制组，所以本科毕业前很少有机会再接触到方先生。

我再一次与方先生直接打交道，是我在自动化系读完本科以后了。当时我们都知道，“文化大革命”以前清华只有一个钟士模教授领导的自控系。“文化大革命”期间自控系被分成三块，几位控制理论的老师分到力学系搞控制理论，比如王照林教授；有些老师到了精仪系搞陀螺导航，比如章燕申教授；剩下的大部分老师归并到新成立的自动化系。由于某种原因，我 1982 年在自动化系读完本科后，决定到精仪系“陀螺导航组”读研究生，专业是自动控制理论与应用，实际上是陀螺导航与控制。我的硕士导师是滕云鹤老师，当时他是副教授，鲁棒控制是滕老师的强项。硕士读完后有幸考上章燕申教授的第一个博士研究生，但当时章燕申教授还不是博导，经过章燕申教授与方先生商榷，我开始时是挂在方先生名下的。所以我开始是方先生的博士研究生，但实际上方先生很少管我的事。后来章燕申教授有了带博士研究生的资格，我才正式算是章燕申教授的博士研究生。不管怎么说,我应该算是方先生的半个博士生吧!

我的博士论文是有关静电陀螺支承系统，简单地说就是把一个 38 毫米直径的金属球用几千伏的电压悬浮在一个真空腔体里，再加上旋转磁场使金属球以每秒 300 圈的速度旋转,形成陀螺效应。由于金属球与腔体之间只有 70 微米的距离，能保持金属球与腔体之间不接触也不容易。从控制的角度，这是一个二阶系统，模型也比较清楚，所以应该可以用方先生教的现代控制理论。但由于当时美国的斯坦福大学也正在做静电陀螺的研究，他们的支承系统用的是 PID 控制，我们也跟着用 PID 控制，更准确地说是超前滞后校正控制系统，这也反映了我们当时做科研创新性不够。如果我现在再做类似的科研，肯定会尝试用从方先生那里学来的现代控制。三年下来我终于写出了 114 页的博士论文与 23 页的论文详细摘要，题目是“变结构与变预载的静电陀螺支承系统的研究”。我这里想说明一下，在当时的情况下，我的博士论文只能是手写，论文详细摘要是用机械手动打印机打的。毕竟方先生是我的名义博士生导师，章燕申教授让我把论文详细摘要送给方先生看看，提提意见。我拿着装订好的论文详细摘要，到了方先生的办公室。正好方先生在，但方先生正在忙着写什么资料，没有时间审阅我的论文详细摘要，从而遗憾地失去了一次向方先生请教的机会，那是 1988 年的事。

我 1991 年到英国工作，就再也没有见过方先生。方先生 2009 年 90 大寿生日，我们“自 72”班送了一个很大的花篮，是由袁涛、孙腾谌、裴松等在北京的同学送去的。我只是一个积极参与者，没能有机会从英国回来亲自给方先生拜寿。后来听说方先生去世了，深感遗憾。

方先生是一个德高望重的学者，他学风严谨，为人忠厚。我在清华 13 年，包括在自动化系 5 年，听到人们谈到方先生总是崇敬与赞扬的声音。可惜我们“自 72”班作为“文化大革命”后第一届考入清华，学工业仪表与自动化专业，居然没有一个同学留在清华继承方先生的自动化事业，尤其是陶洛文与何笑杉，似乎他们两个被选中留在过程控制组，被派往德国深造。但由于不同的原因，他们两个都没有回到清华工作，不知道方先生会不会对我们班有意见。

想想我们也都是 60 岁左右的人了，我们现在能做的就是响应清华“为祖国健康地工作 50 年”的号召。方先生从 1949 年开始为祖国服务，连续近 60 年，超过了清华“为祖国健康地工作 50 年”

的要求。我们1982年大学毕业，到现在36年过去了。考虑到我们77级学生大部分都是上过山、下过乡的，在工厂当过工人，或当过兵。总之在上大学前工作过几年，这意味着我们还需要再健康地工作几年，以实现清华的号召。今年是方先生的百年诞辰，让我们来纪念方先生为清华做出的贡献，学习方先生为人师表的学者作风，踏踏实实地干点儿有意义的事，这可能是方先生对我们清华毕业生的基本期望吧！

我的回忆

丁先春[①]

按说，我是没有资格写这篇回忆文章的，虽是自动化系77级本科生，但因为专业是工业自动化（“自71”），我没有机会上过方先生的课。印象中那时候像方先生这样的大教授好像是不给本科生上课的。当然，也可能是大教授不给我们这些学习成绩一般的学生上课。

1986年，夫人以优异的成绩毕业于德国Technical University of Braunschweig（Dipl-Ing.），开始了在德国University of Duisburg机械系的全职工作，并且攻读控制专业博士。夫人希望我也从Technical University of Braunschweig转到University of Duisburg，攻读控制专业博士学位。考虑到两个人在同一个所里读博士的可能性很小，夫人让我到电机工程系（Electrical Engineering）控制所试一试。1986年底，我终于联系上了电机工程系控制所的Paul Frank教授。在与Frank教授的第一次谈话中(interview)，教授突然问道，“你是清华自动化系毕业的，应该认识方教授”，我赶紧接过话说：“是的，我是方先生的学生”（sorry, it was in an extended sense）。大概正因为这个身份，Frank教授最后答应我，在所里试一试攻读控制专业博士学位。在这次谈话中，Frank教授说起了他1984年访问清华（配图13），谈到了他很敬佩方先生。

记得是1988年的一天，Frank教授拿了一篇论文跟我说，这

① 清华大学自动化系1982届“自71”班学生，德国杜伊斯堡—埃森大学，自动控制与复杂系统研究所控制工程教授。

配图 13：Frank 教授访问清华（右五方崇智先生）

篇论文要好好地读一读。这篇论文是方先生和他的学生在国际知名杂志 *International Journal of Control*（Top 3 journal in control at that time）发表的关于基于模型的故障诊断问题。此后，Frank 教授多次组织全所开会讨论这篇文章。Frank 教授对论文中的结果以及采用的方法给予了高度评价，称之为开创性工作。这篇论文也是我后来在故障诊断研究工作中一篇十分重要的参考文献[1]。可以说，这篇论文是许多从事基于模型故障诊断的研究人员和博士生必读之作。

在方先生诞辰 100 周年之际，特以此文纪念先生。

[1] 参考文献：Ge, W. and Fang, C. Detection of faulty components via robust observation, *International Journal of Control*, Vol. 47, pp. 581-599, 1988.

先生教诲 没齿不忘

冯恩波①

我和方先生第一次见面是在 1991 年广州的过程控制年会，我那时候基本完成了在华东理工大学的博士论文写作，受导师蒋慰孙先生的理解和支持，正在联系去清华大学做博士后的机会。在会议

① 方崇智先生指导的博士后（1991—1994），中国化工集团高级顾问，智能流程工业专家。

期间的一天晚餐后，我应方先生之邀去他老人家的房间，按现在的说法，就算是一个面试吧。我比较详细地介绍了我的研究内容和下一步的工作设想。给我最深的印象是，方先生非常用心地听我说着一些当时还很不成熟的研究思路，自始至终都没有打断我，更没有那种“权威”般的指导性意见。我感到的，就像一位慈祥的长者，用他宽厚的眼光看待一位初出茅庐的学生。

1991 年 10 月，我如愿来到清华大学自动化系，作为过程控制组的第一位博士后，开始在方先生的直接指导下学习和工作。随着更多的接触，我越发体会到方先生对学术真理的求实认真、对功名的淡泊、对他人的厚道。他的这种高尚品德，对我的一生职业生涯都有重要的影响。做人在前，学问在后，一个人的品德格局，决定了人生发展的最高点。这是我从方先生身上学习的和体会到的最主要的东西。

在方先生 100 周年诞辰之际，也在我飘荡海外 30 年后重归祖国工作之时，更加怀念先生的魅力人格，更加珍惜先生留下的精神财富。先生教诲，没齿不忘！

怀念师匠方崇智先生

赵振宇[①]

在方先生诞辰 100 周年之际，以此短文，和大家分享思念之情。

我是 79 级的，在大学学习期间，非常有幸的能够聆听多位有名教授学者的讲课，方先生就是其中一位，他当时亲自讲授“控制工程”。

记得方先生每次穿的都是笔挺的中山装，一尘不染。他讲课时，总是注目大家，面带微笑，用非常清晰的思路，讲解每一堂课。方先生对重点内容讲得非常仔细，他非常注重理论和实践的结合，让我们参加水力模拟控制系统的实验课程，以便更好理解控制理论和工程的内容。刚开始学习控制工程时，对一些理论不容易理解和接受，通过这门实验课程，为正确理解 PID 控制等概念打下了较好的基础。毕业实习时，有幸去上海钢铁厂参与钢铁加热炉温度控制

① 清华大学自动化系 1984 届“自 95”班学生，天津松下汽车电子开发有限公司总经理。

的调研和做温度检测实验，加深了建模和控制在实际工程应用中的理解。我的本科毕业论文是以上海钢铁厂实验为基础的建模和最优控制，其结果后来在国内召开的一次国际会议上发表。此外，在 UC Berkeley 博士后期间，对 PID 控制的参数自动调整做了进一步的研究，在 IEEE-SMC（1993）上发表了相关论文。

在读研究生期间，有机会到日本留学，经方先生的推荐，有幸到九州大学相良节夫教授的门下学习和研究系统辨识。有几次回国去看方先生时，他总是非常详细地询问我的学习课程和研究的内容与方法，以及国外的研究进展。记得有一次参加 1988 年 8 月在北京召开的 IFAC 系统辨识会议，会后安排相良教授到清华访问演讲。方先生非常重视，亲自过问演讲内容和安排细节，令人十分感动。

在 UC Berkeley 博士后期间，同徐用懋老师一起编写《模糊理论和神经网络的基础与应用》一书。因为这是第一次尝试将两大交叉的前沿学科内容进行有机结合，需要查阅大量的文献资料，所以花了近五年的时间。在这期间，始终得到方先生的热情支持、指导和鼓励，最后在 1996 年完成，由清华大学出版社出版。

方先生严谨治学，认真育人，他的名言"严谨的科学作风是成功的关键"，对我后来的工作一直有重大的影响。特别是在松下北京研究所和现在的公司，从事研究和产品开发，始终把育人作为一个重要的工作来进行。虽然企业和大学育人的环境和方式不一样，但都是要培养对社会有用的人。秉承方先生治学育人的理念，尽量创造好的环境，鼓励每个人在工作中踏踏实实地学习，认真负责地做事，在工作中逐步和公司一起成长。数年里培养了多名技术人才，个个成为行业中的专家，活跃在第一线。

作为方先生的一个学生，能够得到指导，非常荣幸。先生的教诲，终身受益。

我的恩师方崇智教授先生

秦泗钊[①]

我 1979 年考入清华，从此与清华结缘，也与方崇智先生有了十年的师徒关系，包括五年本科、三年硕士和两年博士学习。

① 清华大学自动化系 1979 级"自 95"/"自研 84"/"自博 87"班学生，现任美国南加州大学教授，北美清华教授协会会长。

初入清华时有入学专业介绍，目的是让学生们粗略了解一下专业，真正接触专业要等到三年级以后。当时参观专业实验室时，方先生亲自作了介绍，并得知方先生是留学英国博士，是自动化系四大教授之一。几年前有机会在台湾新竹清华大学查阅西南联大资料，了解到方崇智先生是 1946 年考取国家赴英公费留学生的，这是我在史料中看到最早的有关方先生的记录。

方先生上世纪 40 年代末学成回国，后从北大工学院经院校调整并入清华。我真正接触方先生是 1982 年春季上了方先生亲授的“现代控制理论”课，从此耳濡目染方先生的治学风范。方先生被普遍称道的是治学严谨，言行举止充满绅士风度。上世纪 80 年代初即能开出现代控制理论课，现在看来在世界上都是领先的。可见方先生在“文革”期间，没有中断对世界控制理论发展的跟踪。

我本科毕业后成为方先生的硕士研究生，从此每周能与方先生见面讨论问题。当时方先生邀请几位世界著名的学者来清华讲学，包括加拿大 Fisher 教授、德国 Frank 教授和美国 Ray 教授等，方先生特别要求我提前阅读 Frank 教授的论文，并且在教研组里讲解，以便在洋教授讲课时有更大的收获。洋教授讲课的现场翻译是刚从英国回国不久的王诗宓老师，他的精彩翻译折服了我们。

在我攻读硕士学位期间，方先生为我选定的研究方向是故障诊断，并建议从有向图论入手，同时派我到当时的北京核能所信息中心查阅了大量的国内外文献。从此我便养成了广泛阅读的习惯，日后写出多篇具有世界影响的综述论文与此训练分不开。威斯康星大学 Harmon Ray 教授推荐我晋升终身教授时言及，我是年轻人中罕见的有大局观的学者，看来也是得益于此。

方先生治学与为人都是一丝不苟，标准很高，致使一些老师和学生敬畏有加。我们几位师兄弟却和方先生走得很近，经常是方先生家里的“不速之客”，觉得先生是那么和蔼可亲。方先生对学生们又总是爱护备至，当时国内学术环境落后，他积极推荐我们寻求到国外深造的机会。方先生还经常让我誊写一些文稿，并夸我字写得好，我自知自身并无受写字的训练，闻夸奖受宠若惊，由此替方先生做了许多誊写工作，其实方先生的字写得才叫娟秀。方先生是安徽安庆方氏大家族，我三生有幸，得到这样学贯中西的导师的教诲，受益终生。

怀念我的导师——方崇智教授

孙西[1]

我从南京工学院获得硕士学位后，有幸考取了先生的博士研究生。在我读博期间，先生不仅给了我许多人生以及学术上的指导，而且先生在学术上的严格要求，精益求精以及踏实勤恳的工作态度，也给了我深刻及长远的影响。

在学术研究上，先生尤其注重理论与实践的结合，强调从实际过程中去发现问题，然后再探索理论、方法和方案，以解决实际工程问题。也就是说，我们研究的任何理论都要有实际应用背景作为支撑，这一点对我而言，印象十分深刻。在以后的生涯中我也时刻不忘先生的这个教导，在研究理论的同时，注意回到实际中去，解决实际问题，接受检验。

在先生及金以慧教授指导下，我完成了博士研究课题，理论研究结论在国家“八五”攻关项目的“小试”设备上得到验证。所研究的理论结果发表在国内外著名学术刊物《自动化学报》和 *IEEE Trans. Automatic Control* 上，应用研究也发表在著名学术期刊 *Control Engineering Practices* 及《控制理论及应用》上。

1992 年毕业后，我到四川大学自动化系工作，申请到了国家自然科学青年研究基金，并在 1995 年被破格提拔为正教授。1997 年底来到加拿大 Alberta 大学作了几年理论及应用研究工作。以后到一家大型美国化工公司工作，后来又转到了加拿大一家大型石油公司，工作至今。在工作中，依据我提出的理论研究结论和掌握的控制理论知识，解决了许多的实际工程问题。比如，锅炉发电及蒸汽分级压力系统控制、硫回收优化及控制、精馏塔控制、燃烧炉的优化及控制和化学反应器的先进控制等，并获得了多项加拿大专利。

在纪念导师百年诞辰之际，我深深地怀念敬爱的导师，我也自豪自己能成为先生的学生！方先生，安息吧！我们将秉承您的遗志，跟随你的脚步继续在自动控制领域做出应有的贡献！

---

① 方崇智先生指导的博士生（1992 届），加拿大石油公司过程控制高级工程师。

追忆导师二三事

黄仲文 [①]

1989 年我有幸考上方先生的博士研究生，成为清华学子的一员，指导我学业的还有徐用懋教授和天津石化公司唐杰总工程师。方先生诞辰 100 周年之际，不禁使我再一次回忆难忘的四年攻博岁月，这是最重要的人生经历。

当年，方先生已是七十高龄，入学不久便参加祝贺先生七十岁生日的师生座谈活动，记忆犹新。四年学习生活中，方先生以他老人家的言传身教，不仅给予了学业上的精心指导，更是在做人、做事方面给予谆谆教诲。1992 年北京国际仿真会议，我投了一篇英文稿件呈方先生审阅。取回稿件一看，密密麻麻的修改，使我大吃一惊，英文的硬伤暴露无遗。结合论文修改，先生从科技论文写作特点与要求、用词及语句表达等提出中肯意见，这对提升自己的英文写作能力受益匪浅。记得在论文开题阶段的某天，方先生约下午三点到他家讨论，结果我迟到了半小时。一进门先生就批评道:“怎么才到？迟到可能有原因，但不管怎样，应当想办法通知别人，这是不守信用的表现”。我本想说明情况，但先生平和语气之中带着严厉的批评，这件事对我触动很大。1991 年在广州召开第四届全国过程控制会议，并在会后组织到深圳参观，感受特区建设成就。师生们陪同方先生在锦绣中华游览时，一起聊起深圳从一个渔村到现代化城市巨变的话题。方先生对我们说，中国人是有智慧和能力的，从现在深圳的变化可以看到未来国家的变化。同时又以他在英国留学时的所见所闻，强调我们的差距依然很大，需要眼界开阔，不要故步自封。方先生正是通过这样点滴的日常言行，展现他严谨治学、诲人不倦的精神风范，并深深地影响和教育着我们。

离开母校已有二十五年多，细想起来，四年的清华岁月，不仅仅是专业水平的提高，更为重要的是人生境界的提升。谦诚待人、踏实做事，这是方先生传授给自己的最宝贵的精神财富，并成为本人长期以来工作、学习和生活中始终坚持的基本信条，也可以说是践行清华“自强不息、厚德载物”校训的一种体现吧。

---

① 方宗智先生指导的博士生（1993 届），中国人民解放军总装部预研中心原常务副主任。

纪念导师方崇智先生百年诞辰

牛绍华 ①

方先生已经离开我们六年多了，在方先生诞辰 100 周年之际，谨以此文作为追思和纪念。

我 1980 年考入自动化系本科，刚入学时，一天到晚奔走于各个大教室忙着基础课，很少和教研室的老师有接触。但口耳相传知道自动化系有“四大金刚”，即自动化系四位台柱式的学术带头人。得知全国“过程控制”领域的领军人物、“四大金刚”之一的方崇智教授是在我们过程控制专业时，我们都对本专业充满了信心。方先生是留英博士，在新中国成立前毅然回国。后来开创了清华和全国第一个过程控制专业。方先生这一传奇经历和高尚品行也让大家津津乐道，高山仰止。作为年轻气盛的新生，为能在这样的学术大家下受教，感到自豪和期待。

直到四年级学习专业课时，才真正近距离接触到方先生。方先生为我们讲授控制理论课，讲课不急不缓，娓娓道来，提纲挈领，深入浅出，使得听课成为一种享受。对方先生印象最深刻的是他反复强调、略带口音的“苦学祖风”（“科学作风”）。在我们这一届学生里，“苦学祖风”几乎成了方先生的代名词。方先生强调这种做学问的科学作风对我们后来的学业和工作都有深远影响。

硕士期间被选拔为直读博士生，我有幸成为了方先生的弟子。虽然方先生此时年事已高，具体研究上主要由萧德云老师指导，但方先生对我的论文方向仍非常关心，多次对研究结果进行评估分析和对下一步研究方向做出指导。感谢方先生的悉心指导，由此做出的 UD 分解快速算法，以及后来发展出的 AUDI 和 MMLS 算法成了辨识算法领域的一个重要成就，得到了系统辨识界权威 Prof. Lennart Ljung 的高度评价，并被广泛引用和应用。

最后一次见到方先生是在 2011 年，当时到方先生家探望，病中的方先生虽然视力和听力都已严重衰退，反应也迟缓了，但老先生还是很快认出了我。当时方先生说话已经很吃力，口齿也已不清，但还是通过萧德云老师“翻译”，关心和询问我的工作和生活。

方先生的离去是清华和中国控制界的损失，但方先生创建的过

① 清华大学自动化系 1980 级“自仪 02”/“自研 85”/“自博 87”班学生，美国 Shell 公司自动控制高级工程师。

程控制专业将一直是纪念他的丰碑，方先生倡导的“科学作风”也将在弟子中一代代传承下去。

纪念我的博士生导师——方崇智先生

丁锋 ①

在清华求学期间，有幸成为方崇智教授的学生，是我一生的幸运和财富。虽然他已经离开我们6年了，但他对科学的严谨、对学生的爱护，一直让我怀念，也一直激励着我不断前行。在清华读书期间，我亲身感受到方先生令人景仰的大家风范，他既是一位慈祥的长者，更是一位睿智的学者。方先生用严谨的科学作风、实干的工作精神和专心育人的师德对待自己的工作，教育自己的学生。

在清华园，我们都习惯地尊称他为方先生，他是我国著名自动控制工程学家，我国过程控制教育的创始者和开拓者之一，为中国自动控制学界和过程控制事业的发展做出了突出贡献。

在清华师从方先生从事博士阶段科研和学习的那段时间，是我一生中最为宝贵的。在清华那段求学时光里，方先生授予了我治学的方法，引导我开拓科学视野，更以自己的一言一行，教会了我怎样做人。方先生一直告诉我们，从事科学研究一定要有坚持到底的精神，这份坚持不仅仅体现在沿着成功的方向走下去，即便研究结果可能是失败的，但也不能放弃，要继续坚持，以免后人研究的徒劳付出。方先生宽广的胸怀和对待科学的严谨态度，对我从事科研工作的影响是极为深远的，使我一直秉承至今，并继续传承给我的学生们。

方先生是清华大学1970年自动化系建立以来的四大教授之一，在那个年代，即便是在清华，教授的数量也是为数不多的。方先生是清华大学过程控制方向的领航人，在他的带领下清华大学自动化系过程控制教研组构建了强大的科研教学团队，为清华大学自动化系的建设以及清华的发展做出了贡献。

方先生一直倡导要“学以致用”，坚持“理论探索与实验研究”并重，也一直走在用先进的理论解决实际问题的研究前沿。上世纪

① 方崇智先生指导的博士生（1994届），江南大学物联网工程学院教授。

50 年代以来，他领导和主持过多项科研工作，在自动控制领域取得的成就是巨大的，但他从不计较个人得失，淡泊名利，默默地付出，辛勤地耕耘，令人敬仰！

方先生对科学事业一丝不苟，对教育工作兢兢业业，他为我国培养了大批过程控制专业优秀人才，可谓桃李满天下。萧德云教授也是我在清华的老师，他传承了方先生的优秀品质和科学精神，在系统建模、过程辨识理论与应用方面做出了贡献。他们合作编著出版的《过程辨识》(清华大学出版社，1988) 是迄今为止我国系统辨识领域里程碑式的著作，是一部实践性很强的经典著作。在方先生指导下，又改编出版了《系统辨识理论及应用》，内容千锤百炼，强化了辨识理论与应用的结合，这些都是系统辨识的重要财富。

方先生在清华期间给予我的教导，以及方先生淡泊名利、严谨治学的精神一直激励着我在系统建模、过程辨识方面不断前行，将方先生在系统辨识方面理论与方法的研究发扬光大，使我在系统辨识领域取得了许多有价值的研究成果。

值此方先生诞辰 100 周年之际，谨以此文怀念敬爱的方崇智先生。我永远会牢记方先生对我授之以渔的教导！方先生就是这样一位品德高尚、淡泊名利、严谨治学的学者，一位让人敬佩，让我受益一生的恩师！

忆求学于方先生门下的点滴往事

李渭华 ①

明年是恩师方崇智先生的百年华诞，老先生于 2012 年辞世，已整整七年了。原以为岁月流逝会冲淡许多记忆，但恰恰相反，方先生慈祥和蔼的面容，循循善诱且略带江淮口音的话语仍不时在我脑海中闪现。这种思念不但难以忘怀，反倒随着时光的演进而更加强烈。

当我提笔记下受业于先生门下的点滴往事，思绪一下子把我带回到 1990 年。1978 年我在家乡湖北省参加高考，分数高出本省分数线 100 分整。但当时身处湖北东部一小县，为稳妥起见，不

① 方崇智先生指导的博士生（1994 届），美国 British Petroleum 公司高级数据科学家。

敢报考清华大学，去了南方的一所工学院，进校后发现一同来自湖北的同学分数与我相差甚多，从而萌生了上错了学校的念头。大学四年我过得并不开心，毕业前夕想报考清华大学研究生的念头只得取消。

1990 年，我上清华的梦想又被激活了，冒昧给方先生写了一封信。信中表达了强烈希望来先生门下求学的愿望，然而毕竟方先生是有名望的博士生导师，令我敬畏。未料，信发出后不久就收到方先生委托萧德云老师（后来亦成为我的导师）写来的回信，鼓励我报考并简单介绍了考试的大致科目。

1990 年 5 月我到清华参加考试，笔试过后方先生与自动化系过程控制教研室的老师一同面试了我。这也是我首次见到方先生，老先生当时已年过七旬，鹤首童颜，两道雪白的长寿眉令我印象深刻，面试的过程虽严谨但很温馨。方先生最后拍板录取了我，开启了我求学清华的四年之旅。

1990 年 9 月，我入清华自动控制理论及应用专业攻读博士学位，具体归属自动化系过程控制教研组管理，萧德云老师是我的另一位导师。初到清华压力很大，方先生指导博士研究生多年，有几位弟子在控制和故障诊断领域已做出非常出色的成果。要想在他们的基础上前进一步，就必须先打下扎实的基础。那段时间，除学校给博士生规定的课程外，我旁听和自学了许多课程，以弥补自己学业的不足，如方先生和萧德云老师合著的《过程辨识》和郑大钟老师的《线性系统理论》等都一一涉猎，为后来的博士论文研究储备了许多知识。

我经常去向方先生汇报学业情况，每当听完汇报，老先生都会提出指导性的意见，使我的工作逐步前进。偶尔向方先生流露出不是清华本科出身，功底不扎实的自卑情绪时，老先生总是鼓励说：重要的是自己要努力。

方先生不但在大的研究方向上为我把关，在一些看似不大重要的“小事”上也指点了我许多。他那个时代的教育文理不分科，故而方先生中文功底深厚。有时我念白了或写错了汉字，先生都会指正。老先生的英文十分地道，当我尝试撰写英文论文时，方先生对我的帮助和教诲更是使我难忘且终身受益。我自以为与同龄人相比，在学习英文上花了不少工夫。在动手写英文文章前颇为自负，觉得不过如此。殊不知当我把初稿拿给方先生审核并拿到他改过的内容后，顿时为自己的浅薄而汗颜，感到自己写的根本不像英文。在改稿过程中老先生逐字逐句地审阅，自始至终用商量的口吻说："这句话是否这样表达。"那段时间为了帮我改写向 *Journal of Process Control* 投递的第一篇稿件，方先生足足花了几个完整的下午。当老先生带上老花镜一字一句不厌其烦地为我讲解为何这般修改时，我真的领悟到何谓诲人不倦。先生的道德文章，令我高山仰止！

在清华求学的四年，有几次陪同方先生到外地参加学术活动的机会。尤其是 1992 年的江西之行，值得提及。1992 年华东六省一市自动化年会在江西庐山召开。大会由江西省自动化学会承办。江西省自动化学会理事长刘镇欧教授系清华自动化系 1959 年毕业生，他邀请方先生作大会报告。"文革"期间，方先生被下放到位于江西省南昌市远郊的鲤鱼洲"北大清华干校"，在那里受了几年的磨难。这次到南昌后，我陪同方先生故地重游。鲤鱼洲原"北大清华干校"，后来属于南昌市农林"垦殖局"下属的一垦殖场（相当于国有农场）管辖。我们一行受到了垦殖场领导的热情接待，方先生感言：二十多年过去了，今非昔比。当我问及当年的遭遇时，方先生豁达地笑称：一切都过去了。那次江西之行，我与老先生相谈甚多，谈到他早年的求学经历，谈到他新中国成立之初从英国归来，先到北大任教，后调整到清华所经历的一些事情，勾勒出中国高等教育的发展简史。

在南昌方先生还应邀去了我家，那时我儿子才数月大，我和妻子在一旁说："快叫爷爷。"儿子笑脸牙牙学语，令老人家十分高兴，说："叫我爷爷就应该给红包。"这一次真令我惊讶了，我原以为像先生这样早年留学海外，受西方教育甚深的老一代知识分子，对中国文化中一些传统的东西不太在意。事实证明，我错了，从而从内心里感觉到老人是那样的可亲可敬。

在清华数年我还受先生栽培参加了其他一些活动，打开了眼界。有一次，方先生另一位博士生开题，因内容涉及国防项目，方先生派我请来了中国控制界从事国防军工项目的一些名家，包括曾任中国自动化学会理事长的杨嘉墀院士、北航的高为炳院士和原航天部的屠善澄院士。一路上听他们侃侃而谈，真是大开眼界，方知什么叫天外有天。

1994 年在方先生精心指导下，我完成了学业，随后到加拿大和美国从事博士后研究，1996 年在美国 George Mason 大学 Janos Gertler 教授处做博士后时，Gertler 教授说：你们中国学者发表了一篇故障诊断的重要文章，作者是 Fang（方先生本人）和 Ge（方先生曾指导的博士生葛卫），Gertler 指的是方先生指导葛卫于 1988

年发表在 *International Journal of Control* 上的论文。我回答说：Prof. Fang 是我的导师，Gertler 教授闻之十分惊喜。这篇文章被同行广泛引用，时隔三十年后再读它，仍不过时。近日 Gertler 教授回顾了故障诊断技术的发展史，对方先生的贡献给予了公道的评价，认为方先生是该领域的先驱者之一。

出国后，我先后于 2003 年、2005 年和 2009 年回国拜访了方先生。先生总是像往常一样，穿戴整齐，一头银发一丝不苟，关切地询问我的工作和生活。早些年每次回国都期待着去见先生，如今先生已作古，再到北京心里总觉得缺失了东西。上个月回国去拜访萧德云老师，走到蓝旗营小区，先生晚年曾住在那里，睹物思人，心情十分沉重。

方先生一生致力于中国自动化教育事业，如今桃李满天下，弟子遍布海内外。我虽资质愚钝，但蒙先生招入门下授业，教我做人做事，令我终生受益。上世纪 90 年代，在美国、加拿大高校做完博士后研究后，到了美国壳牌石油公司从事流程工业控制工作，后又调到美国 British Petroleum 石油公司，担任高级数据分析师工作。不管工作如何变更，所用的核心知识内容仍以从前在清华所学的为基础。每当想到此，对方先生的感激之情难以言表。

方先生您老人家安息吧！常言道，活在心中即永生。您虽然离开我们许多年了，但您的音容笑貌和高贵品格仍铭记在我的记忆中，且愈久弥深！

沐浴春风的日子
——怀念我的导师方先生

叶昊[①]

1987 年本科一入学，就知道方先生是自动化系的四大老先生之一，是我所在的过程控制学科的创始人和奠基人。但当时并不知道，5 年后的 1992 年，我会因为班里的第 1 名去了经管、第 2 名选择出国以及徐用懋老师的推荐，而有幸成为方先生的博士生（王桂增是副导师），也就从此走上了学术研究的道路。我相信，是人

① 方崇智先生指导的博士生（1996 届），清华大学自动化系教授，过程控制工程研究所所长。

生的缘分，让我成为方先生和王老师的学生。

至今还记得博士研究过程的辛苦和快乐，以及方先生和王老师耐心指导的点点滴滴。印象最深的是方先生帮我改每篇文章和最终的博士论文的情景。因为当时方先生已经退休并年逾古稀，所以和方先生的大多数讨论都是在方先生家。记得在二员工食堂旁边的16公寓的老房子中，方先生每次都是坐在一个老式的椅子上，腿上披着毛毯和我讨论论文。虽然听说方先生常常不苟言笑，但在我的印象中，方先生总是温文尔雅、和颜悦色，午后阳光照在方先生的身上，是那么的温馨。每次讨论时，方先生都会拿着用铅笔做满了各种记号、批注和修改的文章打印稿，逐字逐句和我讨论，耐心地听我的想法，然后不但告诉我如何修改，还仔细地解释之所以修改的原因，让我知其然、还知其所以然。实际上，我的每篇文章，都是首先经过了王老师同样方式的多遍修改，然后再经过方先生的多遍修改才得以完成的，我觉得非常幸运，能有两位导师对我进行无微不至的指导。我的英语不好，记得每次王老师修改后，我会有很多提高，但方先生再做修改后，王老师经常会发自内心地称赞方先生的一些关键用词更为精彩。至今还非常怀念那段在方先生教导下如沐春风的日子。

方先生非常重视科研与实际相结合，1993年我博士论文选题时，方先生和王老师给我选定的大方向是动态系统故障诊断。当时我看了很多故障诊断方面的文献，包括基于信号处理的方法和基于观测器的方法，又正好碰到信息教研组的室友和他的同学经常在我们宿舍讨论小波变换，就对小波变换发生了浓厚的兴趣，想把小波变换用于故障诊断，当时在过程控制领域，这方面的工作还很少见到。方先生和王老师都非常支持我的想法，并建议我结合实际背景进行研究，给了我大量输油管道泄漏检测的实际数据（在管道泄漏检测方面，方先生、王老师以及教研组其他学长已经进行了大量系统性研究，有深厚的积累），并让我参加与科学院系统所张永光老师合作的“导弹运输车行走系统”故障检测预研项目。这两个实际背景，让我顺利找到了理论和实际的结合点和博士论文研究的出发点。我们在输油管道泄漏检测方面的成果，1994年在全国过程控制科学报告会上获得了首届“张钟俊优秀论文”一等奖，在1996年发表了EI数据库中可以检索到的第一篇基于小波变换的输油管道泄漏检测方面的文章。我们在“导弹运输车行走系统”故障检测方面的研究成果，1996年获得了航天工业总公司科技进步三等奖。方先生还无私地把我列为清华第1获奖人，自己却没有被列入获奖名单。记得博士答辩时，方先生亲自参加，我的答辩很顺利，但也因为讲得过于兴奋而超时，不过方先生并未打断我，而王老师着急地冲我晃手表我也没看见。

在博士毕业留校工作后，也和方先生有过很多的接触。每次去方先生家，方先生都会关心和询问系里的发展以及年轻老师的情况。有时我们会像孩子见到长辈一样，向方先生诉诉苦，说说年轻老师的难处，而方先生总是会安慰我们，并且嘱咐我们，要赶紧告诉系里啊。

2012 年，我们集成了过程所从方先生到王老师，再到周东华、我和钟麦英三代人，二十年在故障诊断方面的研究成果，申报并获得了国家自然科学奖二等奖。令人伤心和遗憾的是，方先生在报奖过程中离开了我们。时常感叹时光的飞逝，转眼间，已经六年过去。在写这篇文章时，脑海里不时闪过在各种场合下见到方先生的情景，念博士期间每次去探望方先生时、方先生八十和九十大寿、陪方先生去体检、方先生病重、向方先生告别……

在写这篇回忆文章前，认真查了一下辞典及相关文章中给出的关于“先生”这一称谓的含义。简单地说，在用于表示敬意时，“先生”大致同时包含着长辈、知识分子、老师、有学识、有成就、德高望重等多重之意。经过这么多年，通过学习、研究和工作中与方先生的亲身接触，以及从前辈、老师和学长们那里听到的大量方先生感人的故事和经历，越来越体会到方先生被称为“先生”，意味着学术同行、老师和学生们心目中在上述每个方面对方先生深深的敬意。在我的印象中，方先生一直是低调的，从没有过豪言壮语，我觉得《方崇智教育发展基金》倡议书中所说的方先生“师德垂范、泽惠数代的功德”和“默默耕耘、不求闻达的风范”是对“先生”一词最好的诠释。

方先生、王老师和很多教过我、指导过我的老师通过言传身教，以春风化雨、润物无声的方式，让我慢慢学会自己如何去当老师，如何真心对待学生，如何面对浮躁与功利，如何沉下心来做于国家和社会有用的事。在方先生百年诞辰之际，愿我们传承方先生的治学精神和做人态度，继往开来，为建设一流的过程控制学科而努力。

难忘的记忆
——怀念导师方崇智先生

秦永胜 ①

二十七年前的1991年9月，我很幸运地成为方先生的博士研究生，那时方先生是清华自动化系为数不多的老一辈博导教授，在国内过程控制领域享有盛誉。方先生早年留学英国，1949年博士毕业回国后一直在自动化教育战线兢兢业业，默默耕耘近六十个春秋，桃李满天下，是一位受人尊敬的慈祥学者。

最初的印象是在上学期间多次倾听方先生的学术报告，博才多学。每次出席重大学术活动先生都西装革履，一丝不苟，非常有绅士风度。

方先生治学严谨，平易近人、诲人不倦，与先生更多的相处是对论文的指导中。作为先生的学生，有一个不成文的规定，每一篇对外发表的论文都要通过先生亲自审阅。每次提交给先生的论文，先生都非常认真的修改，很快给出指导意见，如果对论文中的观点有不同看法，先生会亲自当面指导。先生多次强调，搞过程控制一定要注重实践，实验数据要真实可靠，对于论文中的实验数据先生都会仔细询问，一一求证。先生的言传身教深深地感染了我，做人做事要求真务实。

记忆最深的是学位论文让先生审阅，先生从观点、结构框架到文字表述，甚至连错别字和标点符号都一一给以修正和指导，提的修改意见竟达10页之多。他的这些文字，不是平常的文字。那密密的笔画中灌注着导师的心血和汗水，凝聚着先生对我的谆谆教诲！（配图14）

配图14：秦永胜（左一）与导师方崇智先生（右二）、徐用懋教授（右一）和天津化工厂唐杰总工程师（左二）合影

① 方崇智先生指导的博士生（1996届），浙江网新技术有限公司总裁。

在纪念方先生百年诞辰之际，回顾与导师相处的短暂时光，深深地感怀先生孜孜不倦、求真务实的精神，严谨治学、淡泊名利、甘为人梯的高贵品质，作为学生，受益终身。

回忆方先生二三事

王京春[①]

我是方先生招收的倒数第二批博士，一共两人，也是他最后一批毕业的博士。我是 1997 年 7 月与比我晚入校一届的张亚乐一起毕业的，但我们两个谁最后答辩不记得了。所以到底算不算是方先生的关门弟子，一直也就没有定论。

保送我直读博士的年代是我们国家建立了学历学位制度，但相应的导师人数还比较少的时代，所以有很多的研究生都有一位副导师，我的副导师是金以慧老师。我报到入校时，金老师已经是博导了，但考虑到师生关系以及其他原因，金老师就没有把我从方先生名下转到她的名下，这也是后来我跟金老师的弟子们有了一个“大师兄之争”的原因。

读博士期间，由于我还同时兼任本科生辅导员和党委学生工作组组长，非业务工作的压力也很大，又由于方先生已经 70 多岁了，来系里的时间不多，接触相对比较少。我更多的研究工作还是在金老师指导下完成的，但所有的关键环节，包括选课、开题和答辩等，金老师都要求请方先生亲自参与和把关。

毕业留校工作后，我与方先生在一个教研组，后来又在系里管了人事工作，感觉似乎倒是工作后与方先生接触更多一些。由于平时不愿意写日记，所以很多事情的细节都记不清了，这里就简单记录几件至今依然清晰的事情。

我本科的毕业设计题目是研究神经网络控制器，比较其与 PID 控制器的优劣。这在当时还是一个比较新的领域和方向，但由于条件所限，神经网络的理论机理，尤其是用于控制的理论基础，研究的不是很清楚。记得在毕业设计答辩时，我还被老师们问到这个问

① 方崇智先生指导的博士生（1997 届），中国科普研究所副所长，清华大学自动化系原副系主任。

题，回答的也不是很好，甚为遗憾。

我进入博士生学习阶段，因为小波变换的方法是信号处理领域比较新的研究方向。方先生和金老师让我关注这个方向，并选了相应的研究课题，同时放弃了原来的基于神经网络控制器的研究工作。1993 年前后，我们还不能像现在这样，坐在计算机前随意查阅全世界的参考文献，必须去图书馆现刊阅览室，一本本地翻阅几年甚至是十几年间的专业杂志，从中选出相关的文献，复印后带走再仔细研读。那时在阅览室，我动辄就搬出几十本杂志，一本本地查，偶尔还要跑到“过刊室”，相比现在真的是比较辛苦，而且效率很低。当时选择这样的课题，固然有其有利的一面，因为方向新，容易出成果。但其实这也是一把双刃剑，方向新、文献少，可以参考和借鉴的东西就少，也就容易成为“先烈”。但方先生和金老师比较坚持让我研究这个方向，真的很佩服老先生有如此深远的学术眼界。

一晃五年过去了，我顺利地进入到了毕业季。虽然论文已经给金老师审定了多次，但金老师还是要求我在终稿提交之前，无论如何要交给方先生看。于是，我把打印好的稿子给方先生送到家里，等着导师的最终审定。记得那时的计算机计算能力很差，输入中文要每两个字之间插入一个空格，以便单字节的英文系统识别双字节的汉字编码。我的论文中还有图表，图表中又插入了表格，结果每每输入到这种情况时，机器就死机了。所以每次修改论文、打印论文都是很痛苦的一件事情。即便如此，方先生还是针对我的论文提出了若干需要修改的地方，改好后才正式地进入了答辩过程。由于社会工作的任务很重，影响了博士生阶段的研究工作，与我同一个博士生班的同学们都已经毕业了，其中有的同学如留校的赵千川和叶昊都已经是教师了。答辩过程还是有些挑战的，虽然有方先生坐镇，有叶昊作为答辩秘书，有千川在后排聆听“保驾”，但我还是很紧张，好在答辩最终顺利通过了。

工作之后的一天中午，方先生独自走路回家，我正好碰上他，就陪老先生一路走到东西干道和南北干道的十字路口——那时候好像还是汽车系。到了路口，方先生向南，我要向北，不知怎么他就问起了我的工作和生活情况。当得知我一个月的收入有 600 多元，学校还给安排了宿舍时，方先生就说，你们现在有这么多工资，学校的条件也很好，医院、商店等都有，你就不用出学校了，一辈子好好在这里研究学问、教学生就好了。这个事情我至今记忆犹新，一是感慨老一辈知识分子对于事业与生活的态度，也下决心在学校好好干一辈子；二来是觉得当你的目标明确时，你只要努力追求即可，其他与目标不相干的事情本就不必过于在意。现在每每回想起这件事情，还有一个后悔的地方，就是当时还年轻，不知道应该陪老先生走回家，没有能够珍惜与老先生这样一个单独交流的机会。

之后的某年，有一次学校召开与辽宁省的一个省校合作会，我由于参与了抚顺石化的项目，所以参加了那个会。我与一位老先生邻座，聊天时得知他是方先生的同学、院士。他突然问我一句，方先生是否过得比较“惨”，问得我十分惊讶。详细了解之后，我才知道，那个时候的院士待遇与普通教授的待遇差别很大，尤其是在教授退休后的差别就更大，因为院士不退休，所以无论是个人的收入还是学术地位、科研项目都是普通教授所无法相比的，但方先生给我们的感觉却是淡泊名利、泰然处之。我当时就想起方先生在学校十字路口跟我的谈话，无论什么情况都要踏踏实实地在清华工作一辈子的事情……

我们教研组每年大年初一都在方先生家聚会拜年，方先生的几代学生聚集在一起，无论是老师还是学生，无论是官员还是平民，其乐融融。每到那个时候，我总是觉得自己很幸福，有幸跟这样一批老师成为同事，有幸跟自己的导师成为同事。应该是 2011 年的春节吧，方先生就已经显得老态龙钟，到暑假再去看他时，好像就不太认得我们了，到了 2012 年他就离我们而去了。人生有时就是这样世事无常，本来一辈子靠脑子生活的人，到了晚年反倒是脑子出了问题。作为一位老教师，方先生的一辈子还是很幸福的，能够做自己喜欢做的学问，能够指导自己的学生，能够与学生们一起幸福工作，受到学生们无比尊重与敬仰，学校又保证了比较舒适的生活条件，作为一位知识分子又复何求呢？

方先生去世后的告别仪式以及后来我们为方先生张罗教育基金等事情还依稀在目，方先生的百年诞辰又马上到了。时光荏苒，我想这些都是一些外在的东西，也是方先生所不在意的，我们更应该遵循他的教诲，努力做好学问，做好工作，追求心灵上的安慰吧。

春风化雨 润物无声
——永远怀念先生方崇智教授

王 军[①]

时光荏苒，白驹过隙。一晃眼，我从母校博士毕业已整整20年。我先后在美国、北京、青岛、香港学习工作，甚少有机会回到母校，大多数老师和同学都已多年未能谋面。近日，接到我的博士生导师金以慧教授发来的《方崇智先生百年诞辰纪念册》特约征文启事，瞬间激起了我对方先生的深切怀念，先生慈祥可亲的音容笑貌栩栩如生，跃然脑海。1998年夏天与先生短短不到一个月的学术交流与近距离接触，让我终生难忘。为了表达对先生的崇敬和缅怀，感恩先生于我人生道路的重大影响，我欣然应约，执笔追思。

1992年9月，我由北京理工大学化工系，跨专业保送到清华大学就读电子技术与计算机应用专业硕士研究生。1994年4月，转到自动化系过程控制教研组，师从金以慧教授攻读自动控制理论与应用专业博士学位。四年的时光里，经常在过程教研组碰到一位步履轻缓、如沐春风、让人肃然起敬的银发慈祥老人。后来知道这位和蔼可亲的老人就是自动化系的"四大先生"之一方崇智教授，也陆续知道先生于1949年获得英国哲学博士学位后，立即回到新中国，知道先生在过程控制研究领域的卓越学术地位和重大贡献，听到许多关于先生博才多学、治学严谨、默默耕耘的故事。可惜那时先生已不再授课，无缘聆听先生的学术思想与专业智慧，只是偶尔在走廊里，与先生微笑点头，每每崇敬之情油然而生。

1998年5月，我的博士毕业论文《流程工业的过程瓶颈分析和生产调度问题研究》终于完成了。因为论文是基于数学图论创新构建了系统和较为完整的过程瓶颈分析理论，属于应用基础研究，有大量基于工程应用的数学定义、定理、推理，与控制理论专业涉及的基础理论和数学工具有较大跨越，我与导师金以慧教授一边为这一应用理论创新感到兴奋喜悦，但也感到整个论文的理论体系与研究框架有改进的余地。金老师告诉我，方先生数学功底深厚，需

① 清华大学自动化系1988届博士生，中银国际控股有限公司资深副执行总裁，曾任中国银行总行公司业务部处长，总行电子银行部副总经理。

请方先生评阅把关，我一边心怀忐忑，一边为能得到先生评阅论文而心怀期许。

先生治学严谨，对我的论文细致审阅，询问了很多关键性的数学定理及其推理，对论文中英文摘要的写作也给出了许多宝贵的意见。入夏的 20 多天时间里，多次来到教研组与我深入讨论。为了准确了解我创建的过程瓶颈鲁棒性、瓶颈裕度、瓶颈迁移等相关理论与数学推理求证，先生把我叫到他家里，与我讨论了整整一下午。先生对我的博士论文的创造性、理论意义、实用价值以及我的理论基础和专业水平都给予了高度评价，最终给出正式书面评阅意见“论文提出了许多新的概念和观点，得到了许多新结果，开创了一个可以继续深入发展的重要研究方向，是一篇高水平的优秀博士论文”，其他的老师也返回了他们的评价，例如数学系的谭泽光教授就写道：“……难能可贵的是作者将工业实际中的许多非常复杂的问题都抽象成为科学、严格的数学问题，进而系统深入地研究了其重要的性质，证明了相应的定理，从而形成了一定的理论，并提出有理论支撑的方法和算法，取得了有实际指导价值的结果，一篇博士论文达到这种水平是十分可贵的”。

先生关爱学生，乐于育人。在我导师邀请下，先生欣然承诺担任我博士论文答辩委员会主席，主持有来自应用数学、自动控制、系统工程等学科领域十一位专家的答辩会。1999 年 5 月 29 日，是我人生中最忐忑但又最自豪的时刻，先生主持了一场问题讨论激烈、学术火花碰撞、思想活跃、态度严谨的论文答辩会，先生认真地听取各位与会委员的问题、我的回答以及各位委员的评价后，我的博士学位论文答辩终于顺利通过，答辩委员会最后决议：“王军同学的博士学位论文开创了流程工业生产调度的一个新的研究方向，具有重要科学价值，在理论与应用技术方面都取得了创新性的成果，是一篇优秀的博士学位论文”。

1998 年 7 月,我被授予了清华大学“优秀博士毕业生”的荣誉，我为自己的博士求学生涯画上了完美的句号。离开母校的 20 年里，每每忆起清华园，我总忘不了 1998 年夏天短短不到一个月时间里，年近 80 岁的方先生对我的学术指导和精神感染。先生的教导与期许，点燃了我对科学技术的热情，激发了我攻关克难、敢于创新的勇气，让我沐浴了春风化雨、润物无声的师德垂范，先生让我学到了科学严谨的治学作风和学以致用的工程思想。先生学识渊博，温和内敛，严谨谦逊，让人崇敬、爱戴。先生兢兢业业、勤勤恳恳工作近 60 个冬夏春秋，积下了泽惠数代的功德，令人高山仰止。

先生忠诚爱国，献身民族，于我犹如人生明灯。1999 年 9 月，中华人民共和国成立 50 周年前夕，我如 50 年前回国报效的先生一样，结束在美国卡内基·梅隆大学的博士后研究如期回国，加入中国银行，全身心投入到国家的金融改革发展事业中。在中国银行总行工作的 7 年时间里，我带领团队，攻坚克难，创造性地推动了中国银行电子银行、全球现金管理和国家“金关工程”通关税费电子支付三大业务的建设与发展。为此，我被授予了国家跨世纪“百、千、万人才工程”国家级人选、全国“五一劳动奖章”、全国首届创新创效奖、国家留学回国人员成就奖等诸多国家级至高荣誉。

先生淡泊名利，不求闻达，孜孜耕耘，先生的精神品格深深地影响了我。入行 4 年半，我就一步一个脚印创纪录地走上了中国银行的高管岗位。然而，为了真正系统深入地认识理解国民经济的基础现实与中国银行业的基层实际，2005 年 11 月我毅然婉拒了行领导对我的“提拔”安排，并于 2006 年 11 月来到中国银行山东省分行，深耕基层。

我曾拥有总、分行公司金融、个人金融、金融市场三大业务线 12 年的经营管理经验，多次放弃“提拔”机会，于 2011 年成功竞聘香港多元化和国际化程度最高的中资投行——中银国际的副执行总裁。40 岁从“学徒”开始，从熟悉国内商业银行前线业务的经营管理者，艰难转身成为香港投资银行总管后线营运、风控、合规、法律、IT 的首席营运官（COO）、首席风险官（CRO）和首席合规官（CCO）等，负责公司八大业务板块以及香港、纽约、伦敦、新加坡、上海五地共计 55 家附属机构的集中营运管控。

母校“自强不息、厚德载物”的校训无时无刻地激励着我，在先生的教导与鼓励下，做一名对国家、社会有责任、有价值、有贡献的读书人是我的人生追求。值此，深切缅怀先生的忠诚爱国、淡泊名利、孜孜耕耘！

师训永不忘——怀念方崇智先生

江永清[①]

“你的中学一定有一批优秀的好老师”，这是我第一次见到方先生时他说的让我最难忘的一句话。

---

① 清华大学自动化系 1981 级“自仪 11”班学生，美国 Oracle 公司软件开发主管。

我是方先生的同乡，1981 年从安徽省安庆市怀宁县进入清华大学自动化系学习。方先生很年轻的时候就离开了家乡安庆，但对家乡的发展还是很关心。第一次见到方先生的时候，他的平易近人和对晚辈的关怀让我非常难忘。我们简单地聊了一下安庆的地理、文化、古城墙，还有安庆的土特产，然后他详细地问了我一些中学的情况。当时“文革”刚过不久，正是拨乱反正、百废待兴的时期，家乡经济发展刚起步，教育资源很贫乏。当他说到家乡 79、80、81 级都有学生进入自动化系学习的时候，很是欣慰。方先生教书育人几十年，经历了国家教育发展的风风雨雨。深感教师在教育中至高的重要，尤其在条件艰苦的情况下，他说了本文开始那句话，让我非常认同和难忘。

方先生严谨治学的风格让我们每一位学生终身受益，受过方先生指导或者上过方先生课程的都很清楚地了解方先生的治学严谨。教材上的每个章节，课堂上的每个议题，实验的设计和数据结果，他都精心推敲，做到准确无误。他在课堂上常常强调严谨的科学作风对于科学工作者的重要性。

清华人最受益的是在清华得到了科学和实干的精神，方先生和众多清华老师正是清华精神的传承者。相信每个清华人在成功的时候都会感慨，“我的大学有一批优秀的好老师”（配图 15）。

配图 15：1981 级“自仪 11”班毕业合影，前排左 9 方崇智先生

二、特别的追忆

Gertler教授的追忆文章

【按语】Janos Gertler，美国George Mason大学电机与计算机工程系教授，国际故障诊断领域著名学者，匈牙利科学院外籍院士，IEEE Fellow, IFAC Fellow and Advisor。他为方崇智先生百年诞辰写的这篇追忆文章，题目为“方崇智教授——故障检测与诊断的先驱者（Professor Chong-Zhi Fang—A pioneer in fault detection and diagnosis）”。文章从追溯故障诊断研究的渊源，写到国际上众多著名学者对故障诊断研究所做的贡献，其中特别提到博士生葛卫和方崇智教授1988年发表于“*Int. J. of Control*”的一篇论文。Gertler教授对这篇富有开拓性的学术论文给了很高的评价：觉得这是一项漂亮的工作，绝对是成熟和专业的，文章的英文完美，公式及其推导是详细和明确的，证明数学上是精确的（I found it a beautiful piece of work, absolutely mature and professional. Its English is perfect. The formulas and derivations are careful and clear, proofs are mathematically precise）。

Professor Chong-Zhi Fang—A pioneer in fault detection and diagnosis

The late 1980-s were an exciting time for fault detection and diagnosis (FDI)[①]. Following the pioneering work of Alan Willsky and his students at MIT [3], a new sub-discipline sprang up within control and system science. The objective of FDI was to determine if anything was going wrong in the monitored system and, if so, which sensor, actuator or system component was responsible for the problem. This was to be achieved in a “robust” fashion, in spite of noise, disturbances and modeling errors. The most popular approach relied on observers, where the innovation, the error between predictions and measurements, served as residuals, carrying the information about faults.

The most active researchers of observer-based FDI at that time

① 应缩写为FDD, FDI是Fault Detection and Isolation的缩写。——编者注

were Paul Frank of Germany, Ron Patton of England and Jason Speyer of California. Paul approached the problem in a generalized "unknown input observer" structure, and used algebraic design techniques with a primary interest in robust detection [4]. Ron was working in the basic Luenberger architecture and used mostly eigenstructure assignment techniques to achieve desired fault-response properties [5]. Jason was designing observers, by geometric techniques, whose residuals possessed directional properties in response to faults [6]. All the three of them were prolific in publication and were frequently seen at the various conferences.

I myself took a different approach to FDI, using the system model (static or dynamic) as a direct predictor and comparing its outputs to the output measurements from the plant to obtain residuals. Besides, I had a strong interest in fault isolation; I studied the structural properties of the potential fault responses and manipulated the system model so that the residuals possessed a desired structure. The model equations so manipulated were "parity relations" that returned "structured residuals" [7].

The first IFAC "Safeprocess" symposium took place in Baden-Baden, Germany, in 1991, organized by Rolf Isermann. Rolf asked me to give a plenary lecture on the state of the art in FDI theory. In preparation for my lecture, I had to study the writings of Frank, Patton and Speyer, so that I could understand what they did with their observers. I set out to show not only how the different approaches worked but also how they were related to each other. I ended up demonstrating that the Frank and Patton observers generated the same structured residuals as my parity relations [8]. (Later with my students we could show that the directional residuals of the Speyer observer could also be reproduced by appropriately designed parity relations).

While studying the observer papers, especially those by Frank and Patton, I came across a returning item in their list of references: Wei Ge and Chong-Zhi Fang, *Detection of faulty components via robust observation*, published in 1988 in *the International Journal of Control* [1]. I had never heard of the authors, never seen them at any conference so, I have to admit, I did not read their paper for my survey. (Having read the paper later I risk the assumption that Paul and Ron, though citing it, did not read it either, since none of the ideas and results of the Ge-Fang paper showed up in their writings at all.)

When I finally read the paper, I found it a beautiful piece of work, absolutely mature and professional. Its English is perfect (something that I, as a former editor, really appreciate). The formulas and derivations are careful and clear, proofs are mathematically precise. My greatest surprise was the paper's focus on isolation; it presents a structural analysis of the possible fault responses and comes to the set of desired residual structures-pretty much the same as I did with respect to structured parity relations. (I am sure they were not aware of my results, as I was not of theirs, but once someone concentrates on isolation properties, the structures follow naturally). The design process starts with constructing the logic matrix (incidence matrix) of the desired structures. Then they go on to designing dedicated observers so that the response structure of each residual realizes one of the designed structures. This is how I designed structured parity relations but I have not seen anybody else doing this with observers. The paper also contains a detailed algorithm for the systematic design of the observers, in the unknown input observer architecture, with a sequential (recursive) assignment of poles. Though this algorithm is precise, it is rather complex; perhaps this may be the reason why the method did not find wider acceptance.

In 1989, a follow-up paper was published, again in the *International Journal of Control*, under the title *Extended robust observation approach for failure isolation* [2]. In this work, Ge and Fang dig deeper into the structural properties of residuals and analyze the conditions for the isolability of faults, an important but sometimes ignored consideration. This is followed by a systematic observer design procedure, along the lines of the first paper but taking into account the structural refinements.

I have recently checked the number of citations the site "Publish or Perish" (Google Scholar) shows for the two papers; it was 184 for the 1988 paper (a pretty good number) and 30 for the 1989 paper. Note, however, that when I first entered the name Chong-Zhi Fang, there was no hit for 1988. Taking a better look at the printed paper it turned out that "Zhi" was misspelled there as "Zh1" . I had to enter the wrong spelling for Google Scholar to recognize the name and return the number 184. I wonder whether the citations that gave the name correctly were ever counted; it is very possible that the actual number of citations was much higher than 184.

I visited Tsinghua University in 1997 and had the privilege of meeting Professor Fang. We did not get down to discussing fault detection but I am happy and honored that I could shake his hand.

Fairfax, Virginia, November 2018

Janos Gertler

References:

[1] Ge, Wei and Fang, Chong-Zhi, Detection of faulty components via robust observation, *International Journal of Control*, 47:2, 581-599 (1988)

[2] Ge, Wei and Fang, Chong-Zhi, Extended robust observation approach for failure isolation, *International Journal of Control*, 49:5, 1537-1553 (1989)

[3] Willsky, A.J., A survey of design methods for failure detection in dynamic systems, *Automatica*, 12, 601-611 (1976)

[4] Frank, P.M. and Wünnenberg, J., Robust fault diagnosis using unknown input observer schemes, in *Fault Diagnosis in Dynamic Systems*, Prentice Hall, 47-98 (1989)

[5] Patton, R.J. and Kangethe, S.M., Robust fault diagnosis using eigenstructure assignment, in *Fault Diagnosis in Dynamic Systems*, Prentice Hall, 99-154 (1989)

[6] White, J.E. and Speyer, J.L., Detection filter design: Spectral theory and algorithms, *IEEE Trans. On Automatic Control*, AC-32, 593-603 (1987)

[7] Gertler, J., and Singer, D., A new structural framework for parity equation based failure detection and isolation, *Automatica*, 26, 381-388 (1990)

[8] Gertler, J., Analytical redundancy methods in fault detection and isolation—Survey and synthesis, *IFAC Safeprocess Symposium*, Baden-Baden, Germany (1991)

Shah 教授的追忆文章

【按语】Sirish L. Shah，加拿大 Alberta 大学教授，国际过程控制领域著名学者，加拿大工程院院士，Toronto 大学兼职教授，曾任 NSERC-Matrikon-Suncor- iCORE 高级工业研究所主席。他为方崇智先生百年诞辰写的这篇追忆文章，真诚地回忆了自 1984 年起至 2011 年，在方崇智先生的推动下，清华大学与 Alberta 大学之间科研协作和人才培养的合作历程，给两校的互利发展起到积极的推进作用；文章还给方崇智教授非常中肯的赞扬和尊重：方崇智教授在过程控制领域的影响和贡献是深远和广泛的，且并不止于清华和中国（Professor Fang Chong Zhi' s influence and contributions in the field of process control spread far and wide, beyond Tsinghua and China）。

UNIVERSITY OF ALBERTA

A tribute to Professor Fang Chong Zhi

Professor Fang Chong Zhi's influence and contributions in the field of process control spread far and wide, beyond Tsinghua and China. He was a dedicated educator and as head of the process control research group at Tsinghua, he made lasting contributions in the areas of system modeling and identification, fault detection and diagnosis, and system control and optimization. He was a visionary and saw the value of international connections in education and research. It was his initiative that led to the appointment of Grant Fisher (from the University of Alberta) as a Visiting Professor at Tsinghua. He then encouraged Professor Yihui Jin to visit the University of Alberta over a 2 year period (1984 to 1986).

It was also during this time when Professpor Chong Zhi was the head of the research group, that the two universities (Tsinghua and Alberta) signed a MOU agreement on research collaboration, joint PhD programs and student exchange programs. This led to many students and researchers from Tsinghua to carry out their PhD studies and research at the Computer Process Control Group at the University of Alberta. Grant Fisher and his academic colleagues at Alberta are enormously thankful to Professor Chong Zhi for his vision and encouraging students and researchers to carry out their research at the University of Alberta. A list of Tsinghua researchers who have directly or indirectly participated in this program appears below.

Professor Yihui Jin
Kent Qi.
Francis Zhou
Steven Niu
Boyi Ni
Dr. Weihua Li (as PDF)
Dr. Chao Shang (as PDF)
Yanjun Ma
Dr. Fan Yang (as PDF)
Dr. Xi Sun (as PDF)
Dr. Yale Zhang (as PDF)
Dr. Enbo Feng (as PDF)

Professor Fang Chong Zhi leaves behind a rich legacy of a world class research group at Tsinghua and highly talented researchers that he educated many of whom went abroad because of his encouragement and the links he built. May his soul rest in eternal peace and tranquility.

On behalf of the entire Computer Process Control Group at The University of Alberta.

Sirish Shah, FCAE
Emeritus Professor, University of Alberta

Department of Chemical and Materials Engineering

12th Floor, Donadeo Innovation Centre for Engineering • University of Alberta • Edmonton • Canada • T6G 1H9
Telephone: (780) 492-5162 • Fax: (780) 492-2881
E-mail: sirish.shah@ualberta.ca

科学成就

学术贡献与成就

方崇智先生在控制学科领域默默耕耘几十年，为控制学科的发展用尽了一生精力。在教学方面，他创建了过程控制专业，构建了完整的专业教学和课程体系，培养了大批高层次专业人才，为专业教学做出了卓越贡献；在科研方面，他开拓了多个研究方向，包括系统辨识建模、系统故障诊断、系统优化控制和计算机集成制造系统等，并且在这些研究方向上带领研究团队取得了丰硕的科研成果；在教师队伍建设方面，他高屋建瓴、运筹帷幄，在实践中结合教学和科研工作，培养并练就出一支老中青三代人的教师梯队，成为协助方崇智先生取得学术成就的出色团队；在实验室建设方面，他提倡理论联系实际，强调实验室要为教学、科研和专业人才培养服务，从上世纪 50 年代起，他前后亲自设计和建设了十几套专业教学实验设备，建起了国内一流的过程控制实验室。

本篇将从教学、科研和实验室三个方面，简要记述方崇智先生主要的学术贡献与成就，以此纪念先生的百年诞辰。

一、教学方面[①]

1960 年方崇智先生创建了清华大学热工量测及自动控制专业（过程控制专业的前身）。几十年来，方崇智先生把毕生的精力都献给了过程控制专业的教学与科研工作，为过程控制专业的发展和壮

① 清华大学自动化系王雄教授执笔。

大做出了卓越贡献，而且他那特有的建设和发展专业的教育思想获得了同行的普遍尊重。

1. 创建过程控制专业，建成重实践、重理论联系实际的特色专业

当年方崇智先生创建过程控制专业时，就一再强调专业教育必须面向科技和工业发展的需要，面向国民经济建设；强调本科毕业生必须具备坚实的理论基础和系统的专业知识；强调理论必须联系实际，教学必须加强实践环节，包括课程实验、课程设计、生产实习和毕业设计等；强调必须重点培养学生动手解决实际问题的能力；强调专业教学体系和课程设置必须与时俱进，合理配置，不断改进和完善，跟上时代的进步。正是方崇智先生几十年来一直强调和坚持的这些思想，才把过程控制专业建成如今特别重实践、重理论联系实际的特色专业。

方崇智先生本着专业教学应该适应科学技术和国民经济发展的需要，以毕生的精力不断开拓专业的面向。热工量测及自动控制专业的前身是热能动力装置专业下的自动化专门化分支，专业面向的对象主要是发电厂热能动力装置自动化。方崇智先生认为，专业的面向是专业发展的根本。就如何拓宽专业面向对象，使专业发展更具活力的问题，方崇智先生组织教研组的教师，利用寒暑假时间，分别赴中国石化基地兰州、钢铁基地鞍山和上海及广州等地调研，了解国民经济主要工业过程对自动控制和专业人才的需求，同时前往有关高等学校，学习和调研相关专业的科研面向、教学安排、实验室建设等方面的经验。通过调查研究，又经反复讨论，最后一致决定：专业面向必须拓宽，除热力发电外，还应包括炼油、化工、钢铁、冶金、造纸和制药等生产过程。这个历史性的决定深深地影响了过程控制专业发展的方向和特色。

重视培养学生的实际动手能力是过程控制专业的另一个特色，这与清华大学传统的教学风格非常契合。上世纪60年代，方崇智先生就要求在专业课程教学环节中安排学生对自动化仪表进行拆装实习。要求学生把既有复杂的电子线路，又有精细的机械传动零件的仪表拆卸至最小部件，然后重新组装和调试，使仪表恢复原来的性能。这样的实践教学环节很有挑战性，也深受学生欢迎，许多同学很有感触地说：“这么复杂的仪表都拆装了，还有什么不敢动手的”……“确实是培养动手能力和解决实际问题能力的妙招”。多年后，回校看望方崇智先生的毕业生相聚在一起时，还会风趣地重复当年说过的这些话。仔细想想，这些淳朴的话正道出了过程控制专业的一大特色：重视实践教学。

1965 年春，“量 5”班的部分同学赴上海合成橡胶研究所，结合聚四氟乙烯实验装置控制系统的改造进行毕业实习和毕业设计。该实验装置虽小，但五脏俱全，有物料加热、精馏和聚合三个工段，由于物料是易燃易爆的，对控制系统的要求特别严格，而且有许多工艺和测量方面的问题需要解决。这是过程控制专业学生第一次结合化工过程所做的毕业设计，方崇智先生身体力行，亲临现场，带领多名青年教师和“量 5”班的部分学生，从跟班运行熟悉生产过程，到对整个装置进行检测、控制系统的设计和实现，完成了一轮完整的毕业设计过程。这样“真刀真枪”的毕业设计体现了方崇智先生重实践、重理论联系实际的教育思想。

2. 发展过程控制专业，完善专业教学和课程体系

早在 1960 年，方崇智先生担任热工量测及自动控制专业教研组主任时，就主持制订了为培养过程控制专业人才所必需的完整的教学计划，其中物理课程是除了工程物理系之外全校要求最高的专业之一，数学课程也是除了数学类专业之外全校学时最多的专业之一。为了能分析被控对象，设置了“机械原理”“传热学”和“流体力学”等课程；围绕控制系统的知识需要，设置了“电工原理”“电子学”“测量技术”和“自动化仪表”等课程；围绕控制规律和控制系统，设置了“自动调节原理”和“控制系统”等课程；同时特别加强对“教学实验”“课程设计”“生产实习”和“毕业设计”等实践环节的教学要求，以此形成了完整的专业教学和课程体系。

1979 年以后，方崇智先生又一次亲自主持修订了过程控制专业的教学计划。新的教学计划中，“数理基础”总学时达 488 学时，约占总学分的 24%，同时设有“热工理论基础”“流体力学”“电路原理”“电子学”“计算机原理”和“自动控制理论”等技术基础课程。对来自非过程控制专业的研究生，方崇智先生要求必须补齐相应的基础和技术基础课程。

随着学科的发展，方崇智先生提出过程控制专业的教学体系和课程设置应该遵循这样的一种链条关系：过程信号获取与处理—过程模型建立—过程控制—过程优化，以此为出发点构建专业教学和课程体系。在这个链条关系中，过程建模又是关键，无论是控制还是优化都需要依赖于过程模型。但是由于实际生产过程的高度复杂性，过程机理建模的方法往往难以适用，或不能满足控制与优化的需要。为此方崇智先生倡导要加强试验建模的相关研究和课程教学。上世纪 80 年代初，在全国高校自动化专业中率先为本科生开设了“过程辨识”课程，这在全国高校自动化学科的教学中具有很大的影响。后来在方崇智先生的推动下，过程控制专业又相继开出了“过程动态学”“最优化与决策”“高等过程控制”“自适应控制系统”“动态系统故障诊断与容错控制”和“智能优化算法及其应用”等课程，将过程控制专业方向的课程设置和教学水准推向新的高度，形成更为完善的专业教学和课程体系。

二、科研方面

方崇智先生在控制学科从事科学研究几十年，涉及的研究范围也很广，包括控制理论、控制工程、控制系统设计和系统集成与智能生产制造等领域，其中“系统建模与辨识”“故障检测与诊断”和“系统控制与优化”是他主要的三个研究领域，获得许多重要的科研成果。

（一）系统建模与辨识[①]

“系统建模与辨识”是控制学科一个重要的研究分支，国际上非常关注这个研究方向，也是国民经济急需的一项技术。方崇智先生及其研究团队在这个领域坚持研究了多年，硕果累累。

1. 燃气轮机系统建模

燃气轮机作为一种热、功转换的设备，在石油、化工、冶金等企业中有广泛的应用，其过渡过程会有非常复杂的不稳定流动和传热现象，压气机与透平叶片的径向间隙亦会随工况发生变化，各主要工艺参数之间表现为非线性关系，运行工质的热力学特性也会随工况变化，大扰动状态下机组工作状态通常又将偏离平衡工况，因此燃气轮机是一种非常难以控制的对象。另外，燃气轮机的应用系统通常还要包括管道、容器和热交换等蓄能 / 蓄质设备，以及各种设备之间的逻辑耦合关系，这些都给燃气轮机及其应用系统的建模和控制带来很大困难。上世纪 80 年代初，方崇智先生及其研究团队对此做了大量的研究工作，取得了一系列重要成果：（1）针对燃气轮机，提出了一种新的非稳态、以小偏差线性化为基本出发点，考虑到各组成部件非线性特性影响的建模方法。该方法可用于计算燃气轮机大扰动状态下的过渡过程，并成功地应用于我国第一套燃用炼厂联合循环装置的建模与控制。（2）针对各种复杂的燃气轮机

① 清华大学自动化系萧德云教授执笔。

应用系统,提出一种模块化结构的建模方法。利用“假想块”的概念,解决模块之间的反馈连接问题，提高了模型精度，简化了模型计算量，对热力涡轮机系统具有特别的应用价值。(3)针对大型发电用2.3万千瓦单轴燃气轮机(电-液调节系统)和600马力车辆用分轴燃气轮机(液压调节系统)，应用伪随机信号成功地实现了机组系统的辨识实验和数据处理，得到较为实用的燃气轮机辨识模型，对研究燃气轮机的理论模型有较大的比较参考价值，可帮助找出影响燃气轮机动态特性的主导因素。(4)提出一种用于分析燃气轮机动态特性的主导因素方法,简化了燃气轮机的建模过程。(5)将非稳态、模块化的建模方法应用于催化、裂化装置烟气轮机系统和舰用三轴燃气轮机的动态特性测试，获得了具有直接应用价值的模型。

2. 多元精馏系统建模

多元精馏是利用混合物各组分挥发度不同将各组分加以分离的一种工艺过程，通常是多参数、非线性、紧耦合且为时变的一种过程对象。多年来，方崇智先生及其研究团队一直在研究多元精馏过程的动态模型及其控制问题，在以下诸方面取得了重要的研究成果:(1)建立了精馏塔的严格动态机理模型，称为“逐板模型”，建模过程综合考虑了各种影响因素，包括应用水力学方程对塔内压力分布进行修正，这种“逐板模型”具有较高的可靠性，精度亦能满足工程需要。(2)提出了一种精馏塔的“分块简捷模型”，通过引入两种典型的标准分离模块，将任何实际的精馏塔描述成标准分离模块的组合。针对每一种标准分离模块，给出了新的分离函数计算法，提高了分离函数的计算精度，克服了其他分块模型可能存在的初始动态误差的影响。这种“分块简捷模型”具有精度高、物理结构清晰、计算时间短、能满足实时性要求等特点。(3)提出一种基于“分块简捷模型”的组分在线估计方法，克服了多元精馏过程中基于温度的组分估计精度不高的缺点，为精馏塔的静态优化计算提供了中间计算变量，实现物料组分的“软测量”，以便构成组分—温度串级控制系统。(4)建立了精馏塔的调节通道和干扰通道的双线性模型，并利用“逐板模型”的仿真数据或现场实验数据辨识出模型参数，实现基于双线性模型的精馏塔自适应控制。(5)应用多元传质理论，提出“分离效率函数”概念，改进了Krishnamuthy和Taylor速率模型，建立了一种新的多元精馏塔非平衡级稳态仿真模型，直接利用传质、传热速率方程表征实际塔板上的传递过程，避免了对板效率的估算，提高了模型的可靠性、精确度和适应性，揭示了非平衡级模型与“平衡级-板效率”模型之间的内在联系，并将模型应用于某大型芳烃装置的抽余液塔系统，获得与实测数据一致的应用效果。同时将模型化简为三个对角矩阵形式，利用分割法迭代求解和有界的 Wegstein 算法加速了模型计算收敛过程，便于工程应用。(6) 通过研究基于速率方程的多元精馏塔非平衡级动态模型，利用“分离效率函数”，提出了一种通用的多元精馏塔非平衡级动态仿真模型及其求解方法，并通过机理分析，利用积分方法对模型进行合理简化，缩短了模型计算时间，提高了模型的实用性。(7) 通过分析精馏塔的稳态特性，建立了以经济效益为目标的精馏塔稳态优化模型，并采用严格机理模型描述过程行为，保证了优化结果的准确性。同时导出寻优算法，分别对某芳烃吸附分离装置的抽出液塔、成品塔和抽余液塔系统进行优化计算，有效地提高了产量、节省了能源。

3. 原油常压蒸馏系统建模

原油常压蒸馏是石油炼制工艺中一个重要的加工过程，它是决定能否获得高收率、高质量油的关键。为了更好地提高原油的生产能力，实现低能耗、高效益生产汽油、煤油、轻柴油和重柴油，又能更好地为重整装置、催化裂化装置或加氢裂化装置提供原料，方崇智先生及其研究团队多年来一直在研究原油蒸馏过程的建模和优化问题，以期实现原油蒸馏过程在线实时优化操作。经过三代人的努力，获得了许多重要的研究成果：(1) 针对原油蒸馏过程的工艺特点，提出了一种基于虚拟组分的建模方法，建立了复杂原油蒸馏过程的稳态机理模型,并采用泡点—流量加和(BP-SR)的混合算法，对 MESH 方程进行分割迭代计算，计算结果能正确反映原油蒸馏过程的稳态特性，而且计算收敛性好、精度高。在此基础上，提出了一种模型在线校正方法，实现了原油蒸馏过程的严格机理模型的在线运行，对原油性质变化、生产方案切换及大范围工况变化具有很强的适应性，对实现原油蒸馏过程在线优化操作指导和在线闭环优化控制具有重要的理论和工程意义。(2) 提出了一种全流程实沸点蒸馏曲线的扩展方法，在研究多种原油物性计算方法的基础上，建立了一个内置严格在线模型的开放式原油物性数据库，为模型计算提供了准确的基础物性数据。(3) 提出了一种基于径向基函数神经网络在线训练的产品质量估计方法，建立了常压蒸馏塔常三线柴油 90% 点质量在线估计模型，应用表明模型精度高，能满足工程要求。以上部分研究成果 1997 年获中国石化总公司科技进步奖。

4. 补料批式发酵系统建模

补料批式发酵（Feb-batch Fermentation）是一类分批发酵、间歇或连续补加含有限制性营养成分的新鲜培养基的生产过程，补料方式可从单一补加一种营养物到补加多种营养物。这类生产过程复杂，而且难以描述，急需解决其建模和控制问题。方崇智先生及其研究团队上世纪 90 年代开始研究这类生产过程，包括覆盖生长期以外所有时期（转换期、平衡生产期和生产后期）的建模和控制问题，研究成果在实际工业中得到很好的应用，主要的成果包括：（1）针对洁霉素分批发酵生产过程中糖代谢不确定性和在线检测的困难，建立了平衡生产期基于频域的糖耗速率一步预测模型，用于描述高糖浓度基质中菌摄糖的规律，解决了加补料问题。（2）针对间歇补料土霉素分批发酵生产过程，建立了批式补料的静态优化模型，找到通过加大发酵前期残糖浓度的衰减率来提高产量的规律，提高了土霉素产品产量。（3）提出了一种菌体浓度和基质浓度的转换期模型，揭示了生长期的静态分歧点（Static Bifurcation）和分界点不是固定不变而且可以提前，以及转换期也不是固定不变又可以缩短的规律，并利用机理模型给出了理论解释。（4）针对土霉素发酵生产过程中生产后期生产率下降问题，利用两阶段最小二乘法进行参数回归建模，建立了培养因子、生化因子和产物因子的工艺模型，并应用于 300 吨的工业试验现场，提高了产品产量。

5. 基于小波的系统辨识方法

小波变换是一种时频分析方法，具有多尺度分析信号、时频局部性较好和对信号突变敏感的优点，为研究模型辨识提供了一种新的思路。方崇智先生及其研究团队针对工业过程产品质量参数采样率低、数据含有噪声、时常出现尖峰坏数据，以及模型阶次难以确定等问题，研究了基于小波变换的模型辨识方法，主要的成果包括：（1）给出了一种将离散小波变换应用于模型辨识的必要条件，即离散小波变换的尺度必须满足一定的要求，离散小波变换的平滑部分才可以假设为函数的离散采样值。（2）针对工业过程产品质量数据的采样频率低的问题，利用人工神经网络模型，给出了一种数据重构方法，并证明了这种数据重构的误差随离散小波变换尺度的增加按指数衰减，然后以此构成一种基于离散小波变换的模型辨识方法。（3）针对工业数据普遍含有噪声和尖峰坏数据的特点，在域值收缩（Sure Shrink）滤波算法的基础上，提出了一种基于离散小波变换的数据滤波方法，称之为峰值截断算法（Peak Cut），可以有效地滤除工业数据中所含的噪声和尖峰坏数据，保持数据的光滑性和适应性，提高了数据的信噪比，改进了数据的质量。再与部分最小二乘法结合，构成了一种有效的工业过程模型辨识方法。（4）根据线性系统阶跃响应的 Lipschitz 指数与传递函数分子和分母多项式阶次差有关的特性，提出了一种基于离散小波变换的阶次辨识方法，利用系统的阶跃响应，可以有效地辨识出线性模型传递函数分子和分母多项式的阶次差，以此可获得无零点系统的阶次，也可以为含零点系统的阶次辨识提供确定模型阶次的依据。

6 . 增广 UD 分解系统辨识方法

针对一类最小二乘辨识问题，通过重构数据向量，引进数据乘积矩组成的信息压缩阵概念，利用 Bierman 的 UD 分解方法，对信息压缩阵进行分解，构成一种基于增广 UD 分解的辨识算法（Augmented UD Identification, AUDI），为最小二乘类辨识问题提供了一种全新的解法。借助 UD 分解的特质，一次可获得 1 至任意指定阶的模型参数估计值和对应的损失函数。这是方崇智先生及其研究团队在系统辨识领域获得的一个重要研究成果，这种基于增广 UD 分解的辨识算法无论数值计算性质，还是应用方面都具有特别的优势，也是闭环系统和多变量系统辨识很好的一种解决方案。这项研究以方崇智先生和加拿大 Alberta 大学 D.G. Fisher 教授联合指导的博士学位论文 *Augmented UD Identification for Process Control* 为标志性成果。该论文不仅得到加拿大 Alberta 大学 L. S. Shah 教授的极力推崇,同时也得到瑞典 Linköping 大学 L. Ljung 教授的充分肯定。L. Ljung 教授是国际辨识领域权威、瑞典皇家科学院院士和工程科学院院士，他作为这篇博士学位论文的外籍答辩评阅人，在论文评定书中指出 :“论文的创新在于给出一种新的算法化方法（The innovative material in the thesis lies in the new algorithmization），一次就能获得所有模型阶次的最小二乘参数估计值，它们都包含在由数据构成并被分解成的三角矩阵之中……论文给出的算法和处理手段是对这个领域很有用的一种补充（a most useful addition to this area）……所提方法的优点是令人信服的（the merits of the suggested approach are convincingly argued for）……论文的研究结果将会对该领域产生重大的影响（the results of the thesis will have a substantial impact on the field）”。

7. 时变系统辨识方法

针对一类时变系统，包括漂移时变系统、遗忘漂移时变系统和参数是可测扰动量函数的时变系统，方崇智先生及其研究团队提出了一种广义时变系统的概念，即模型参数是可测扰动量函数的一类时变系统。针对这类时变系统的辨识问题，研究取得了许多重要的成果 :（1）提出了一种时变系统的多新息辨识方法，克服了坏数据对参数估计的影响，在无持续激励（或衰减激励）条件下，能给出模型参数一致估计，而且对系统噪声还不需要平稳性假设，这种算法具有较强的鲁棒性。（2）针对遗忘漂移时变系统的参数模型辨识问题，提出了若干种模型参数估计算法，包括遗忘投影算法、遗忘梯度算法等，模型参数估计的精度均优于 Kalman 滤波算法。（3）提出了一种广义时变系统的泛参数估计方法，简称泛参数估计法。因为同时利用了系统扰动量所含的信息，因此这种辨识方法可以给出时变参数的一致估计，与 FFLS（Forgetting Factor Least-Squares）算法、Kalman 滤波估计算法和 LMS（Least Mean Square）算法相比具有明显的优越性。该辨识方法成功地应用于发电厂再热蒸汽温度系统的时变参数估计，并以此为基础构成一种函数解耦自适应控制方案，可有效地处理负荷大幅度变化情况下，出现再热蒸汽温度偏低以及低温过热器出口温度过高，致使系统难以运行的问题。（4）针对用输出衰减模型描述的时不变多变量系统，提出了一种辅助模型辨识算法，可以在较弱的条件下给出系统参数的一致估计，且具有较强的鲁棒性。此外，还提出了一种递推的广义增广最小二乘法（Recursive Generalized Extended Least-Squares, RGELS），解决了 Sinha & Kwong 于 1979 年提出的一类各输出之间存在相互作用噪声的系统辨识问题，即 CARARMA 模型所描述的多变量系统辨识问题。

8．辨识算法的收敛性质

在辨识算法收敛性方面的研究，方崇智先生及其研究团队也取得许多重要成就，包括利用 Martingale 超收敛定理（Martingale Super Convergence Theorem, MSCT），分析最小二乘算法、FFLS 算法、辅助变量法和遗忘梯度法等算法的收敛性和参数估计的误差界；证明了最小二乘法模型参数估计值偏差范数的数学期望收敛于有界域，域的大小与噪声方差、算法初始值、模型参数个数和输入信号激励条件有关；还证明了当噪声方差有界时，最小二乘参数估计值偏差范数的数学期望与数据乘积矩矩阵迹的对数相对于其最小特征值之比是等价阶的，以及遗忘因子法参数估计值偏差范数的数学期望收敛于有界域，域的大小与噪声方差、算法初始值、模型参数个数、输入信号激励条件和遗忘因子有关；同时还证明了辅助变量法的模型参数估计值偏差范数的数学期望收敛于有界域，域的大小与噪声方差、算法初始值、模型参数个数和数据矩阵性质有关。

（二）故障检测与诊断[①]

“故障检测与诊断”是控制学科另一个重要的研究分支，包括故障检测、故障分离和故障估计。方崇智先生是我国故障诊断领域的开拓者，他及其领导的研究团队在这个领域做出了许多具有开创性的成果。

1．基于鲁棒观测器的线性系统故障分离

对于故障分离，故障完全可分离的条件是非常苛刻的，为此必须研究最大故障分离而非完全故障分离的条件。由于每种故障都有发生和不发生两种可能性，又可能同时发生多种故障，因此可能的故障模式数将随着故障种类的增加呈指数增长，以至于使最大故障分离成为非常复杂和困难的问题。

方崇智先生及其研究团队在这个问题上做出了开创性的成果：证明了观测器鲁棒能力的下界定理，即每个观测器至少可对多少个任意故障是鲁棒的。在此基础上建立了鲁棒能力与分离能力的一一对应关系，提出了鲁棒观测原理，保证以尽量少的观测器实现最大的故障分离，并采用 Luenberger 观测器实现了最大可分离观测器组的构成，给出了最大可分离问题的系统化显式求解方法，且能直接计算出满足最大可分离条件的最小阶次观测器矩阵参数。

这些研究成果突破了故障完全可分离苛刻条件的约束，保证了任何条件下的最大故障分离精度。该研究成果发表在著名国际期刊 *International Journal of Control* 上，国际故障诊断领域的权威学者、IEEE Fellow、曾任 IFAC 故障诊断技术委员会主席的 R. J. Patton 教授，将该论文作为具有代表性的早期经典鲁棒故障诊断方法之一加以引用，包括在其故障诊断专著 *Robust Model-Based Fault Diagnosis for Dynamic Systems* 和发表在顶级国际期刊 *Automatica* 上的文章。国际故障诊断权威、IEEE Fellow、曾任欧洲自动控制联合会第一副主席的德国 P. M. Frank 教授在其动态系统故障诊断综述文章中指出，方崇智教授的研究工作对鲁棒观测器设计做出了重大贡献（significant contribution），给出了系统性解决方案（systematic solution）。

2．鲁棒故障检测滤波器时频域设计方法

在方崇智先生指导下，故障检测课题组针对范数有界未知扰动的线性系统，提出了带小波滤波器约束的鲁棒性准则函数，在等价

① 清华大学自动化系叶昊教授执笔。

空间和 H_2 方法的范数比鲁棒性准则函数中引入小波滤波器，利用小波滤波器优良的时频分辨率性质，使准则函数的最优解在时域和频域同时具有满意的分辨率。在此基础上提出了一种鲁棒观测器的时频域设计方法，有效地解决了等价空间和 H_2 方法在鲁棒性和实时性之间不可调和的矛盾，保证了滤波器同时具有满意的实时性和鲁棒性。

巴西自动化学会前任主席 T. Yoneyama 教授在著名的国际期刊 *IEEE Trans. on Systems, Man, and Cybernetics—Part A: Systems and Humans* 上发表的文章中，对该研究成果给予肯定的评价："利用小波变换大大降低了漏报率和检测延迟"。美国普渡大学 Hwang 及 NASA Langley 研究中心的 S. Kim 教授等，在国际顶级杂志 *IEEE Trans. on Control System Technology* 的综述文章中，专门用一整段文字介绍了该研究成果，并指出这种故障诊断方法具有"用同样计算量获得更好性能指标"的特点。

3．基于强跟踪滤波器的故障诊断方法

故障估计课题组经多年研究提出一种状态滤波器设计的残差自正交原理，在扩展卡尔曼滤波器（Extended Kalman Filter, EKF）极小化状态估计误差方差的滤波器设计准则函数基础上，增加不同时刻输出残差序列相互自正交的条件，在模型误差、扰动或系统时变等因素造成残差序列幅值变大时，通过强迫滤波器最大限度地提取残差序列中的有效信息，以保证滤波器的强鲁棒性和强跟踪能力。基于这种思想，1993 年该课题组首次提出了强跟踪滤波器（Strong Tracking Filtering, STF）状态估计方法，并从理论上分析了方法的收敛性质。在 Moreno 等编著的 *Kalman Filter：Recent Advances and Applications，2009* 专著中，对强跟踪滤波器（STF）给予了高度评价："提出了强跟踪滤波器概念""具有一些重要的好处，包括对模型不确定性的强鲁棒性、良好的实时状态跟踪能力"。1996 年之后在方崇智先生的指导下，该课题组又进一步提出了多种基于强跟踪滤波器的故障诊断方法。

上面提到的"基于鲁棒观测器的线性系统故障分离""鲁棒故障检测滤波器时频域设计方法"和"基于强跟踪滤波器的故障诊断方法"三方面研究成果，不能全部算作方崇智先生的科研成果，之所以都将其列为先生的"故障检测与诊断"成就，是因为这三项研究成果同属故障诊断领域，分别涉及了故障分离、故障检测与故障估计，给出了故障诊断问题的系统性解决方案，以此共同作为重要的发现点，于 2012 年获得国家自然科学二等奖。

4．故障预测与预测维护技术

在方崇智先生的学术思想影响下，故障预测课题组针对预测维护的核心理论和关键技术，在国家自然科学基金重点项目“复杂工程系统故障预测与预测维护理论及关键技术研究”资助下，开展了深入的研究，取得了以下重要成果：（1）建立了基于数据驱动的复杂工程系统故障诊断与故障预测方法集，可用于工业过程状态监控。（2）提出了一种基于半定量信息的复杂工程系统故障诊断与预测方法，包括基于隐马尔科夫模型与置信规则库的故障预测方法、基于置信规则库理论的故障诊断与预测方法等。（3）提出了复杂工程系统可靠性实时评估与预测方法、复杂工程系统可靠性实时评估与预测方法、基于在线故障预测的动态系统可靠性实时预测方法和设备级，以及系统级的性能预测方法等。（4）提出了一种最优维护时机的确定方法，包括资源约束可修系统的合作预测维护方法、时变环境影响下的最优维护方法、基于统计可靠性的实时评估最优维护方法等。有关“故障预测与预测维护技术”这方面的研究成果，虽不能算是方崇智先生的直接科研成就，但可视为先生的一种学术思想影响和学术辐射贡献，而将其列作“故障检测与诊断”的成就。

5．一类非线性分布参数系统的状态观测器

方崇智先生及其研究团队针对非线性分布参数系统，以流体管线和管网为典型对象，研究了状态估计与故障诊断方法，主要的成果为：（1）提出了流体管道的状态空间表示，并将非线性观测器设计转换成优化问题，扩大了非线性观测器在实际问题中的应用范围。将这种基于优化方法的非线性观测器应用于流体管道的离散高阶模型，可获得观测器的解析解。以此设计的观测器用于监测管道的摩擦系数和管径的变化具有较好的鲁棒性。（2）对于非线性高阶复杂系统，提出了一种输出解耦系统的状态估计器，其状态估计精度可以接近于增广卡尔曼滤波器的水平，计算复杂性只相当于基于实时数学模型的计算量，避免了在非线性高阶系统中应用 Luenberger 观测器或扩展卡尔曼滤波器的困难。（3）针对具有管内瞬变流的双曲型非线性分布参数系统，利用特征线法和有限差分法，建立了系统的非线性离散状态方程，给出了管内瞬变流可观测条件和基于 Luenberger 观测器的状态估计设计方法。（4）针对流体管线的故障参数估计问题，利用基于灵敏度模型的梯度法，先估计出管线内径或摩擦系数的分布，再根据分布参数系统故障参数估计的特点，利用“故障块”概念和相应的故障块搜索法及辨识方法来获得“故障块”的位置和大小，以此实现分布式参数系统的故障诊断。（5）将基于数学模型的故障检测与诊断方法、故障－模式匹配的故障诊断方法、基于逻辑模型的故障诊断方法、时间－空间分析的故障诊断方法、逻辑滤波器的故障诊断方法、与状态观测器相结合的约束解除故障诊断方法等集成起来，构造更有效的复杂管网监测与故障诊断系统。

6 . 基于小波变换的故障诊断方法

小波变换是一种信号的时间－尺度分析和时间－频率分析方法，具有很多优良的特性，在工程实际中得到了广泛的应用。方崇智先生及其研究团队就基于小波变换的故障诊断取得以下研究成果：（1）提出了一种利用观测信号的奇异性进行故障诊断的方法，利用基于连续小波变换的信号奇异性检测原理，提高了故障检测的灵敏度和克服噪声的能力。该方法成功地用于长输管道的泄漏检测，相关成果1994年发表于全国过程控制年会，论文作者获首届“张钟俊优秀论文”一等奖。（2）提出了一种利用输入输出信号的奇异性及其相互关系进行故障诊断的方法，将基于连续小波变换的信号奇异性检测方法与基于连续小波变换的动态系统特性的描述结合起来，实现有效的故障检测。（3）提出了一种利用观测信号频率结构的变化进行故障诊断的方法，根据基于离散正交小波变换的信号时频分析原理，通过分析观测信号的频谱随时间的变化实现故障检测。由于小波变换同时具有良好的时域分辨率和频域分辨率，该方法综合了时域和频域分析的优点，克服了二者的缺点，能灵敏地检测出系统的故障。在大型模型车上进行的故障诊断试验结果表明，该方法可以灵敏地检测出故障并正确区分轮胎和板簧两种故障模式，相关成果获1996年航天工业总公司科技进步三等奖。（4）提出了一种利用脉冲响应函数的小波变换系数进行故障诊断的方法，根据脉冲响应函数的小波变换在大尺度下的少数几个关键系数实现故障检测，使得故障诊断算法的计算量大为减少，并简化了故障判决过程。

7 . 基于自适应信号处理的故障诊断方法

方崇智先生及其研究团队针对三效逆流蒸发氯碱生产过程，以自适应信号处理技术为手段，在没有系统模型的情况下，研究了实际生产过程可能出现的三种故障模式（参数突变、输入突变、输出混有缓时变信号）的检测和分离问题，获得的主要成果：（1）针对离散线性系统，考虑到采用延迟算子表示存在的固有缺陷，基于δ算子构造了Hilbert空间信号向量，推导了系统的输入输出关系，得出了前向和后向的预测误差向量表达式，并借助格形滤波器，导出了故障残差序列的递归算法，设计出故障检测滤波器，并与自适应噪声抵消技术相结合，实现了对被噪声污染信号的故障实时在线检测。在此基础上设计了基于自适应滑动窗格形滤波算法的故障检测器，根据跟踪信号的变化特点，适应性调整窗宽，在保持故障检测率的同时大大减少了误报率。（2）利用自适应信号处理技术中的联合过程估计概念，提出了一套全新的故障分离方法，与模式识别技术相结合，成功地实现了不同故障模式的分离。理论分析和数字仿真表明，对一些已知的系统故障模式，无论系统每次仅有一种故障发生还是有多种故障同时发生，所提出的故障分离方法都是有效的，而且对系统出现的新型故障具有自学习能力。

8．基于模型参数辨识的故障诊断方法

方宗智先生及其研究团队针对长输管线这类非线性分布参数系统，提出了一套基于模型辨识的故障诊断方法，主要研究成果为：（1）提出一种用非线性分布参数系统的辨识方法确定模型结构的思想，用一个和真实系统结构基本一致的模型，与一组通过“试凑”获得的“修正项”相结合，用以等价复杂的真实系统，既保证结构和原系统基本一致，又简化了模型。（2）采用一种“故障灵敏模型”进行故障检测，有别于已有的“故障模型法”和“无故障模型法”，并采用“快”和“慢”两种报警算法，提高了检测的灵敏度与快速性。（3）提出一种带低通滤波的最小二乘定位算法，效果优于已有的定位算法。（4）对基于压力梯度变化的一类定位方法和定位精度进行了定量分析，指出了影响定位精度的各种因素。（5）为了确定长距离输油管线中出现堵塞和泄漏的位置，提出了一种以辨识为基础的长输管线故障定位方法，先通过辨识和参数估计得到压力参数脉冲响应函数，再对脉冲响应的波形进行分析，以此确定故障的位置。

9．基于随机信号处理的故障诊断方法

方宗智先生及其研究团队提出了一种基于 Kullback 信息测度的长输管线泄漏诊断方法，通过对管线两个端点附近的压力梯度所构成的时间序列进行分析，以检测出是否出现泄漏，并在此基础上对泄漏点进行定位。该研究方法在一条长 120m、内径 10mm 的液体管线上进行了实验验证，证实这是一项具有实际应用价值的研究成果。

10．长输管道实时泄漏检测与定位

方宗智先生及其研究团队在非线性分布参数系统的状态估计、基于小波变换的故障诊断、基于随机信号处理的故障诊断和基于模型参数辨识的故障诊断等方面的研究都是以长输管道为应用背景的，或直接应用于长输管道的泄漏检测与定位，这些研究在国内是最早开展起来的，并获得国家自然科学基金资助。研究成果也是最早应用于实际输油管道的，如东北输油管理局管辖的“新民站-黑山站”长输管线（长 71.58km、管径为 720mm、压力 3.8MPa，1989—1993 年）和其他一些油田输油管线，取得了很好的检漏与定位试验结果，产生了明显的经济和社会效益。

（三）系统控制与优化[①]

“系统控制与优化”是控制学科极重要的一个研究方向，技术难度密集，与国民经济联系密切，理论联系实际的需要也最为迫切。方崇智先生及其研究团队在系统控制与优化方面的研究成果十分丰富，而且许多研究成果受到工业界的青睐。

1．非线性控制的逆系统方法

方崇智先生及其研究团队针对一般多变量非线性系统，提出一种逆系统的控制设计方法。该方法利用对象的逆系统构成一种可用反馈方法实现的原系统的 α- 阶积分逆系统，将对象补偿成为具有线性传递性质的且已解耦的规范化系统（伪线性系统），再用线性系统的控制设计方法完成伪线性系统设计。主要的研究成果包括：（1）在状态空间的形式下，构造了一般多变量非线性系统的求逆算法，给出了左、右逆系统的表示形式和存在的充要条件，建立起一套逆系统理论。（2）在逆系统理论基础上，提出了一种非线性系统的静态与动态状态解耦方法，揭示了可解耦系统的可逆性本质，为一般非线性系统提供反馈线性化和状态镇定方法。（3）提出了一种非线性系统规范型观测器和小误差状态观测器的设计方法，同时证明了非线性系统存在指数类衰减观测器的条件等价于该系统经过坐标变换可转化为观测器规范型，而非线性系统存在局部指数类衰减观测器的等价条件只是该系统为局部可观测。

2．双线性系统控制方法

方崇智先生及其研究团队在双线性系统控制方法方面获得许多重要的研究成果：（1）通过引入一类新的目标函数，提出了一种适用于双线性系统的自适应控制算法。该算法可适用于最小相位或非最小相位的双线性系统，具有渐进最优的控制效果，同时可以证明该算法具有全局收敛和稳定的性质。（2）提出了一种有界扰动下的

---

① 清华大学自动化系金以慧教授执笔。

双线性系统自适应控制算法。该算法同样可适用于最小相位或非最小相位的双线性系统，具有渐进最优的控制效果，同时也证明了该算法的稳定性，并给出了控制误差上界。（3）提出了一类双线性系统的自适应补偿控制方法，通过引入一个非线性补偿系统，将广义（复合）难控系统转化为易于控制的系统，同时给出了相应的自适应控制器设计方法。（4）针对“滞环”非线性系统、多级“滞环”非线性系统、存在有界扰动的“滞环”非线性系统和死区非线性系统，提出了一种非线性补偿的控制方法，并给出了相应的自适应控制器的设计方法。同时证明了该算法的收敛性和稳定性，实验也证实了该算法具有良好的动态响应性能。（5）提出了一种仅含一个非线性环节的一类非线性系统的逆算子控制方法，给出了该类非线性系统的加权自校正控制算法。该算法可适用于不稳定系统和（或）逆不稳定系统，具有渐进最优的控制效果，并可保证闭环系统是全局稳定和收敛的。（6）在谷氨酸结晶过程“小试”装置上，对具有非线性特性的 pH 值系统，采用了多年研究的双线性自适应控制方法，克服了非线性、不确定性和各种干扰对控制系统的影响，可获得良好的静态和动态性能，能够适应进料 pH 值的波动和盐酸操作量浓度的变化，提高了谷氨酸的收率。

3．预测控制设计方法

预测控制是当模型精度不高又想获得高品质控制的一种方法，方崇智先生及其研究团队在预测控制设计方法方面做了很多理论与应用的研究，取得的主要成果:（1）在国家“九五”攻关课题支持下，研究开发了一种具有自主知识产权的可扩展多变量先进鲁棒控制器（Scalable Multivariable Advanced Robust Control Technology，简称 SMART 控制器），打破国外垄断 APC（Advanced Process Control）软件的局面。该研究成果 2000 年获中石化科技进步一等奖，后又与中石化总公司下属的石化盈科公司合作，继续研发新一代的具有自主知识产权的商品化套装先进控制软件（PROCET-APC），在石油化工行业的多家企业推广应用，取得显著的应用成效。（2）提出了一种扩展的动态前馈—稳态反馈预测控制方法，可用于解决一类具有严重非线性、纯滞后、时变的系统控制问题，并成功地应用于加热炉烟风控制系统。该方法先根据扰动引起的偏差大小进行反馈控制，减小稳态偏差，待系统达到稳态后，再根据调节偏差进行动态前馈控制，直至达到期望的偏差区域。这种控制方法避免了动态反馈控制的稳定性问题，理论上证明了只要模型的稳态增益误差满足在正负 100% 范围内，动态前馈—稳态反馈控制系统就能稳定。

目前这种动态前馈—稳态反馈控制方法已经应用于非线性液位控制、加热炉支路温度平衡控制、成分 / 物性控制等难控的生产过程。（3）针对生产过程的原料、工况变化可能导致建模不准确，致使国内外流行的基于机理建模的先进控制方法难以得到有效的应用，而基于试验建模的先进控制方法又难以满足特殊运行工况的问题，提出了一种机理建模和试验建模相结合的预测控制方法，并成功地应用于某炼油企业延迟焦化炉控制系统。延迟焦化炉是个典型的难控对象，炉管内生成焦炭，积炭到一定厚度就必须停炉清焦，既影响生产又增加能耗，而且延迟焦化炉非线性严重、耦合性强。通过建立延迟焦化炉的机理模型和试验模型，根据焦化炉的运行工况，采用状态反馈预测控制和专家控制相结合的多模型切换控制模式，改善了焦化炉的各分支温度的标准偏差，减小了超温结焦和事故隐患，提高了装置生产安全水平。该研究成果 2011 年获中国石油和化工自动化应用协会科技进步一等奖。

4．容错控制设计方法

方崇智先生及其研究团队在容错控制系统的完整性控制器设计、同时镇定控制器设计和可靠镇定控制器设计等方面进行了深入的研究，取得许多重要的研究成果：（1）提出了一种传感器和执行器出现失效时的完整性控制器设计方法，给出了系统具有完整性的充要条件。（2）根据多项式矩阵互质分解理论，提出了一种同时镇定控制问题的统一表示形式，给出了存在同时镇定动态补偿器的充要条件，以及动态补偿器的设计方法，而且同时镇定的对象个数及阶次升高不会增加验证条件和控制器的设计复杂度，并提出了一种用全状态反馈同时镇定多个对象及同时进行极点配置的设计方法。（3）针对控制器失效的容错控制问题，提出了一种双冗余结构下可靠镇定的控制设计方法。（4）提出了容错度和重要度的容错指标，以此对控制系统进行容错性能分析和容错度最优综合。

5．优化控制方法

由于流程工业通常都具有非线性、大滞后、随机性、强耦合等特性，仅靠控制一般只能满足稳定生产的基本要求，难以达到保质增产、节能降耗等高效运行的精细化生产目标。方崇智先生及其研究团队为实现这种高效、优化生产过程的目标进行了多年的研究，取得了许多重要的成果：（1）深入研究了原油蒸馏过程轻油收率优化和能耗优化问题，提出了一种以经济效益为目标、符合生产要求的原油蒸馏过程稳态优化控制方案，把寻求最大经济效益与过程约束、质量约束联系起来，提高了轻油收率，并可降低常压加热炉的负荷，有利于降低能耗。(2)借鉴群体进化和并行计算思想，提出了一种基于域进化模型的遗传优化控制算法，通过引入迁徙和聚类算子，避免了算法“过早收敛”现象，以利于寻求全局最优解，并成功地应用于求解原油蒸馏过程大规模非线性稳态优化问题。(3)提出了一种以模型为基础的在线优化器方法，构成以先进控制为手段的原油蒸馏过程在线优化操作系统，也成功地应用于某炼油常压蒸馏装置，获得很好的应用效果。

6. 闭环优化控制方法

在方崇智先生的指导下，优化控制课题组在开环优化控制的基础上，进一步研究闭环优化控制问题，提出了一种集动态优化控制与稳态经济目标优化于一体的控制技术，并针对精馏过程和加热过程等典型生产过程开发了应用软件，在多个工业装置上获得成功应用，取得明显的应用效果和显著的经济效益，主要的研究成果包括：(1)精馏过程的优化控制一方面受到过程平稳性的限制，另一方面受到基于机理模型求解时间、精度和建模工具等所需成本的限制，基于试验模型的优化控制又难以满足控制精度的要求。对此通过深入剖析精馏原理和精馏塔的物料平衡及组分平衡关系，揭示了轻重产品比率和分离度是决定产品质量稳定的主要因素，提出了一种以轻重产品比率作为主要被控变量，通过调节回流量和再沸器热负荷，控制轻重产品比率和分离度来达到平稳操作的质量稳定控制方法。在稳定产品质量后，经由流程模拟软件或其他精馏塔的机理模型，对实际过程进行仿真，并联合生产装置实际运行数据训练所获得的连续分片线性模型，以此作为过程优化的代理模型，更好地逼近优化决策变量和精馏过程的产品质量、能耗、产品收率的关系，实现了轻重产品比率和分离度的在线实时优化控制。利用原料及产品质量信息作为反馈，使用代理模型进行操作优化，达到产品质量的卡边优化。在保证产品质量合格的约束下，实现了精馏塔高价值产品质量卡边、高价值产品收率最高、综合能耗最低的多目标优化，显著增加了精馏塔运行的综合生产效益，大幅度减少了回流量和再沸器热负荷的波动幅度，同水平分离度下的能耗明显降低。该研究成果2004年在中石化沧州石化公司20万吨小型气体分馏装置上得到应用，实现了连续、平稳、高效运行，投用率达到90%以上，后又推广应用到PX装置和联合芳烃装置的大型精馏过程，提高了附加值产品收率、节能降耗等在线闭环优化目标。(2)针对加热过程现有控制方法难以长期有效运行、热效率在线优化一直难以解决的问题，提出了一种综合优化闭环解决方法。该方法基于动态前馈—稳态反馈思想，结合预测控制算法，对加热过程的出口参数控制、支路平衡、烟风控制等一系列问题，综合设计了长期有效、能自运行的控制方法，以降低加热过程先进控制的实施难度和保障长期有效自运行的能力。利用生产历史数据，建立并优化了基于RIMER模型的热效率多区域优化专家系统。同时结合在线自运行热效率优化方法，使热效率优化不仅能够快速响应负荷的变化，又能保障长期有效运行，还能克服氧测量漂移、燃料成分变化等不利的影响因素。该技术已成功地应用于几十个大型加热炉生产过程，提高了加热过程的控制精度、抗干扰能力和节能增效效果。

7. 计划与调度优化

在实际生产过程中，考虑到进料的变化、装置的运行状况和生产需求的浮动等因素，生产优化目标和装置最终的作业计划应随之而变化，也就是所谓的计划与调度优化问题。在方崇智先生的学术思想影响下，调度优化课题组在计划与调度优化工程应用和智能调度优化算法方面，取得了许多重要的成果：(1) 石油炼制这类复杂的上下游连贯的流程工业计划与调度优化问题，涉及从生产原料供给、生产装置链接与控制、生产工艺排产、生产资源平衡，以及产品管理、市场销售的全过程。在考虑原料的品种与性质、市场对产品种类的需求、不同产品应采用不同的生产路线和生产能力等要素的情况下，提出了一种全流程集成优化控制与调度的综合解决方案，给出了从装置控制到计划调度优化统一协调的方法，构造了一种面向原油性质、原油种类和有限操作优化模式的多模型描述方式，建立了一种基于装置先进控制和“卡边”优化的炼油生产过程多调度优化模型的描述体系。现场实施表明，这种基于多调度优化模型，同时考虑执行时间、执行代价和操作可行性的炼油生产过程调度优化智能决策方法，能够达到更安全、更有效的平稳操作和“卡边”优化的运行效果。(2) 针对炼油企业公用工程所需的蒸汽能源优化、瓦斯平衡和氢气平衡等调度优化问题，提出了一种适用公用工程的调度智能决策方法，降低了公用工程调度优化的难度，提高了能源和公用资源的利用水平，并同时考虑厂际协同问题，从集团公司的层面实现了厂际之间的原料调配、计划指标平衡以及用料采购计划等更大范围的优化问题。(3) 提出了一种混合群体智能算法的统一框架，将群体智能优化的迭代搜索过程提炼为社会协作、自我适应、竞争、增强学习等几个基本环节，建立了统一框架描述下算法的数学模型，分析了算法的渐进收敛性、有限时间性能等理论问题。(4) 针对计划与调度优化中的多约束和高维问题，提出了一种基于群体智能的协同进化优化算法，决策变量与罚因子协同进化，克服了罚函数法难以设置罚因子的困难。同时还提出了一种基于自适应水平比较的群体智能算法，以及一种基于混沌的高效微粒群体算法，对上千维的优化问题具有良好的有效性、高效性和鲁棒性。（5）针对计划与调度优化问题，提出了一种基于自学习策略的混合微粒群体调度算法，设计了实数编码与工件排序的相互转换规则，给出了多模式协作搜索及自学习调整策略，并将该算法推广应用到多目标、不确定以及其他复杂工艺下的计划与调度问题。同时针对特定复杂工艺下的计划与调度问题，提出了一种快速评价方法和多种混合群体智能优化算法，为生产调度提供了高效求解方法。以上（3）~（5）三部分研究成果2007年获高等学校科学技术自然科学二等奖。上面提及的“计划与调度优化”方面的研究成果，虽不能算是方崇智先生的直接科研成果，但可视为先生的一种学术思想影响和学术辐射贡献,而将其列作“系统控制与优化”的成就。

三、实验室方面①

方崇智先生是清华大学过程控制专业的奠基人，早在专业建立之初,他就特别强调实验教学在工科学生培养中的作用,提出了“没有实验室的水平就没有专业水平”。在这个思想的指导下，方崇智先生及其实验教学团队在实验室建设方面做出了重要贡献。

1.建设特色实验设备，提高专业课程教学水平

当年方崇智先生主讲的“自动调节原理”是一门理论性比较强的课程，而且比较抽象，但它是一门重要的技术基础课程。为教好这门课程，上世纪50年代中，方崇智先生就亲自动手设计建设了一套非常直观、操作简单，又很接近工程实际应用的第一代颇具特色的液位控制实验设备,以配合“自动调节原理”课程的教学实验,包括对象动态特性测试、单回路控制实验、简单的比例控制动作和典型调节原理演示等，对课程教学和加深学生理解调节系统知识起到了很好的作用。

为了增强课程的实验手段和种类，在建成物理模型教学实验设备的基础上，方崇智先生又进一步于1960年与教研组的老师配合，开始研制电子管的实验教学模拟机（配图1）。先后经历过分立元件和集成电路的更新换代，到1984年完成了更具特色的数字—模

① 清华大学自动化系张福义、徐博文教授执笔。

配图 1：第一台电子管教学模拟机（1960 年）

拟混合仿真控制实验设备，用模拟机模拟被控对象，用单板机进行控制，更好地配合了课程教学实验，提高了课程教学实验水平。该实验设备曾由自动化系自动化仪器厂生产，为不少高校所采用，在自动化专业教学中发挥了很好的作用。

流程工业中存在一类大容积迟延的控制对象，控制难度相对比较大，为此方崇智先生又亲自设计了典型的、具有特色的换热器控制系统实验设备。方崇智先生具有扎实的机械和控制方面的基础，从物理模型到控制系统的设计，方崇智先生都是亲力亲为。

液位控制实验设备的流出流量与液位成非线性关系，而“自动调节原理”课讲的都是线性系统，方崇智先生查阅了国外资料，找到一种线性液位控制对象的设计方法。通过在水箱侧面开一个经过特殊设计的异型孔，使水箱的流出流量与液位的高度成线性比例关系。这种具有线性特色的实验设备相对于早期的液位控制系统被称为第二代液位控制实验设备。

1983 年，这套实验设备又由单容积系统发展为多容积系统，并配备了新的 DDZ- Ⅱ型电动单元组合仪表，控制手段也由手动变成了自动，同时系统具有了数据显示、记录等功能，成了第三代液位控制实验设备。1990 年这套第三代液位控制实验设备（也称作“水力模型控制试验台”）荣获清华大学第一届实验技术成果一等奖，并供兄弟院校和有关教学实验设备生产厂家使用与仿制。2002 年，第三代液位控制实验设备通过小型化设计，并配备了基于基金会现场总线 FF（Foundation Field Bus）的计算机控制系统，除课程需要进行一般的控制、工业数据通信、现场总线技术、控制网络技术等教学实验外，还可以用于以模型为基础的复杂控制系统和故障诊断的实验研究，这也就是第四代液位控制实验设备（配图 2）。2005 年第四代液位控制实验设备和“小型多功能控制系统实验设备”参加了在上海举办的中国国际自动化和传感器与测试技术展览会（IAC TME+SENSOR），受到与会专家的一致好评。

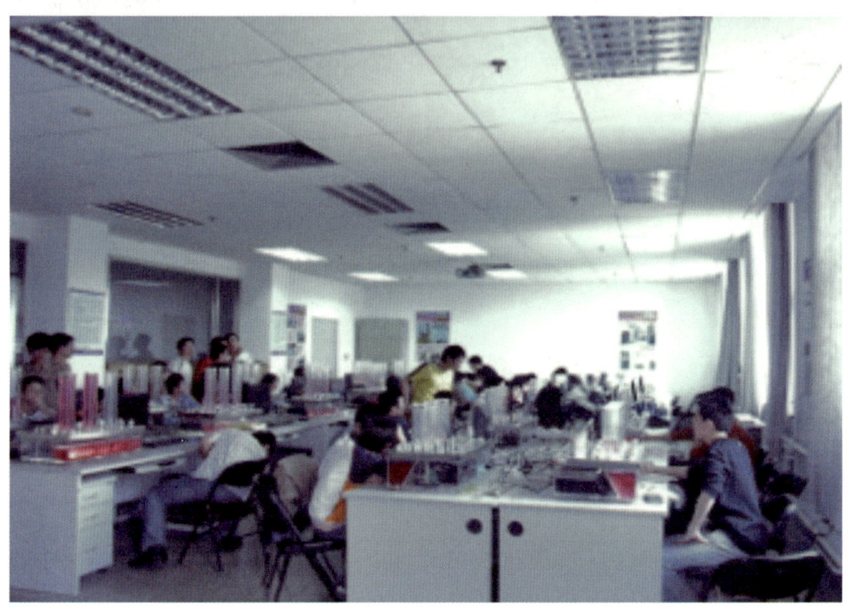

配图 2：第四代液位控制实验设备教学实验

经由方崇智先生亲自设计、主持开发和指导，在两任实验室主任及其他老师的共同努力下，实验室研制了多种具有特色的教学实验设备，包括第四代液位控制实验设备、换热器控制系统实验设备，此外还有流量测控、精馏塔自动控制实验设备，总共有 16 台套。利用这些实验设备，实验室承担了绝大部分与控制理论和控制系统课程有关的教学实验，使得学生在实验中更加理解课程知识，培养了学生独立操作和实际动手的能力。除此以外，实验设备还支撑着实践教学、课程设计、毕业设计、课外科技活动和研究生论文实验研究等教学环节，为很多届本科生和研究生提供了学习和研究条件。

2. 建设研究性实验装置，促进专业高层次人才培养

方崇智先生不仅重视特色型的教学实验设备建设，以提高专业课程实验教学水平，还特别注重推动建设具有研究性质的实验装置，以促进专业高层次人才的培养，如建设复杂的液位控制实验装置，用于培养研究生人才。方崇智先生指导的多名博士研究生都曾在这套复杂的液位控制实验装置上进行过博士学位论文的实验研究，其中一位首届博士生就是利用这套实验装置进行故障检测观测器设计方法的研究，获得很好的研究效果，其论文“基于鲁棒观测器的部件故障检测”发表在 1988 年 *Int. J. Control* 上，受到国际著名故障诊断专家的好评。

上世纪 80 年代初，方崇智先生审时度势，在国内率先开辟了“系统故障诊断”研究方向，作为这个研究方向的结合点之一，选择了“长输管道的泄漏检测与定位”方法的研究。为更好地开展这方面的研究，方崇智先生组织力量、亲自设计和建设了用于泄漏检测和定位的长输管道实验装置，包括长输管线系统架构、盘管结构及控制系统（配图 3）。多名博士生和硕士生先后在这个实验装置上进行过长输管线的泄漏检测与定位研究，获得过许多有价值的研究成果，部分成果达到国际水平，得到多名国际著名专家的认可，对我国“长输管线的泄漏检测与定位”研究工作起到了促进和引领作用。

配图 3：方崇智先生（中）与研究生，探索长输管线检漏的实验方案

在方崇智先生实验室建设思想的影响下，过程控制实验室与时俱进、年年更新，研发具有特色的实验设备和研究性的实验装置，以更好的状态服务于专业课程教学和高层次人才培养。2000 年前后，在原有的数字——模拟混合仿真实验台的基础上，开发了一套小型虚拟仿真实验系统，融合集成了 Honeywell 的 UniSim Design 设计软件和自行开发的精馏塔、常压塔及加热炉等工艺流程模拟软件，构成流程与控制一体化的虚拟仿真环境，为研究生综合自动化课程开设了多种复杂的教学实验，大大提高了课程教学效果。2006 年，又研发了一套大型虚拟炼油厂综合自动化实验系统，将 Honeywell 管控一体化软件和自行开发的先进控制软件（RMPCT）封装在一起，构建成复杂的综合自动化系统，不仅能仿真复杂的连续生产过程工艺流程，而且可以实现整个企业的过程优化控制、计划优化调度、经营优化管理、生产优化决策和供应链优化等，为研究生的课题研究提供实验环境和条件，成为我国过程控制界高水平的综合自动化实验研究系统。

影集篇

影集篇整理收录了方崇智先生的上百张照片，从生活到工作，从个人到群体，在 75 年（1935 — 2009 年）的时间跨度内，按 14 类条目编辑，构成二维的人生画卷，多角度反映方崇智先生努力耕耘、严谨治学、奉献不止的精神和奉行有容乃大，无欲则刚的品格[①]。

（1）少年英俊，老年慈祥——记录 16 岁到 90 岁的人生沧桑；

（2）留学英国，学成报国——记录求学路上的不懈努力；

（3）伉俪情深，相濡以沫——记录相敬如宾的夫妻岁月；

（4）欢愉家庭，温馨和谐——记录家人、亲人之间的和睦亲情；

（5）方师崇智，恩情难忘——记录不忘恩师之情；

（6）学术活动，兢兢业业——记录默默耕耘的学术生涯；

（7）栽桃育李，尽心尽职——记录研究生培养过程中的心血；

（8）国际交往，推动合作——记录与国际友人的交往；

（9）学者风范，心胸豁达——记录一个学者的气质和风度；

（10）同事同仁，深情厚谊——记录与学界同仁、同事之间的交情；

（11）桃李不言，校友敬仰——记录不着自我宣扬，深受校友敬仰的团聚；

（12）同窗好友，推心置腹——记录同窗好友之间的友情；

（13）寿辰庆典，襟怀坦荡——记录寿辰庆典上胸襟开阔的人生态度；

（14）同宗同族，骨肉相亲——记录兄弟姐妹之间的手足感情。

① 方崇智先生女儿方进，以及王桂增、金以慧、徐用懋和叶昊等教授提供照片素材，萧德云教授负责分类整理。

一、少年英俊，老年慈祥

方崇智先生，1935—1955 年

方崇智先生，1971—1995 年

方崇智先生，2002 年

方崇智先生，2008 年

二、留学英国，学成报国

方崇智，留学英国，伦敦，1946—1948 年

方崇智，留学英国，英格兰东南部 Croydon 公园，1948 年

方崇智，留学英国，伦敦，1948 年

方崇智，学成回国前夕，伦敦大学玛丽皇后学院，1949 年

三、伉俪情深，相濡以沫

方崇智与庄瑞珍女士订婚照，出国留学前，昆明，1944 年

方崇智、庄瑞珍结婚留念，北京，1949 年

方崇智、庄瑞珍夫妇，北京，1949 年

方崇智、庄瑞珍夫妇，清华，1974 年

方崇智、庄瑞珍夫妇，颐和园，1976 年

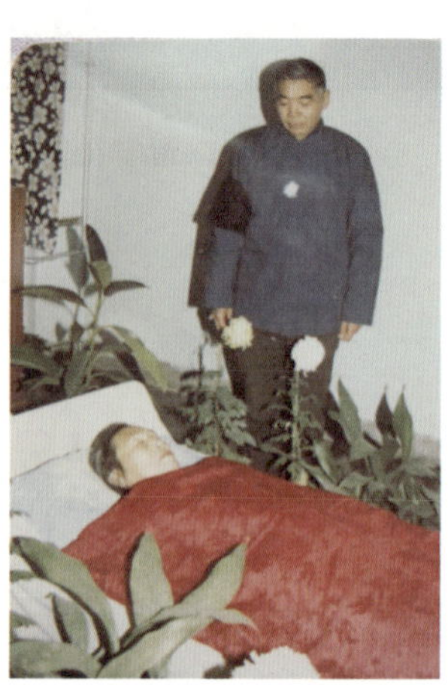

方崇智先生沉痛告别妻子庄瑞珍，1982 年

四、欢愉家庭，温馨和谐

方崇智夫妇与儿女，清华新林院，1957 年

（左图）方崇智夫妇与儿女，颐和园，1960 年；（右图）方崇智夫妇，北京，1973 年

方崇智夫妇与儿子方胜，颐和园，1974 年

方崇智先生与女儿方进、孙女和外孙女，北京世界公园，1991 年

方崇智先生和女儿方进，85 岁生日，清华家中，2004 年

方崇智先生（前左）与女儿方进（前右）和女婿王浩（后）在九十寿辰庆典上，清华主楼，2009 年

方崇智先生（左）与女婿王浩院士（右），清华主楼，2009 年

方崇智先生（前右）与女儿方进（后）和女婿王浩（前左），北京，2011 年

五、方师崇智，恩情难忘

吴官正（左）拜访方崇智先生（右），清华家中，1984 年

吴官正（右二）拜访方崇智先生（中），吴荫芳（左二）、王桂增（右一）和刘祖照（左一）陪同，清华家中，1985 年

吴官正（中）拜访方崇智先生（右），系主任王森（左）陪同，清华，1986 年

吴官正（左二）拜访方崇智先生（右二），徐用懋（右）陪同，清华，1992 年

吴官正（中）拜访方崇智先生（左二），听取过程控制教研组教学科研汇报，清华主楼，1992 年

吴官正（右二）拜访方崇智先生（左二），李衍达院士（右）、王家祯教授（左）陪同，清华，1993 年

吴官正（右二）拜访方崇智先生（左三），吕崇德（左二）、徐用懋（右三）、金以慧（左一）教授陪同，清华，1997 年

吴官正（前右二）拜访方崇智先生（前左一），并与清华大学校党委书记李传信（前右一）和校长张孝文（前左二）合影，清华工字厅，1998 年

吴官正（右二）拜访方崇智先生（左二），杜建寰（右一）、吕崇德（左一）教授陪同，清华主楼，2008 年

吴官正（前）出席方崇智先生追悼会，北京八宝山，2012 年

六、学术活动，兢兢业业

方崇智先生（中）、吴勉（右）与苏联专家齐斯加可夫（左）讨论教学问题，清华动力系馆，1956 年

方崇智先生（左二）参加北京城市煤气管网“四遥”远动系统鉴定会，北京煤气公司，1975 年

方崇智先生（左）前往法国巴黎参加国际会议，首都机场，1978 年

方崇智（上图右二）、常迥（上图右一）、董树屏（上图左三）和倪维斗（下图左二）听取课题汇报，清华工字厅，1985 年

方崇智先生做学术报告，杭州，1986 年

方崇智先生主持学术会议，杭州，1986 年

参加 IFAC 辨识国际会议，北京香山，1988 年（右起：谢新民，韩曾晋，方崇智，金以慧，萧德云）

方崇智先生（右）和张钟俊院士（左）在 IFAC 辨识国际会议上，北京香山，1988 年

方崇智先生（右二）在学术研讨会上发言，1990 年

方崇智先生（中）参加学术活动，1990 年

方崇智先生（左二）参加全国性学术会议，1990 年

方崇智先生（前左二）、王诗宓（左一）及博士生参加第四届过程控制会议，广州，1991 年

方崇智先生（右四）与教研组同事南方调研，广州，1991 年

方崇智先生（二排右二）与教研组同事及研究生南方调研，广州，1991 年

方崇智先生（前）参加水电部科技司与电力规划设计院学术会议，北京，1992 年（后左起：王汉生，“量 65”毕业生，国家电力公司中能电力科技公司总经理；侯子良，“热 68”毕业生，电力自动化专家；顾人一，“热 61”毕业生，华东电管局高级工程师）

方崇智先生（中）参加水电部科技司与电力规划设计院学术会议，北京，1992 年（左：侯子良，“热 68”毕业生，电力自动化专家；右：刘吉臻，华北电力大学前校长，工程院院士）

方崇智先生（左二）参加国际学术会议，1993 年

崇智先生（右二）参加国际学术会议，1994 年

方崇智先生（中）、徐用懋（左）和浙江大学周春晖先生（右）讨论专业人才培养问题，清华主楼，2002 年

方崇智先生（右二）与浙江大学王骥程（左一）、王树青教授（左二）步入会场，清华主楼，2002 年

七、栽桃育李，尽心尽职

方崇智先生（中）、倪维斗教授（左）同博士生徐向东（右）讨论博士论文课题，清华，1984 年

方崇智先生（右）与博士生葛卫（左），清华主楼实验室，1986 年

方崇智先生（左二）、金以慧（右二）、王桂增（左一）和博士生葛卫（右一）参加第一届过程控制年会，宁波，1987 年

方崇智先生（中、右）与博士生陶洛文参加国际 IFAC 会议，法国，1988 年

方崇智（右五）在博士生学位论文答辩会上，1990 年

方崇智先生（左三）与博士生李渭华（右二）外出调研，南昌，1992 年

孙西（右四）博士学位论文答辩，导师方崇智先生（左五），清华主楼，1992 年（左起：吴宏鑫、韩曾晋、涂序彦、吴昌蒲、方崇智、冯纯白、孙西、金以慧、吴麒）

黄仲文（右一）博士学位论文答辩，导师方崇智先生（右二），清华主楼，1993 年

李渭华（右一）博士学位论文答辩，导师方崇智先生（右四），清华主楼，1994 年

自动化系 1993 级研究生毕业留念（方崇智二排左十二），清华大礼堂，1995 年

叶昊（右五）博士学位论文答辩，导师方崇智先生（右四），清华主楼，1996 年

博士生葛卫（右）回校看望方崇智先生（中），清华，1997 年

王京春博士学位论文答辩，导师方崇智（右三），毛剑琴（右二）、金以慧（右一），左起：叶昊、张贤达、王桂增、涂序彦，清华主楼，1997 年

方崇智先生（右三）主持王军博士学位论文答辩，清华主楼，1998 年

八、国际交往，推动合作

方崇智先生（右五）与德国 Gerhard- Mercator 大学 P. M. Frank 教授（左五），清华主楼实验室，1984 年

方崇智先生（左）与美国加州大学圣芭芭拉分校 Dale E. Seborg 教授夫妇，王诗宓、金以慧陪同，清华，1988 年

方崇智先生（左二）与加拿大 Alberta 大学 D. G. Fisher 教授（右一）和美国加州大学圣芭芭拉分校 Dale E. Seborg 教授（右二），金以慧（左一）陪同，清华，1988 年

方崇智先生（右）与加拿大 Alberta 大学 D. G. Fisher 教授（左），清华园，1988 年

方崇智先生参加国际会议，并做学术报告，1988 年

方崇智先生（左二）与日本九州大学相良节夫教授（左三），系主任王森（右三）、徐用懋（右一）、萧德云（左一）陪同，清华，1988 年

方崇智先生（右二）与美国普渡大学工业控制研究室 J. T. Williams 教授（左一），王桂增（右一）陪同，清华主楼前，1992 年

方崇智先生（右）与美国 George Mason 大学 Janos J. Gertler 教授，清华主楼，1997 年

九、学者风范，心胸豁达

方崇智先生，清华家中，1983 年

方崇智先生，北京香山，1983 年

方崇智先生，1984 年

方崇智先生，法国，1986 年

方崇智先生，法国，1986 年

方崇智先生，法国，1988 年

方崇智先生，法国，1988 年

方崇智先生，清华临漪榭，1990 年

方崇智先生，清华图书馆，1991 年

方崇智先生，1992 年

方崇智先生，1994 年

方崇智先生，北大未名湖，1995 年

方崇智先生，1996 年

方崇智先生，1997 年

方崇智先生，清华荷塘，1992 年

方崇智先生，1998 年

方崇智先生，清华主楼，2002 年

方崇智先生，清华校河畔，2008 年

十、同事同仁，深情厚谊

方崇智先生（二排右四）与教研组同事合影，清华主楼，1983 年

李春文博士学位论文答辩后，方崇智先生（前右四）、吴麒（前左一）、秦化淑（前左四）、高为炳（前左五）、吴沧浦（前右三）等合影，清华甲所，1989 年

方崇智先生（前左四）与教研组同事郊游，北京，1990 年

教研组同事给方崇智先生（左四）拜年，1992 年春节

方崇智先生（后右三）与教研组同事合影，清华主楼，1993 年

方崇智先生(前右四)与教研组同事合影，清华二校门，1993 年

教研组老同事吴勉教授（左二）拜会方崇智先生（右二），徐用懋（右一）、杨家本（左一）教授陪同，1993 年

教研组同事给方崇智先生（右二）拜年，1993 年春节

教研组同事给方崇智先生（前中）拜年，1994 年春节

教研组同事给方崇智先生（前左二）拜年，1995 年春节

教研组同事给方崇智先生（前左五）拜年，1996 年春节

教研组同事金以慧教授（左）陪同方崇智先生（右）登黄山，1996 年

南加州大学秦泗钊（前右三）回校拜访导师方崇智先生（前左二），1996 年

教研组同事给方崇智先生（前左三）拜年，1997 年春节

教研组老同事吴勉夫妇（左右）从海外回来探望方崇智先生（中），1998 年

教研组同事给方崇智先生（前右四）拜年，1998 年春节

教研组同事与方崇智先生（前左三）合影，清华主楼，2002 年

教研组同事与方崇智先生（前中）合影，清华主楼，2002 年

十一、桃李不言，校友敬仰

动力系“量 5”班毕业合影（二排左四起：郭少平、徐用懋、杜建寰、李辑祥、方崇智、师克宽、吕崇德、黄峨、杨家本，后排右三：吴官正），清华二校门，1965 年

方崇智先生（前右五）、董树屏（前右六）教授与动力系“热 59”班毕业 30 周年返校校友合影，清华动力系馆，1989 年

方崇智先生（前左五）在动力系热59毕业30周年聚会上讲话，清华动力系馆，1989年

动力系“量4”和“热4”同学校庆合影（前左起：毛建雄，王家桢，沈幼庭，徐秀清，师克宽，王朴宣，冯俊凯，方崇智），清华动力系馆，1991年

方崇智先生（中）与陈清海（左一）、廖华强（右二）合影，萧德云（右一）陪同，清华主楼，1993年（廖华强，“自仪61”，中国工程物理研究院研究员；陈清海，自控系“自控001”，福建炼油有限公司正高级工程师）

方崇智先生（右三）、杜建寰教授（右一）接待校友，清华大礼堂，1993年

方崇智先生（前左五）、冯俊凯先生（前左六）和师克宽先生（前右二）与动力系“热 53”毕业 40 周年返校校友合影，清华二校门，1993 年

方崇智先生（二排右五）与动力系“热 59”毕业 35 周年返校校友合影，清华大礼堂，1994 年

方崇智先生（前左二）与返校校友合影，清华二校门，1995 年

方崇智先生（前左三）与返校校友座谈，1996 年

方崇智先生（前左五）与返校校友合影，1996 年

方崇智先生（前左四）与返校校友合影，1997 年

校友看望方崇智先生（右三），1998 年

方崇智先生（前左五）与返校校友合影，清华动力系馆，1999 年

九十周年校庆方崇智先生（前右四）与动力系“量 7”班毕业 30 周年返校校友合影，2001 年

方崇智先生（中）与动力系“热 8”班毕业 50 周年返校校友合影，清华二校门，2008 年

十二、同窗好友，推心置腹

大学同学，方崇智（二排左二），重庆，1940 年

大学同学相聚，方崇智先生（前右一），1978 年

大学同学相聚，方崇智先生（左），章鑫昌先生（中），万嘉璜先生（右），1979 年

方崇智先生（右）与王万钧教授夫妇，1983 年

方崇智先生（右）与水新元教授（左），1983 年

方崇智先生（右）与曾德超院士及女儿，1983 年

方崇智先生（右）与万嘉璜先生（左）和刘裕煊教授（中），清华主楼，1984 年

大学同学相聚，方崇智先生（前右二），清华园，1986 年

大学同学相聚，左起：杨立铭、方崇智、万嘉璜、曾德超、章鑫昌，清华荷塘，1990 年

中央大学老同学相聚，方崇智先生（右），1992 年

中央大学老同学相聚，方崇智先生（右），沈潜先生（左），1993 年

大学同学王万钧夫妇拜访方崇智先生（左），1994 年

大学同学相聚，方崇智先生（右）、王万钧先生（左）和万嘉璜先生（中），1994 年

欧美同学会留英分会 50 周年聚会，方崇智先生（前右五），1995 年

欧美同学会留英分会 50 周年聚会，方崇智先生（前右三），1996 年

老年同学的童心，方崇智先生（右），1999 年

方崇智先生（右）拜访崔济亚先生，2004 年

大学同学相聚，左起：章鑫昌、方崇智、沈潜、万嘉璜、曾德超，2004 年

十三、寿辰庆典，襟怀坦荡

教研组同事祝贺方崇智先生（前中）七十大寿，清华主楼，1989 年

自动化系系主任王森教授（前左）祝贺方崇智先生（前右）七十大寿，清华主楼，1989 年

童诗白教授（前左）祝贺方崇智先生（前右）七十大寿，清华主楼，1989 年

在七十寿辰庆典上，在读博士生为方崇智先生（左）戴上红花，清华主楼，1989 年

教研组同事祝贺方崇智先生（二排左五）八十大寿，清华二教，1999 年

方崇智先生在八十寿辰庆典上，清华二教，1999 年

方崇智先生喜对八十大寿蛋糕，1999 年

在八十寿辰庆典上，自动化系主任王桂增教授（左）为方崇智先生（右）颁发从教 50 年匾牌，清华二教，1999 年

方崇智先生（前左六）九十大寿庆典暨方崇智奖学励学基金成立仪式，用于奖励优秀学子和帮助家庭经济困难的学生，清华主楼，2009 年

清华大学党委副书记韩景阳（前左）出席方崇智先生（右二）九十寿辰庆典，并宣布成立方崇智奖学励学基金，清华主楼，2009 年

博士生们祝贺方崇智先生（中）九十寿辰，清华主楼，2009 年

校友陈道龙研究员（右）祝贺方崇智先生（中）九十寿辰，清华主楼，2009 年

校友张继培研究员（左）祝贺方崇智先生（中）九十寿辰，清华主楼，2009 年

方崇智先生（中）在九十寿辰庆典上为两位优秀学子颁发方崇智奖学金，清华主楼，2009 年

十四、同宗同族，骨肉相亲

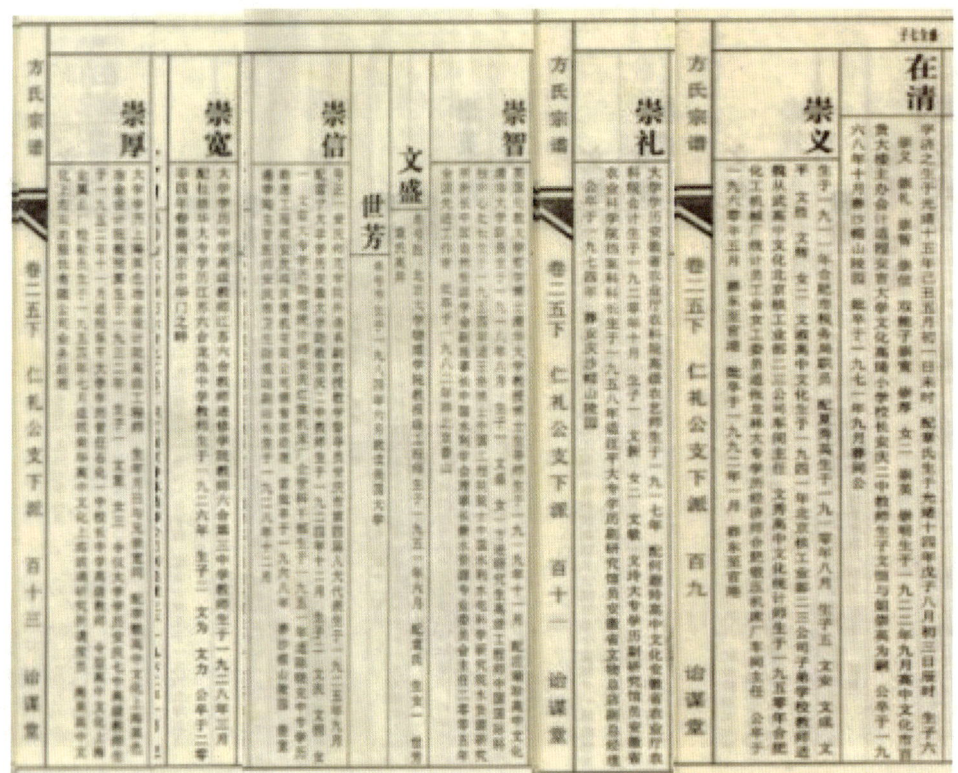

方氏宗谱　卷二五下　仁礼公支下派　百九　诒谋堂

在清

崇义

方氏宗谱　卷二五下　仁礼公支下派　百十一　诒谋堂

崇礼

崇智

文盛

世芳

崇信

崇宽

崇厚

方氏宗谱　卷二五下　仁礼公支下派　百十三　诒谋堂

方氏家谱，方在清养育 6 个儿子：方崇义、方崇礼、方崇智、方崇信、方崇宽、方崇厚（方崇智排行老三），2 个女儿：方崇英、方崇明

回家乡与姐妹兄弟相聚，左起：大姐、六弟、四弟妹、四弟、方崇智、五弟、五弟妹、妹妹，1996 年

兄弟家乡相会，方崇智（中），四弟（右）、六弟（左），1996 年

兄弟姐妹家乡相会，左起：六弟、四弟、方崇智、妹妹、姐姐，1996 年

家人北京相聚，方崇智先生（前右二），1998 年

回家乡祭祖，方崇智先生（前右二），1998 年

方崇智先生（右）与姐姐，北京，1998 年

清明扫墓，方崇智先生（中）与四弟夫妇，在方先生夫人庄瑞珍墓前，香山，2002 年

方崇智先生（右）与四弟，清华蓝旗营小区，2007 年

手稿篇

珍贵的手稿①

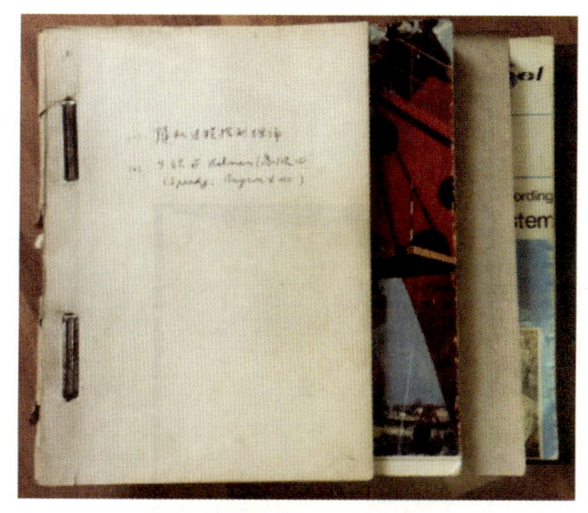

配图 1: 手稿本（1 ~ 4）

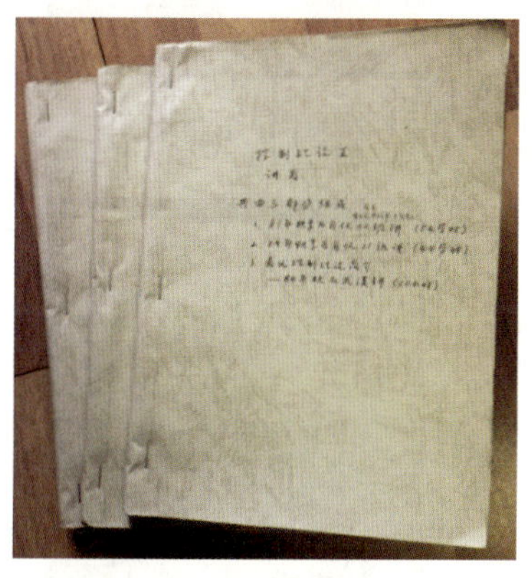

配图 2: 手稿本（5 ~ 8）

方崇智先生从北京大学工学院到清华大学动力机械系，再到自动化系，从教六十年，在教学方面从未有所懈怠，对教学的各个环节都非常认真地潜心对待，可谓治学严谨，一丝不苟。在整理先生遗物时，发现了教学方面的许多手稿，大体可归为“课程讲稿”“讲稿拓展”和“学习与研究随笔”3 种类型，经分类整理装订成 8 大本，分别为“现代控制理论”讲稿、“现代控制理论”讲稿拓展（2 本）、“过程辨识”讲稿、“过程辨识”讲稿拓展和学习与研究随笔（3 本），如配图 1 和配图 2 所示。这些手稿体现了方崇智先生一生在勤的治学态度，值得后人尊敬和学习。下面逐一展示这 8 本手稿的具体内容，从手稿的字里行间仿佛又能看到方崇智先生那种追求精湛业务的勤奋精神。

① 方崇智先生的女儿方进提供手稿素材，由萧德云教授整理汇编。

一、“现代控制理论”讲稿

这本手稿（配图3）是方崇智上世纪80年代初为本科生讲授“现代控制理论”的讲稿，包括3部分内容：

（1）1983年秋季为自仪02班讲授的“现代控制理论”讲稿；

（2）1984年秋季为自仪11班讲授的“现代控制理论”讲稿；

（3）1984年秋季在武汉工程技术培训班上讲授的“最优控制理论”讲稿。

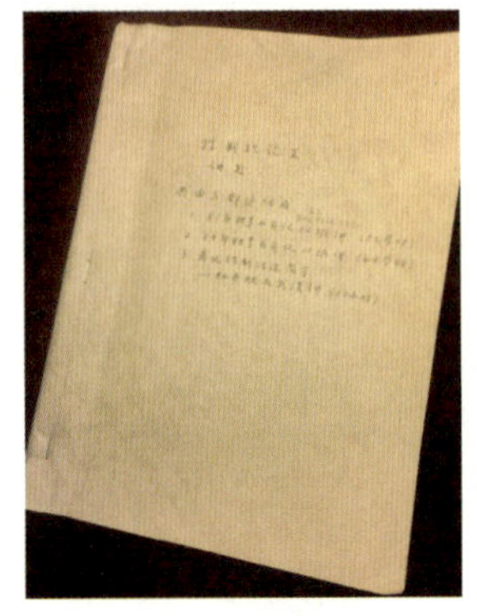

配图3：“现代控制理论”讲稿

其中，自仪02、自仪11为1980年和1981年入学的工业仪表及自动化专业班号。这本手稿总共134页，第一部分 自仪02班“现代控制理论”讲稿82页，第二部分 自仪11班“现代控制理论”讲稿28页，第三部分 武汉工程技术培训班“最优控制理论”讲稿16页，现代控制理论课程习题8页，用于课外巩固课堂知识。纵观这些内容翔实、整齐规范的讲稿，无不让人肃然起敬，没有一颗无限忠于教育事业的心是无论如何也做不到的。当年，方崇智先生已经64岁高龄了，不仅坚守在教学第一线，承担着繁重的教学任务，而且这么认真地写好每节课的教案，把每节课都当作优质示范课来上，努力创造传道、授业、解惑的课堂秩序，是值得后人好好学习的一种精神。

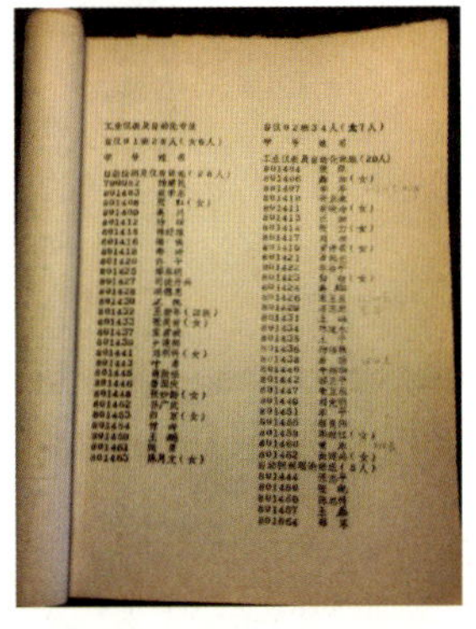

配图4：学生名单

第一部分
自仪02班“现代控制理论”讲稿

这部分讲稿是为自仪02班“现代控制理论”课准备的授课稿，内容详尽、系统。上课时间：1983年秋季学期第1～19周，每周3学时。课程计划授课用时54学时，用于理

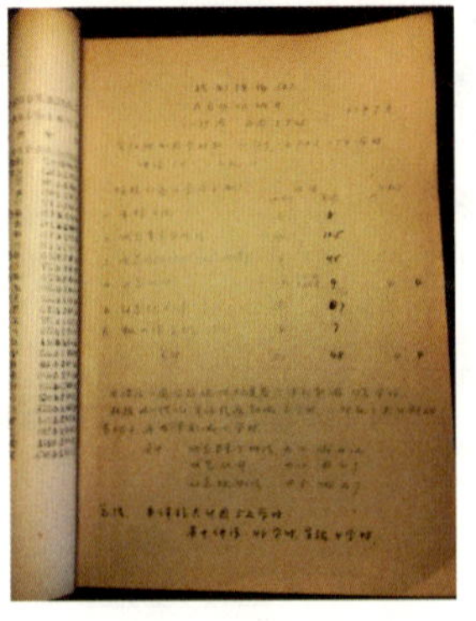

配图5：课时分配

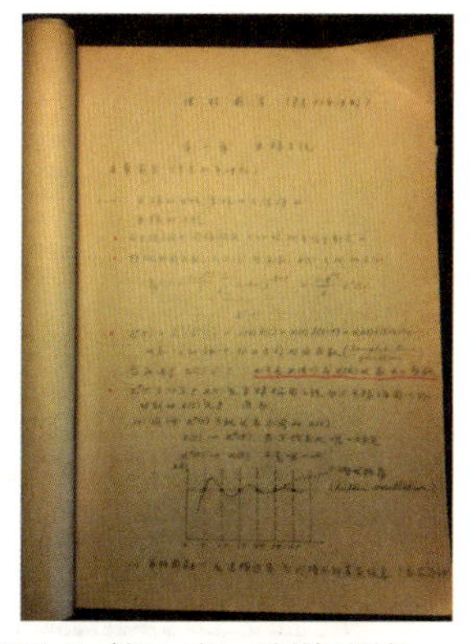
配图 6：第 1 章 采样系统

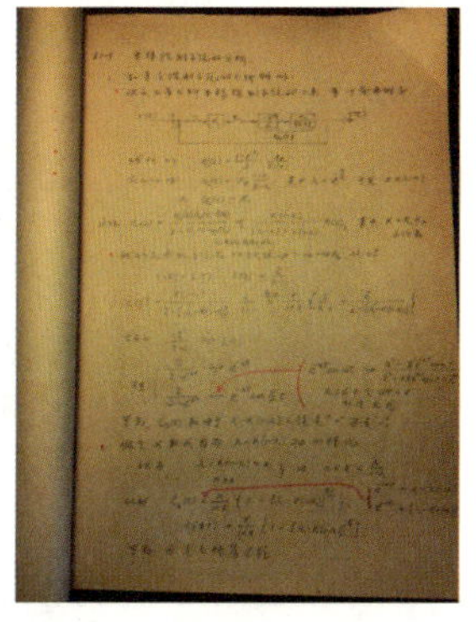
配图 7：§ 1–9 采样控制系统分析

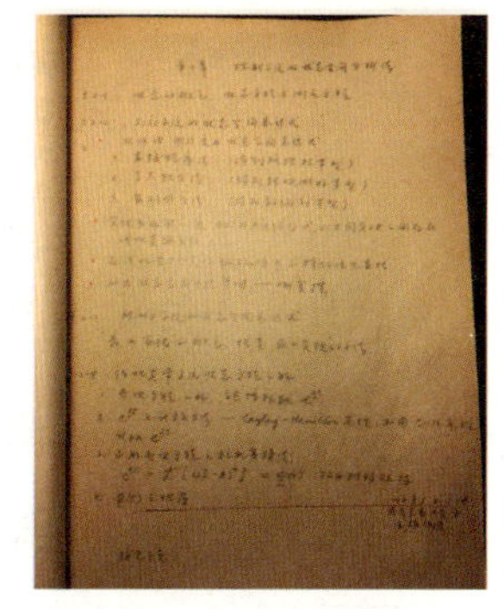
配图 8：第 2 章 控制系统状态空间分析法

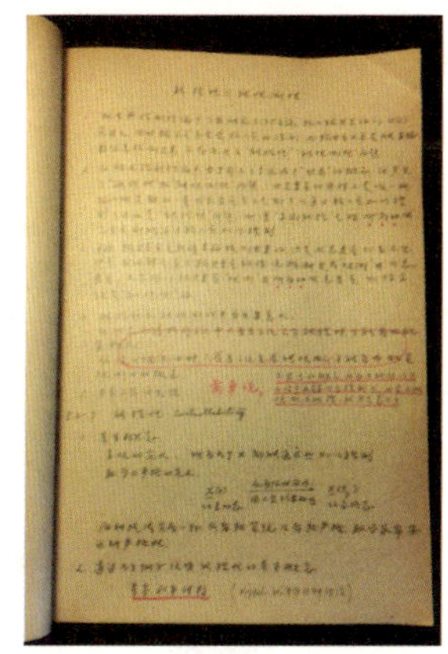
配图 9：能控性与能观测性

论授课学时 50，实验学时 4。讲课内容与学时分配：一，采样系统，8 学时；二，状态变量分析法，14 学时；三，状态反馈控制，4 学时；四，状态估计，9 学时；五，动态规划法，7 学时；六，极大值原理，6 学时，总共授课用时 50 学时。配图 4 和配图 5 是这部分讲稿的学生名单和课时分配。这部讲稿共分 6 章，全为手写稿，包括许多复杂的数学公式和图形，各章内容丰富多彩，一字一句写出，认真细腻，由此可以联想当年先生讲课时的严肃和执着。

第一章 采样系统，包括采样过程、采样器与保持器、连续函数 Z 变换、Z 变换性质、Z 反变换、采样系统摺积与连续系统脉冲传递函数、差分方程模型及其求解、离散系统脉冲传递函数与连续系统离散变换、开环与闭环采样系统方框图及其脉冲传递函数描述、采样控制系统分析、采样控制系统稳定性准则及分析和本章总结等内容。

第二章 状态变量分析法，包括状态的概念、状态方程与测量方程、SISO 和 MIMO 系统的状态空间表示式、线性定常系统状态方程的解、传递函数（矩阵）与状态空间表示式的关系、离散状态空间表示式、离散状态方程的解、能控性与能观测性、状态变量能控性判据、能观测性及判据准则、对偶定理和能控性、能观测性与传递函数零极点分布之间的关系等内容。

第三章 状态反馈控制，包括能控标准型及其变换形式（SISO 系统）、单变量/多变量系统的状态反馈控制与分析、带输出量误差积分反馈控制与分析等内容。

第四章　状态估计，主要内容为状态观测器（具体尚缺）。

第五章　动态规划法，包括最优控制问题与解决方法、动态规划法的基本概念、最优化原理、动态规划法用于一维离散系统最优控制、DP（动态规划）法用于连续系统积分指标最优控制、Bellman 方程、线性系统二次型积分指标最优控制、状态变量误差二次型积分指标最优控制和输出变量误差二次型积分指标最优控制等内容。

第六章　极大值原理，包括 Hamilton 函数、Hamilton-Jacobi 方程、Hamilton-Jacobi 方程的解——正则方程、求解正则方程的边界条件、极小值原理用于积分指标最优控制、时间最优控制（Time Optimal Control）、正则方程与 Riccati 方程的关系等内容。

整部讲稿内容完整、详细，记录了课程全部知识点和教学的全过程。配图 6 ～配图 13 是部分讲稿的原件。

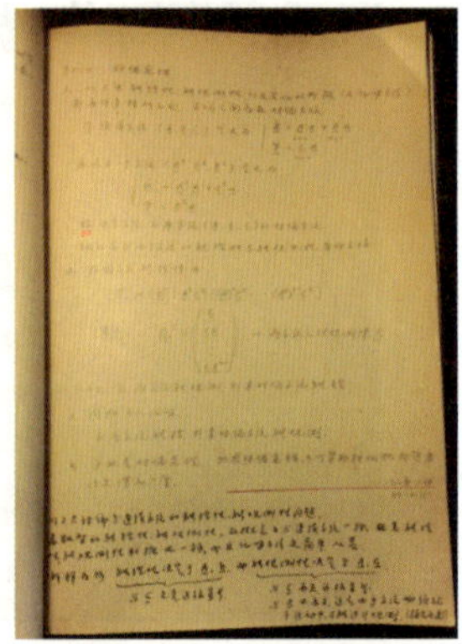

配图 10: § 2–11 对偶定理

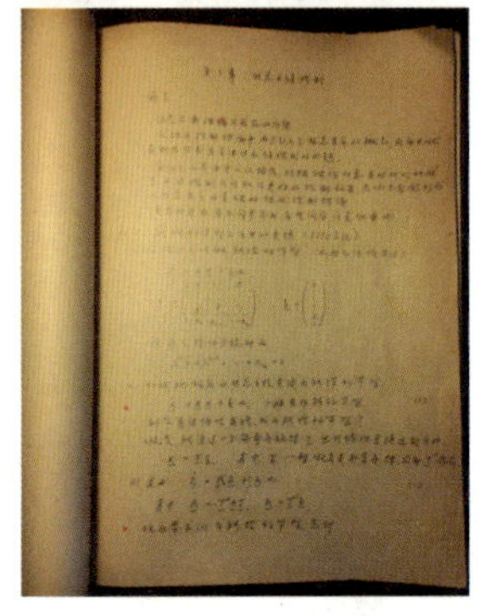

配图 11: 第 3 章 状态反馈控制

第二部分
“自仪 11” 班 “现代控制理论” 讲稿

这部分讲稿是为“自仪 11”班“现代控制理论”课准备的授课稿，上课时间为 1984 年秋季学期第 1 ～ 19 周，每周 3 学时，课程计划授课用时 50 学时，理论授课 46 学时，实验 4 学时。配图 14 和配图 15 是这部分讲稿的上课时间表和课时分配。

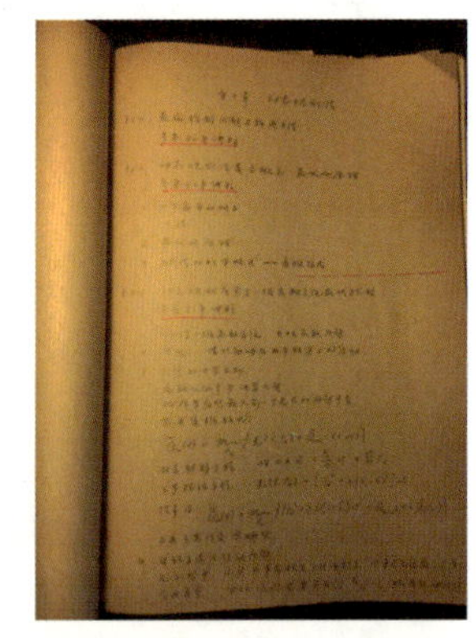

配图 12: 第 5 章 动态规划法

讲稿内容与“自仪 02”班“现代控制理论”讲稿大致相同，也分 6 章，全为手写，讲课内容有 30% 左右的更新。课程安排更加详细、合理，重要的知识点更为突出，数学公式的推导做了必要的删减，同时结合知识点增加

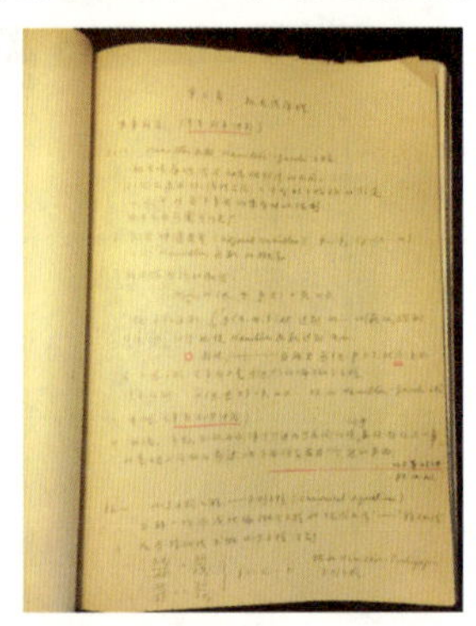

配图 13: 第 6 章 极大值原理

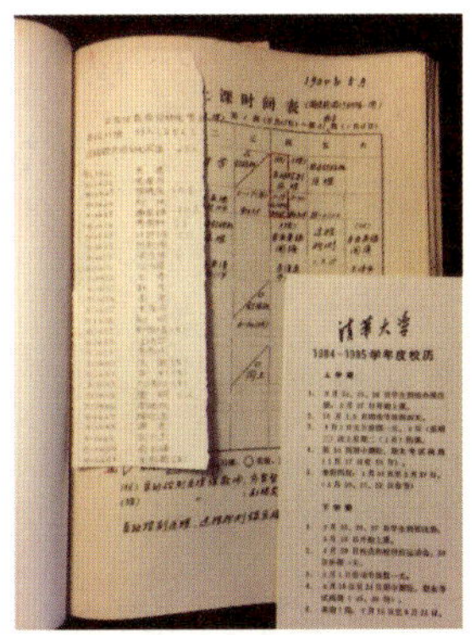

配图 14: 上课时间表

了一些应用实例，重要的知识点还安排了课堂讨论，讲稿中记录了先生想问学生的许多问题，课程习题也做了更换，为的是更便于学生复习课堂知识。配图 16 ～配图 21 是部分更新后的讲稿原件。

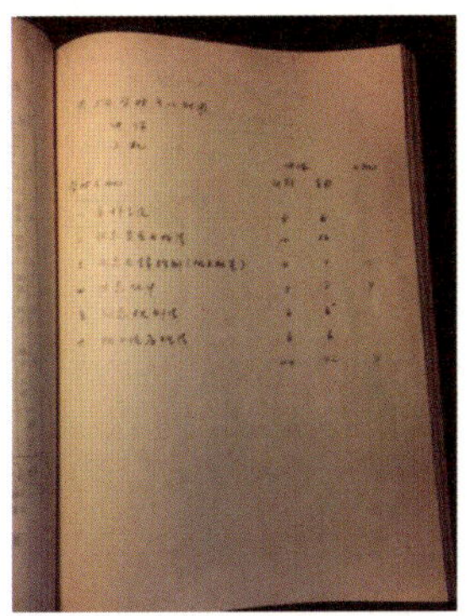

配图 15: 课时分配

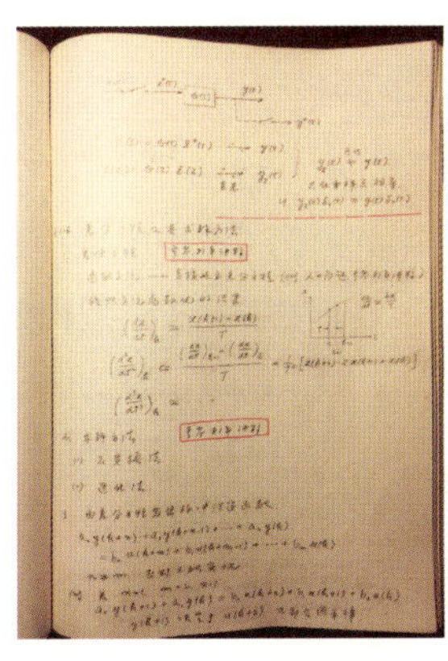

配图 16: § 1–6 差分方程及其求解方法

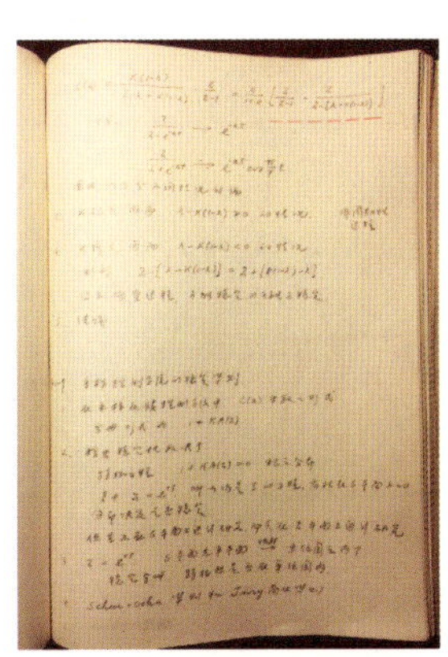

配图 17: § 1–9 采样控制系统的稳定准则

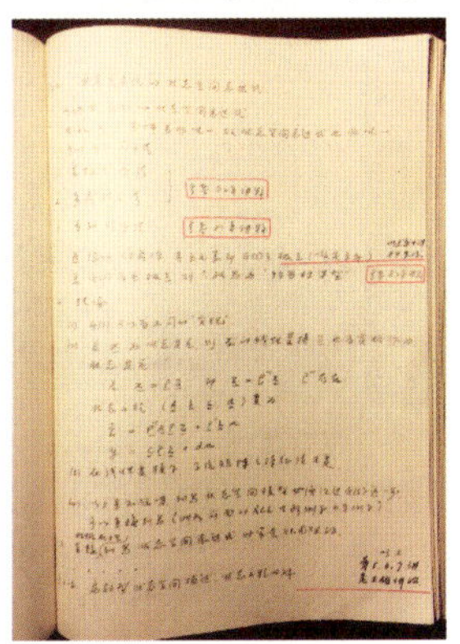

配图 18: § 2–2 单变量系统的状态空间表达式

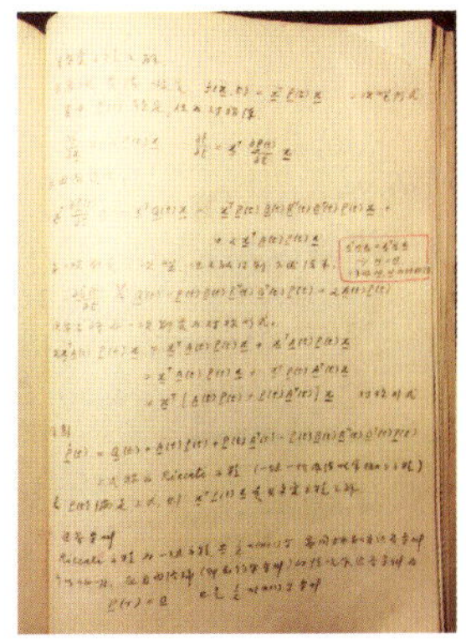

配图 19: 贝尔曼方程之解

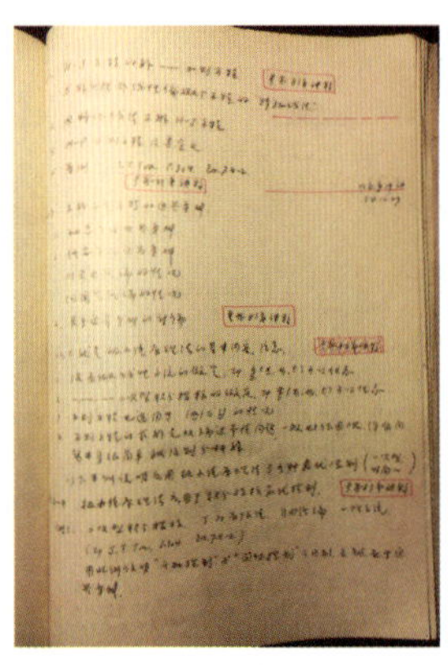

配图 20: §6-2 H-J 方程的解——正则方程

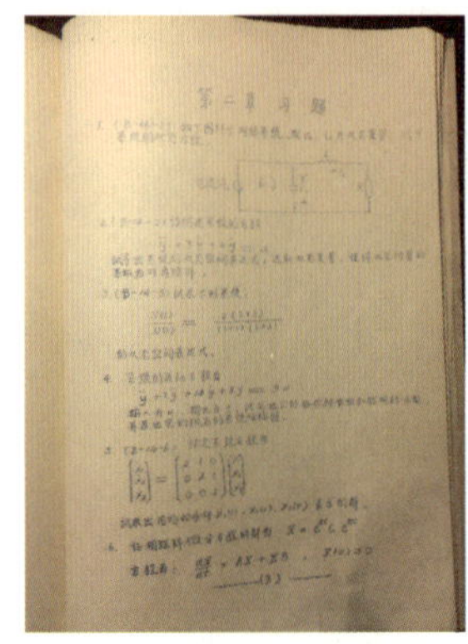

配图 21: 第二章 习题

第三部分“最优控制理论”讲稿

这部分讲稿是为武汉工程技术培训班讲授“最优控制理论”课准备的授课稿，上课时间为 1984 年 10 月，课程计划授课用时 12 学时，课程内容包括动态规划法和极大值原理法两部分，讲课内容、思路及方式与在学校为本科生讲授的大不相同，更侧重实例应用。讲稿全为手写，配图 22 ～配图 25 是部分讲稿的原件。

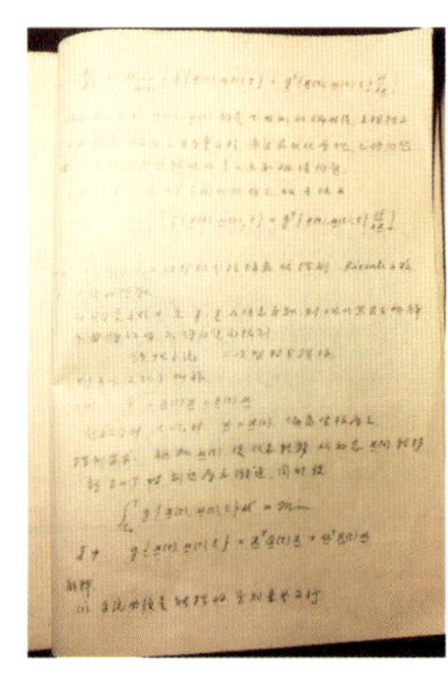

配图 22: §1-3 线性系统二次型积分指标最优控制

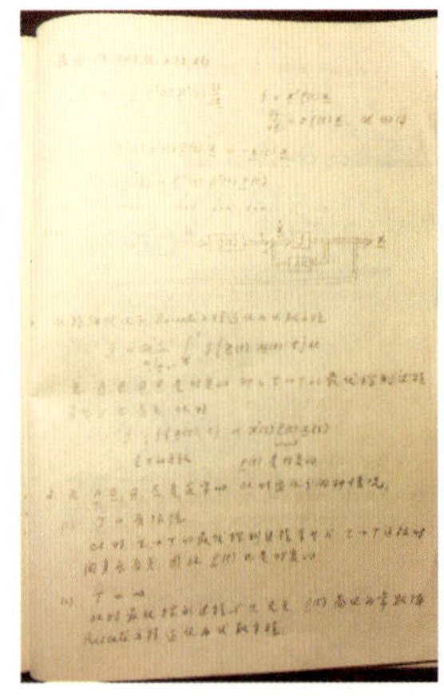

配图 23: 5 最优控制系统的结构

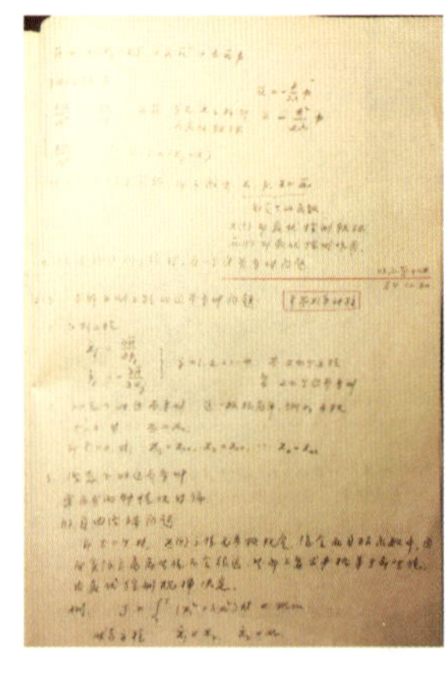

配图 24: §2-3 求解正则方程的边界条件问题

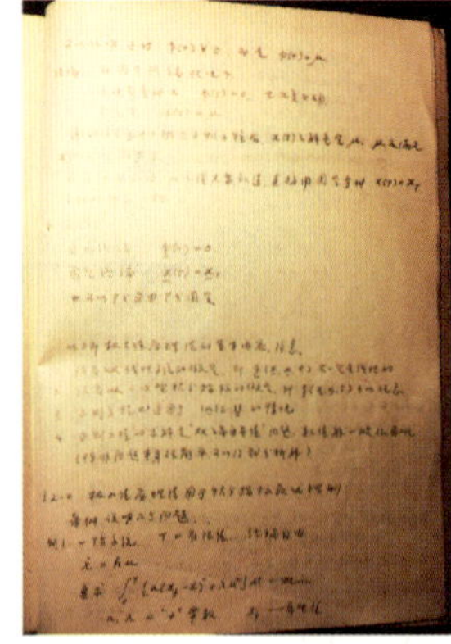

配图 25: §2-4 极大值原理法用于积分指标最优控制

二、“现代控制理论”讲稿拓展

配图26这两本手稿是“现代控制理论”讲稿的拓展，包括4部分内容：

（1）采样系统；

（2）随机数学方法的应用；

（3）动态规划法；

（4）极大值原理法。

配图26:“现代控制理论”讲稿拓展（2本）

两本手稿总共278页，第一部分 采样系统88页，是讲授“现代控制理论”采样系统的进一步拓展和深入，涉及的内容包括采样系统、采样系统的频域分析、采样系统的稳定性、差分方程概念、零极点配置方法、画根轨迹的基本规则和利用根轨迹进行串联补偿控制等。手稿的内容和形式不同于“现代控制理论”讲稿，知识面更宽，程度更深，需要的知识基础更加宏厚，手写风格更为灵活，显现先生授课之外所做的大量额外功课，大大加深了讲稿内容深度，还补充了许多新的知识内容。配图27和配图28是部分内容的手稿原件。

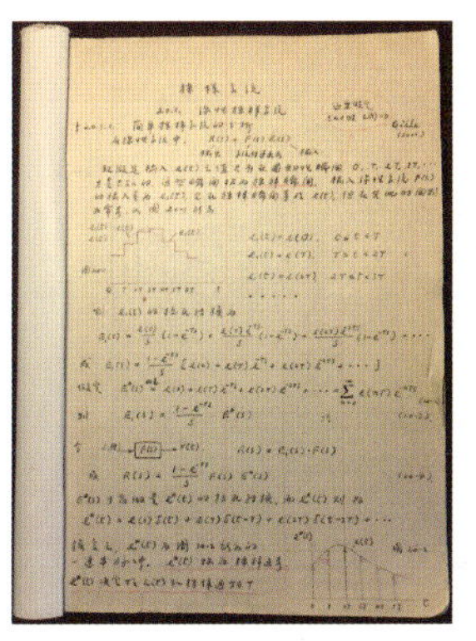

配图27：§2.0.1 线性采样系统

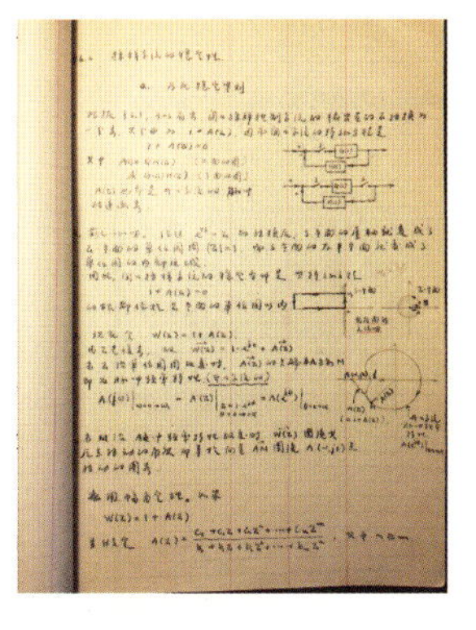

配图28:§6.2 采样系统的稳定性

第二部分 随机数学方法的应用76页，是对如何应用随机数学方法分析自动控制系统的一些思考和笔记，形成于上世纪70年代末80年代初，参考了许多文献，进行了复杂的数学推演，涉及的内容包括随机过程的基本概念及其在分析自动调节系统准确性中的应用、自动调节系统在干扰下动态精度的统计分析方法、谱密度在自动调节系统中的应用、利用统计方法求取线性对象的动态特性、按误差均方值确定随动系统的动态精度、随动系统在连续变化随机作用下的最佳传递函数综合、二元系统的相图、线性坐标变换、非线性自动调节系统的相轨迹、积分曲线方程、奇点分类、李雅普诺夫稳定性准则、方程式为非解析函数自动调节系统的相图、多时相平面的概念、具有速度反馈的继电系统和利用谐波平衡法研究非线性调节系统等。手稿涉及的知识面比较广，深度比较深，利用了许多数学分析工具，需要有宏厚的基础知识才能顺利阅读，有些问题可能是先生的学术推测，没有给出肯定的结论。配图 29 和配图 30 是部分手稿的原件。

第三部分 动态规划法 62 页，是讲授“现代控制理论”动态规划法的进一步拓展，手稿为全英文手写，涉及的内容包括动态规划法原理（最优路径问题、离散优化形式、递推公式、Bellman 优化方法及计算工具），以及动态规划法在典型一阶系统和惯性负荷二阶系统中的应用等。手稿中还分析了许多应用实例，突出工程应用概念，把动态规划法的应用讲得深刻直观，对理解动态规划原理很有益处。配图 31 和配图 32 是部分手稿的原件。

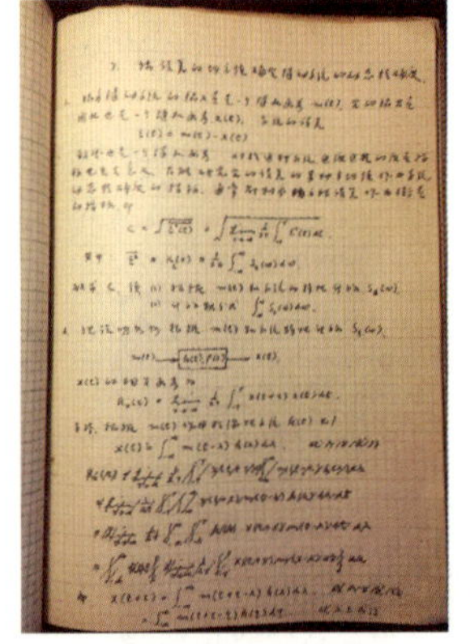

配图 29: 7. 按误差均方值确定随动系统的动态精确度

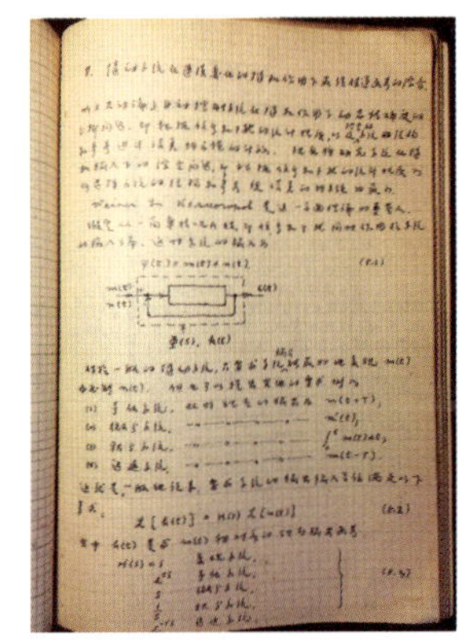

配图 30: 9. 随动系统在连续变化的随机作用下最佳传递函数的综合

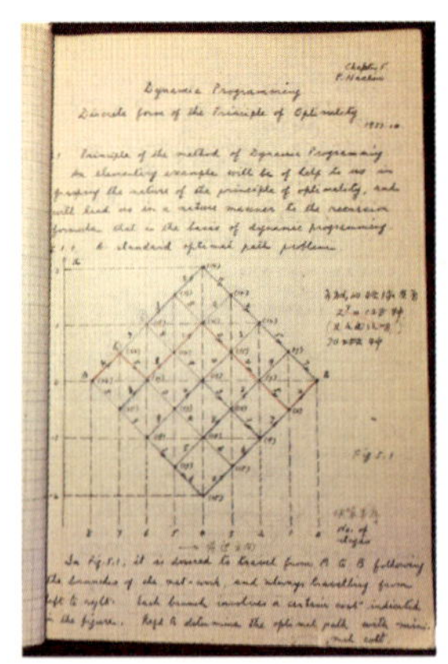

配图 31: Dynamic Programming

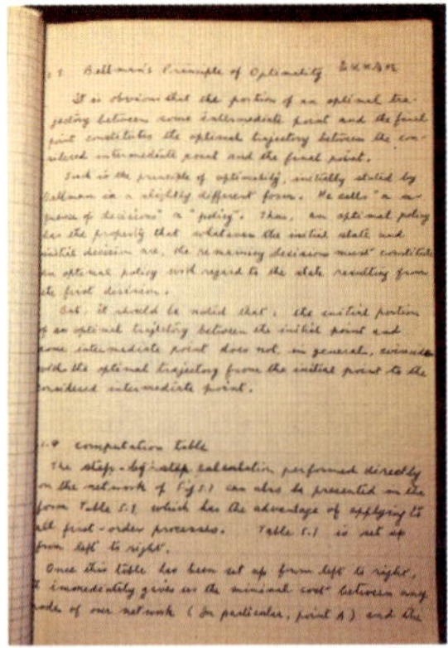

配图 32: § 5.1.3 Bellman's Principle of Optimality

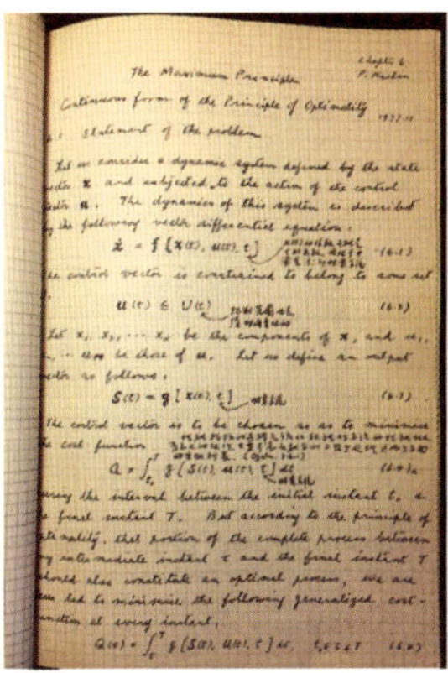

配图 33: The Maximum Principle

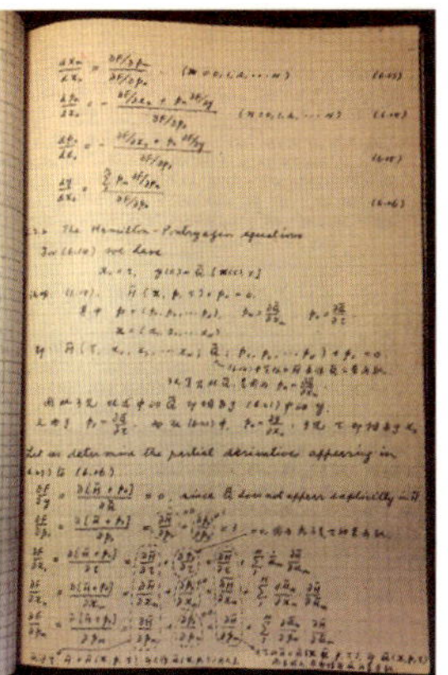

配图 34: The Hamilton–Pontryagin Equations

第四部分 极大值原理法 52 页，是讲授“现代控制理论”极大值原理的进一步拓展和加深，涉及的内容包括极大值原理、优化方法的连续形式、Hamilton-Jacobi 方程的求解、特征值方法、Hamilton-Pontryagin 方程及其解析解和数值解、最小时间控制问题、端点控制问题、固定终态控制问题、总时间有限与无限控制问题、损失函数、极大值原理在一阶系统和二阶系统中的应用等。手稿涉及许多数学分析工具，有些问题结合了实际应用例子，有些问题停留在理论分析层面。配图 33 和配图 34 是部分手稿的原件。

三、“过程辨识”讲稿

上世纪 80 年代初，工业仪表及自动化专业在国内率先为研究生开设了“过程辨识”课程，方崇智先生牵头制定这门课程的教学计划，并亲自上讲堂讲授这门课程。当年，这门课程的知识体系还没有健全，方崇智先生带领几位教师不断摸索，在以应用为主的思想指导下，拟定教学大纲，确立课程知识体系，提倡探究式的教学方法，经过多年的努力，教学效果显著，确立了这门课程在国内的地位。

配图 35:“过程辨识”讲稿

配图 35 这本手稿是当年方崇智先生讲授“过程辨识”的授课稿，共 65 页，内容包括过程辨识概论、辨识基本概念、数学模型建立方法（机理方法与测试法）、线性系统的数学描述、随机变量的统计性质、随机过程基本知识、噪声模型分类、估计量的统计性质、相关分析法、最小二乘估计、各种改进的最小二乘估计算法、极大似然估计和梯度校正法等。通读全稿后体会到，手稿深入浅出，特别重视基本概念的讲述，强调工程应用问题，可以说先生把辨识的概念和应用讲得入木三分。配图 36 ～配图 43 是讲稿的部分原件。

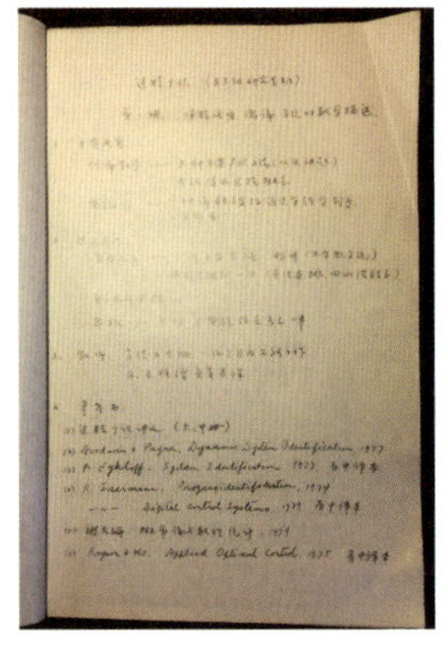

配图 36: 第一讲 课程说明，绪论

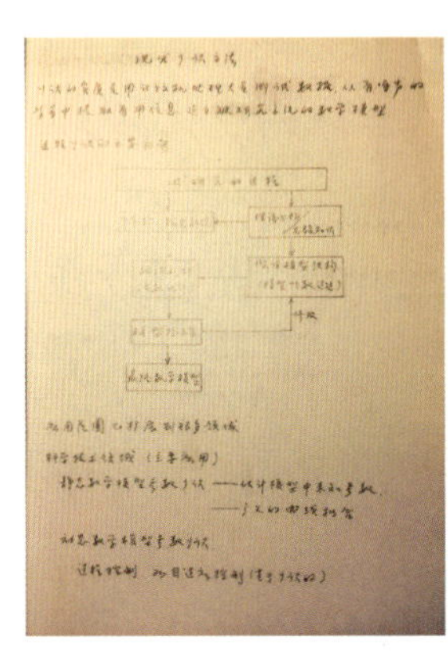

配图 37: 现代辨识方法

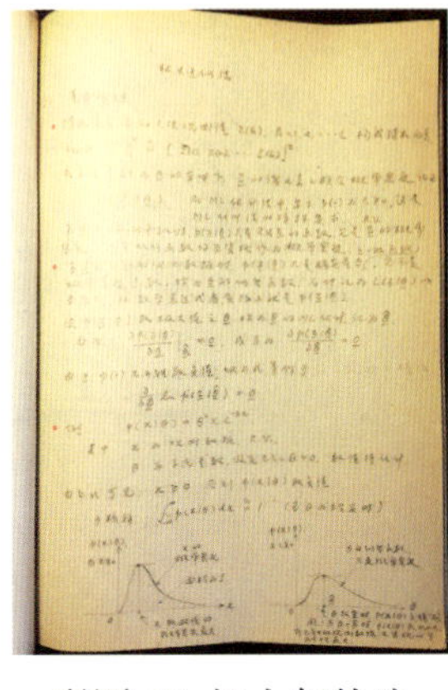

配图 38: 极大似然法

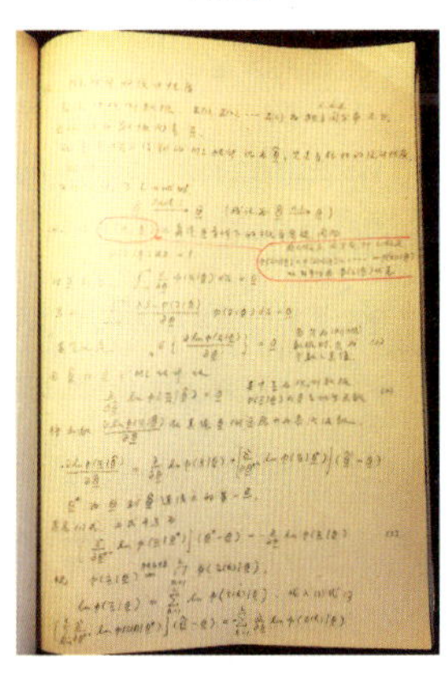

配图 39: ML 估计的统计性质

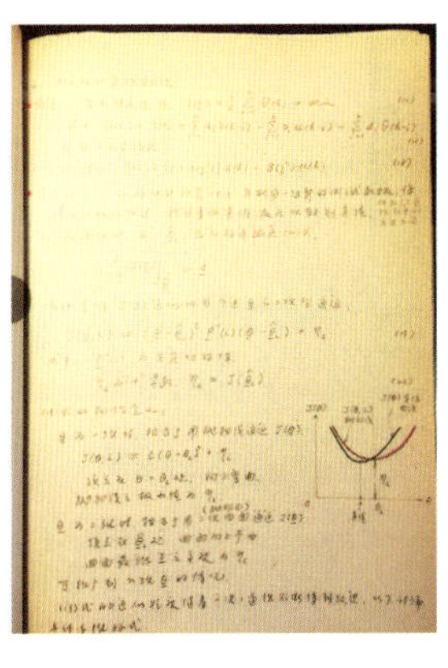

配图 40: ML 估计递推算法

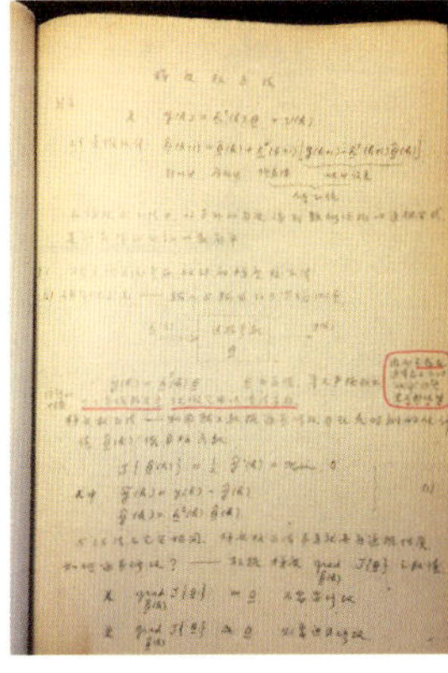

配图 41: 梯度校正法

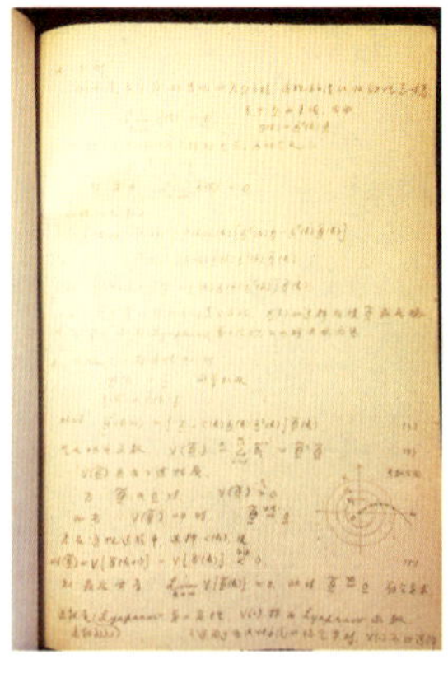

配图 42: 梯度校正法原理分析

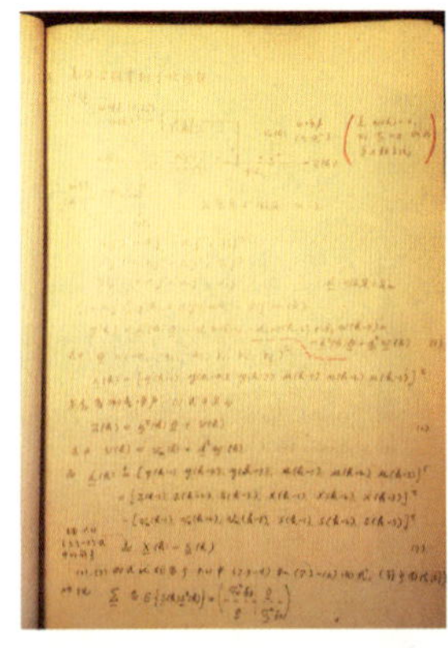

配图 43: 梯度校正法用于差分方程辨识

四、“过程辨识”讲稿拓展

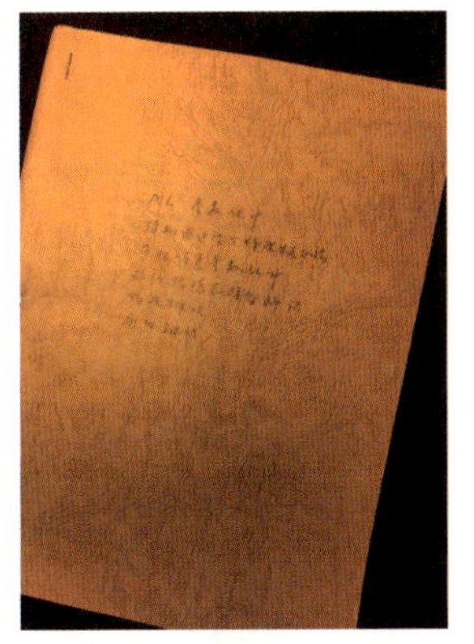

配图 44:“过程辨识”讲稿拓展

配图 44 是方崇智先生讲授“过程辨识”课的一本拓展稿，包括 6 部分内容：

(1) ML 参数估计；

(2) 随机逼近法与梯度校正法；

(3) 预报误差参数估计；

(4) 非线性稳态模型辨识；

(5) 阶次辨识；

(6) 闭环辨识。

这份手稿共 106 页，第一部分 ML 参数估计 43 页，第二部分 随机逼近法与梯度校正法 20 页，第三部分 预报误差参数估计 4 页，第四部分 非线性稳态模型辨识 11 页，第五部分 阶次辨识 19 页，第六部分 闭环辨识 9 页。

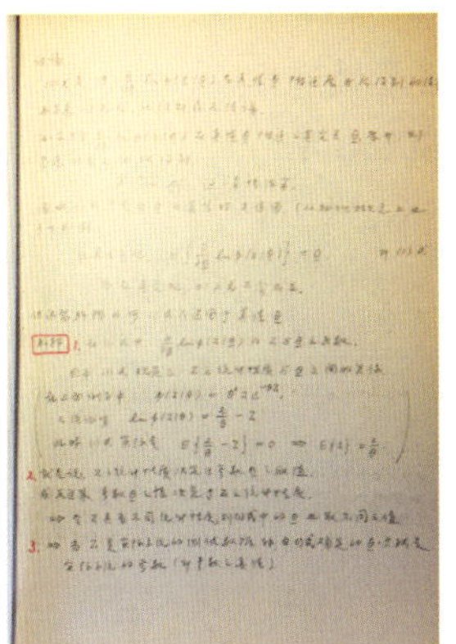

配图 45: ML 估计问题讨论

第一部分 ML 参数估计

这部分手稿是讲授“过程辨识”极大似然估计的一些拓展，内容涉及极大似然估计的基本概念、动态系统极大似然参数估计的基本原理、极大似然基本公式、Lagrange 乘子法、Newton-Raphson 迭代法、极大似然递推算法、极大似然估计的统计性质、极大似然辨识方法的应用和预报误差法的基本概念等。手稿内容是对“过程辨识”极大似然估计授课内容的加深和补充，使极大似然估计的授课内容更加丰富，尤其是如何应用极大似然辨识方法解决实际问题的思考更为深入、更为实际。配图 45 和配图 46 是部分手稿的原件。

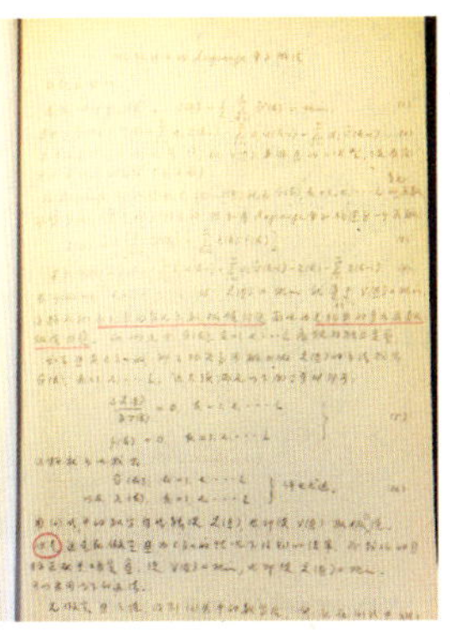

配图 46: ML 估计的 Lagrange 乘子法

第二部分
随机逼近法与梯度校正法

这部分手稿是讲授“过程辨识”梯度校正法的一些拓展和补充，内容包括梯度校正法的原理、梯度校正算法、随机逼近算法、随机性系统梯度参数估计、参数递推梯度校正算法、梯度校正算法权矩阵的选择和随机性系统参数估计梯度校正算法等。配图 47 和配图 48 是部分手稿的原件。

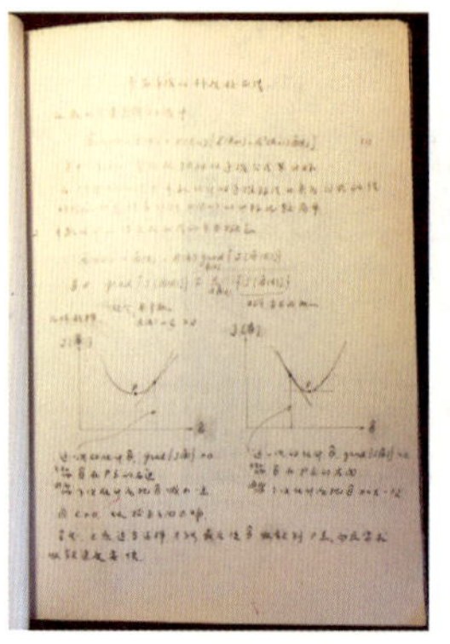
配图 47: 参数递推的梯度校正法

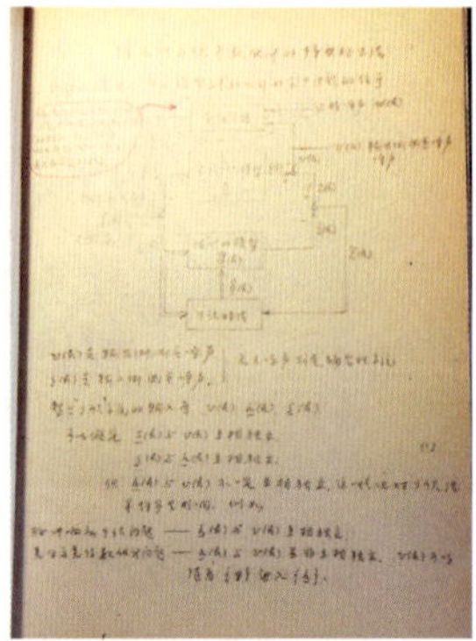
配图 48: 随机性系统梯度参数估计

第三部分
预报误差参数估计

这部分手稿是讲授“过程辨识”预报误差参数估计的一些拓展研究，内容包括预报误差原理、预报误差模型、预报误差参数估计算法和预报误差准则函数的极小化过程等。手稿内容是对“过程辨识”预报误差法授课内容的加深和补充。配图 49 和配图 50 是部分手稿原件。

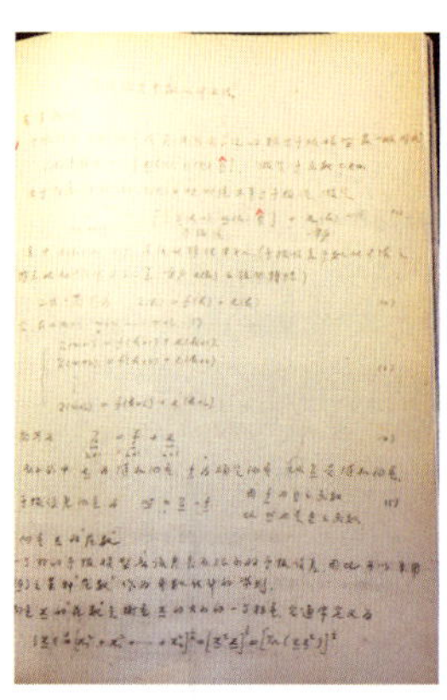
配图 49: 预报误差参数估计法

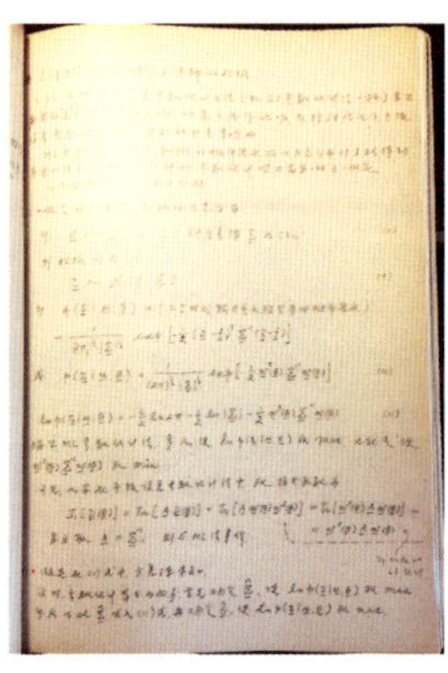
配图 50: 预报误差准则函数的选择

第四部分
非线性稳态模型辨识

这部分手稿是讲授“过程辨识”非线性模型辨识的进一步拓展，内容包括 Marquardt 方法和变尺度法及其应用等。手稿对 Marquardt 方法存在的问题和改进求解方法做了深入的论述，对变尺度法的搜索方向给出清晰的图解，同时深入探讨了 Marquardt 法和变尺度法的求解

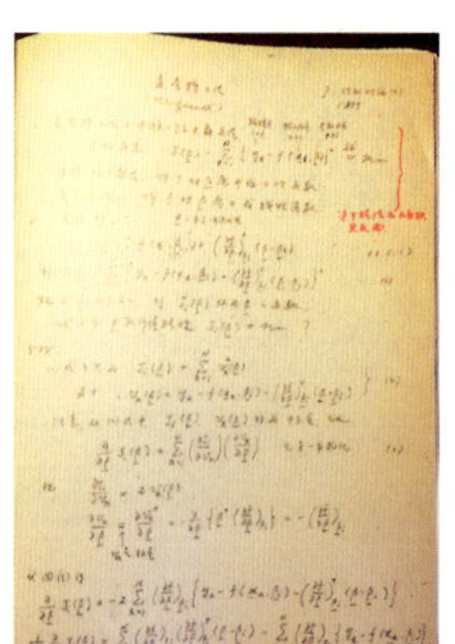
配图 51: Marquardt 方法

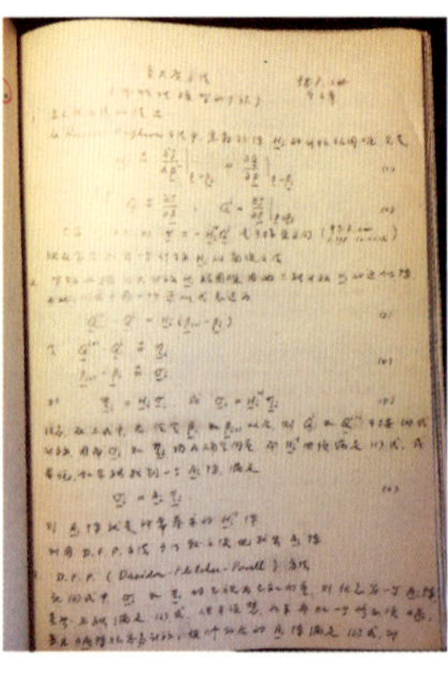
配图 52: 变尺度方法

边界条件问题，并给出较为直观的解释，将“过程辨识”课程的非线性模型辨识内容更加深入一步。配图 51 和配图 52 是部分手稿的原件。

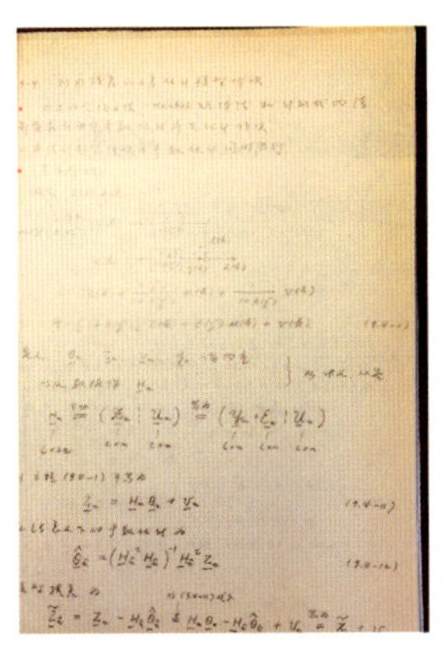

配图 53: 利用残差的方差估计模型阶次

第五部分 阶次辨识

这部分手稿是讲授“过程辨识”阶次辨识的一些拓展研究，涉及的内容包括利用 Hankel 矩阵的秩估计模型的阶次、利用行列式比估计模型阶次、利用残差的方差估计模型的阶次、利用 Akaike 信息准则（AIC）定阶、Akaike 信息准则的推导和利用最终预报误差准则估计阶次等。手稿内容是对“过程辨识”模型阶次辨识授课内容的进一步补充，同时深入探讨了阶次辨识的应用问题。配图 53 和配图 54 是部分手稿的原件。

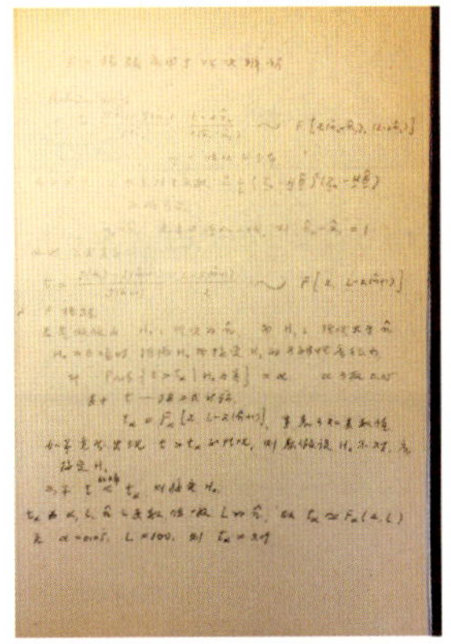

配图 54: F—检验用于模型阶次辨识

第六部分 闭环辨识

这部分手稿是讲授“过程辨识”闭环系统辨识的进一步拓展，涉及的内容包括闭环辨识方法（间接法、直接法）和闭环辨识条件等。手稿内容进一步加

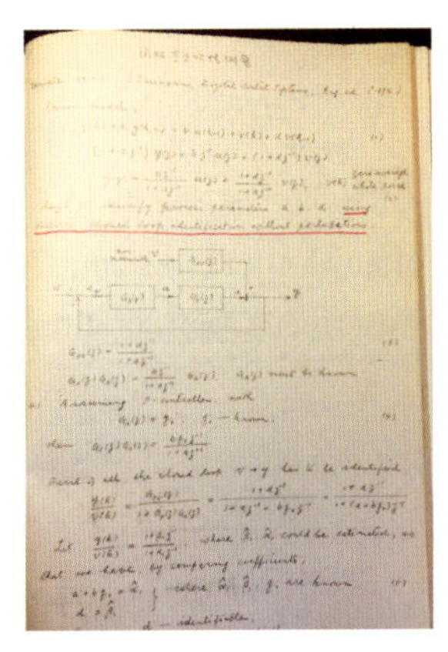

配图 55: 闭环可辨识性例题

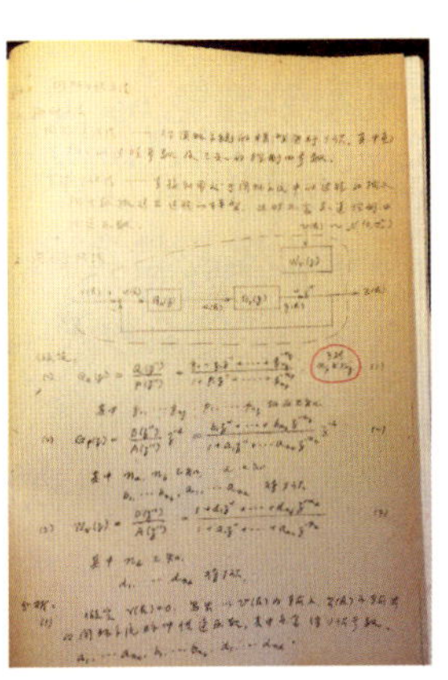

配图 56: 闭环辨识方法

深了闭环辨识条件和辨识方法的理解，同时在理论层面上给出更简洁的分析。配图 55 和配图 56 是部分手稿的原件。

五、学习与研究随笔

配图 57：学习与研究随笔（3 本）

配图 57 这 3 本手稿是方崇智先生上个世纪 70 年代末和 80 年代初的学习与研究随笔，共 400 页，包括 8 部分内容：

（1）随机控制理论；

（2）辨识与 Kalman 滤波器；

（3）随机过程要义；

（4）概率论要点；

（5）线性代数笔记；

（6）R. Isermann 过程辨识（Prozess-identifikation）阅读笔记；

（7）基本 LS 估计；

（8）改进的 LS 估计。

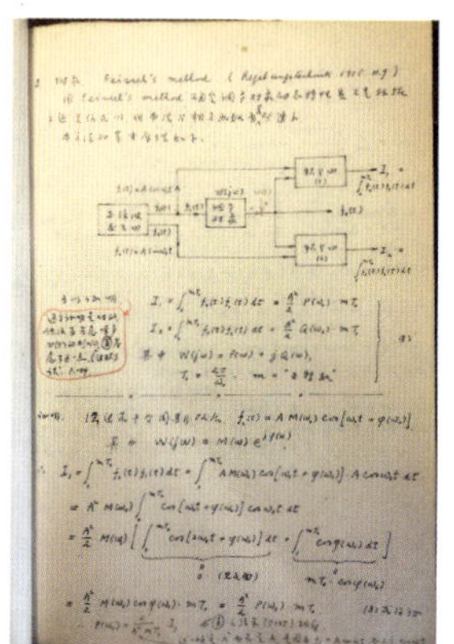

配图 58：Feissel' s Method

从手稿的内容和形式看，既感受到方崇智先生在那个知识翻新的时代，孜孜不倦学习和钻研的精神，又能体会到先生当时那种将统计学方法用于自动控制的锐利思想和准备，在后来先生指导的研究生和科学研究工作中确实体现了这种思想的作用。下面简单介绍这 8 部分手稿的内容，大部分都与随机数学方法理论及应用有关。

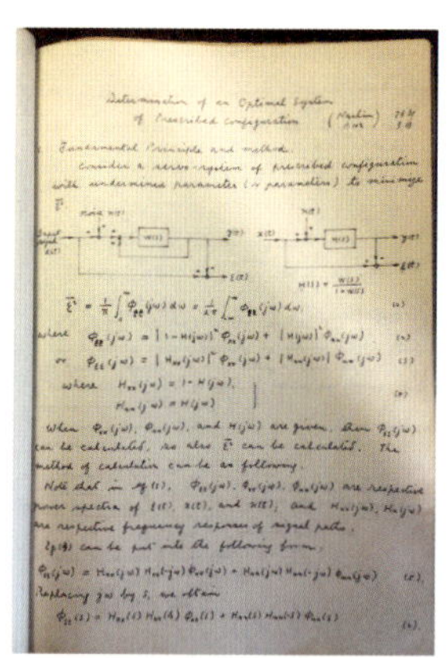

配图 59：Determination of an Optimal System of Prescribed Configuration

第一部分　随机控制理论 64 页，主要内容包括离散随机量的统计性质、随机函数的特征、随机过程的特征函数、相关函数及其性质、功率谱函数及其性质、线性系统在随机输入下的输出、互相关函数及其频谱、利用功率频谱概念在正常工况下确定对象的频率特性、统计学方法在滤波器及随动系统设计中的应用和 Feissel’s Method 等，这部分随笔主要参考了文献：Stanly M. Shinners, *Control System Design*, New York: John Wiley & Sons, Inc., 1964。配图 58 和配图 59 是部分手稿原件。

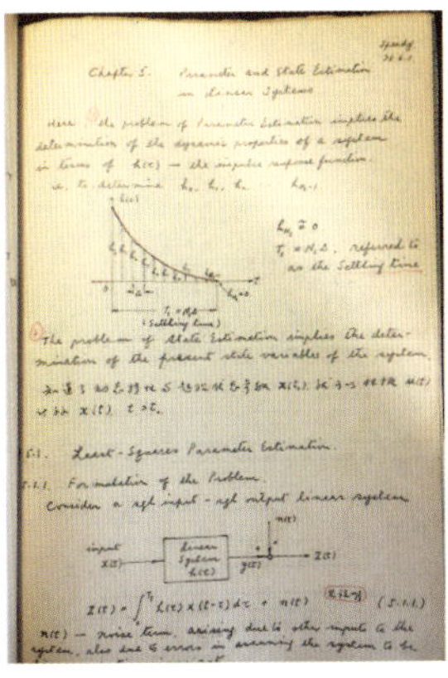

配图 60: Chapter 5 Parameter and State Estimation in Linear Systems

第二部分　辨识与 Kalman 滤波器，共 68 页，主要内容包括线性系统参数和状态估计、Wiener-Hopf 方程、最佳滤波与预报、Kalman 滤波器和一些随机过程理论等。这部分研究随笔，从辨识和 Kalman 滤波器概念写起，一直写到模型参数和系统状态估计算法及其推导与改进，再写到参数和状态估计方法在线性系统中的应用，从中能清晰地看到先生当年对辨识和 Kalman 滤波器的认识，这些认知是后来指导研究生的思想基础。配图 60 ～配图 63 是部分手稿的原件。

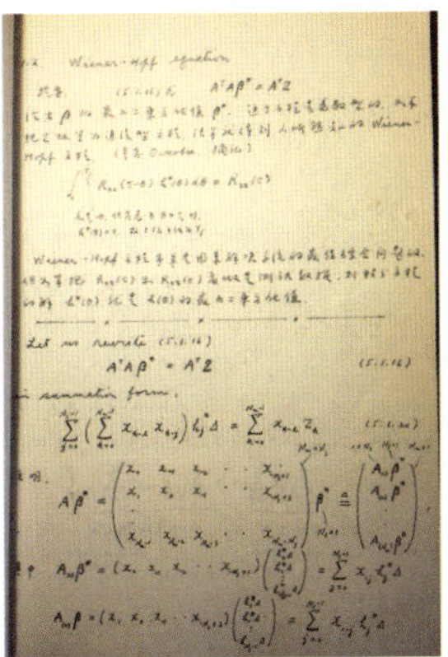

配图 61: Wiener–Hopf Equation

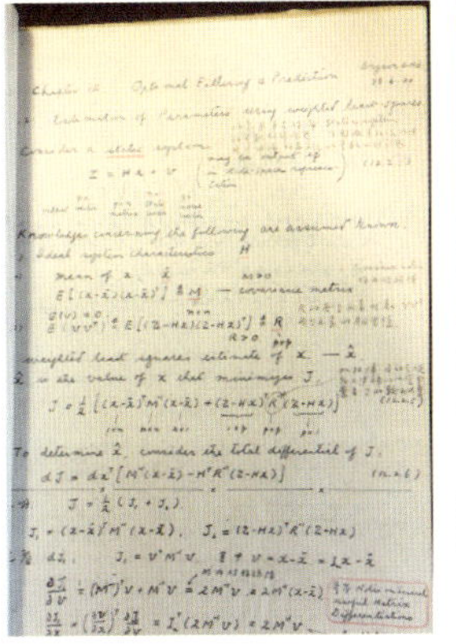

配图 62: Chapter 12 Optimal Filtering & Prediction

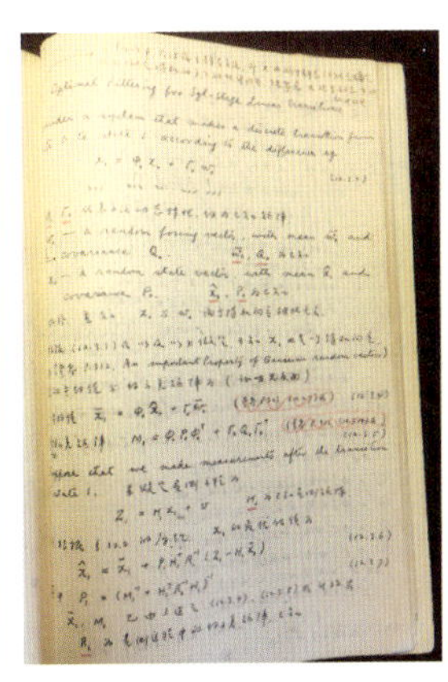

配图 63: Optimal Filtering for Sgl–State Linear Transitions

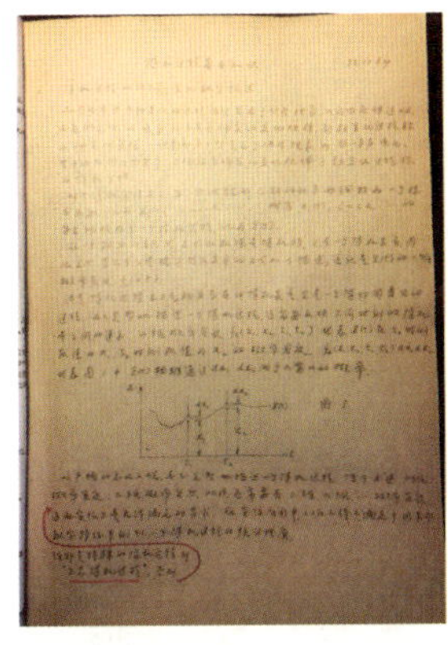

配图 64: 随机过程的基本知识

第三部分　随机过程要义，共 59 页，主要内容包括随机过程的概念及其数学描述、随机过程的数字特征、平稳随机过程及其数字特征、平稳随机过程的各态遍历性、自相关函数与自协方差函数的性质、互相关函数和互协方差函数、Parseval 定理与功率谱函数、平均功率谱密度、Wiener-Khintchine 关系式、互谱密度函数、线性系统在随机输入下输出的谱密度、白噪声过程、产生高斯白噪声序列的数学方法、随机过程的统计独立性及无关性与正交性、有色噪声概念、噪声模型、估计量的统计性质和 Cramér-Rao 不等式的证明等。手写这些随机过程要义时，参阅了许多文献，包括 J.H. Laning. and R.H. Battin, *Random Processes in Automatic Control*, McGraw-Hill, 1956；Bryson and Ho, *Applied Optimal Control: Optimization, Estimation and Control*, Wash.: Hemispher Pub. Co.，1975；浙江大学数学系高等数学教研组，工程数学：概率论与数理统计，北京：人民教育出版社，1979；M.B. Priestly, *Spectral Analysis and Time Series*, London: Academic Press, 1981 等。配图 64 和配图 65 是部分手稿的原件。

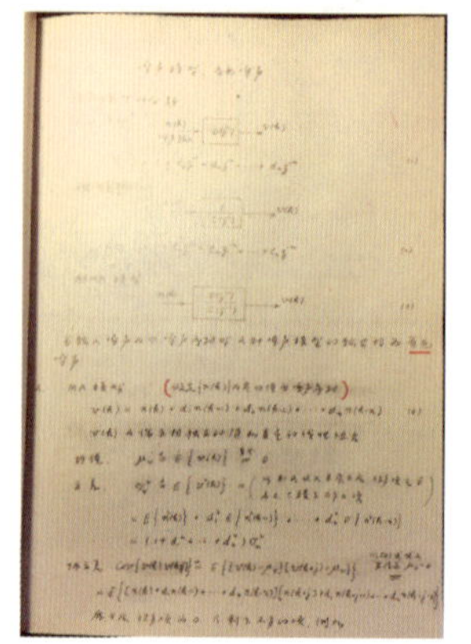

配图 65: 噪声模型，有色噪声

第四部分 概率论要点，共 58 页，其中概率论习题 32 页，主要内容包括随机变量的数字特征、随机向量的数字特征、无关性与相关系数、多维正态分布、随机变量函数的分布、样本及其分布、t 检验以及大量的概率论习题等。这部分手稿可能是方崇智先生上世纪 70 年代末到 80 年代初阅读概率论方面专著所做的笔记，成为后来研究随机过程控制理论的基础。配图 66 和配图 67 是这个手稿的部分原件。

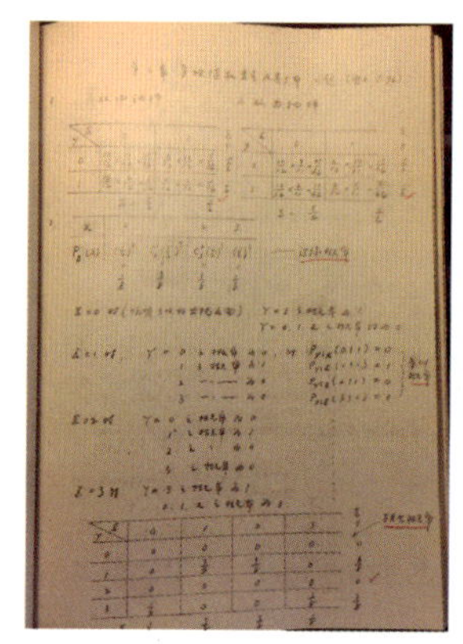

配图 66: 第三章 多维随机变量及其分布

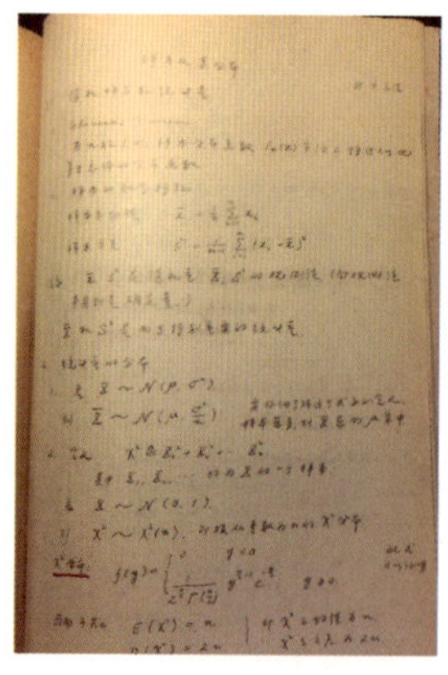

配图 67: 样本及其分布

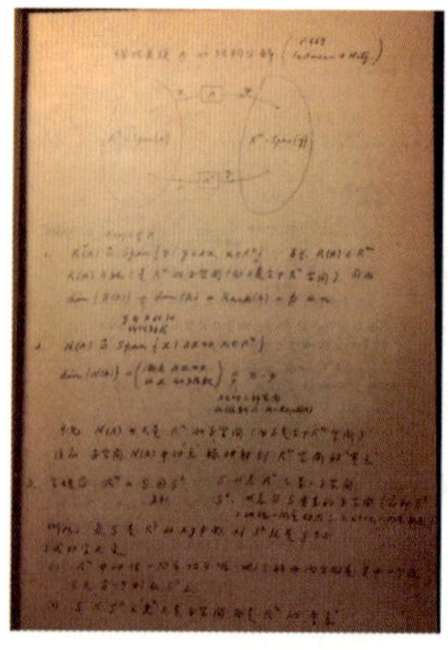

配图 68: 线性变换的结构分解

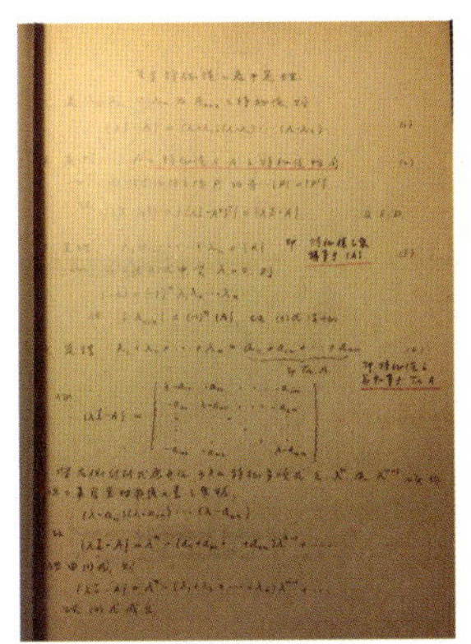

配图 69: 特征值的若干定理

第五部分　线性代数笔记，共 63 页，主要内容包括矩阵的秩及其性质，线性方程组求解与矩阵求逆的方法、R^n 的几何性质、向量空间、线性变换与结构分解、特征值与特征向量、确定矩阵零空间基的方法、矩阵的子空间与积、矩阵微分运算法则和一些很有用的矩阵块运算公式及 LDLT 分解计算等。手稿中还有大量的练习题，可能是为了进一步掌握线性代数相关知识所做的练习。这部分手稿写得很详细，也非常规范，许多知识都是很有用的。这部分随笔主要的参考文献有：R.I. Rothenberg, *Linear Algebra with Computer Application*, New York: J. Wiley, 1983 和 G. Strang, *Linear Algebra and its Application*, Academic Press, 1980 等。方崇智先生在随笔中记录了许多线性代数知识，后来成为指导研究生和从事科学研究的数学工具。配图 68 和配图 69 是这部分内容的一些手稿原件。

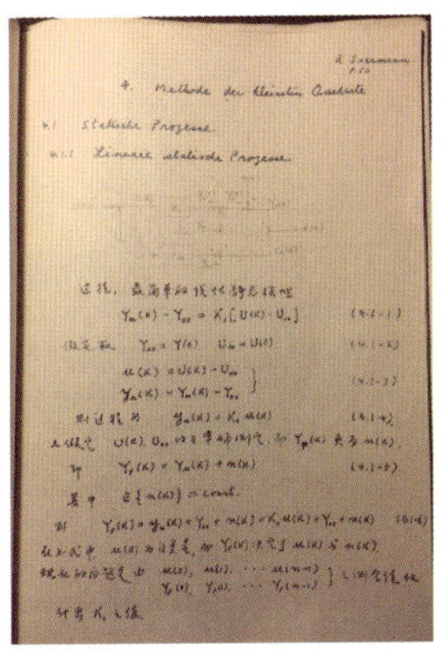

配图 70:Methode der Kleinsten Quadrate

第六部分　R. Isermann 过程辨识（Prozessidentifikation）阅读笔记，共 25 页，主要内容包括随机变量的数字特征、矩阵的微分运算、矩阵求逆定理、随机过程描述、Methode der Kleinsten Quadrate、最小二乘递推辨识方法的推导和微分方程变换成差分方程的方法等，这些内容也是讲“过程辨识”课程的重要参考。这部分阅读笔记主要参考了文献：R. Isermann, *Prozessidentifikation : Identifikation und Parameterschatzung Dynamischer Prozesse mit diskreten Signalen*, Berlin: Springer-Verlag, 1974 和 R. Isermann, *Digital Control Systems*, Berlin: Springer-Verlag, 1989。配图 70 和配图 71 是这部分内容的手稿原件。

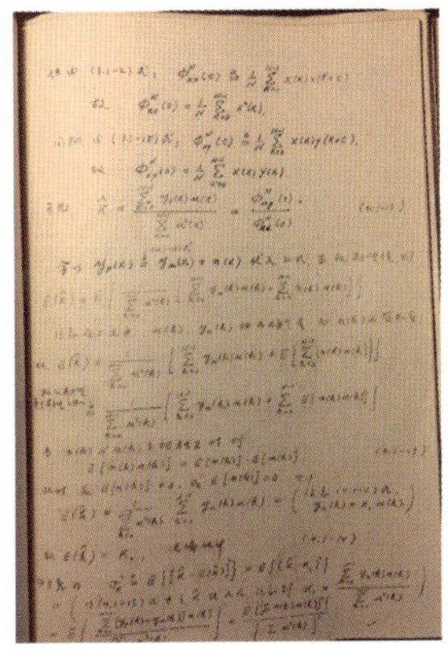

配图 71:Methode der Kleinsten Quadrate（续）

第七部分 基本 LS 估计，共 31 页，内容包括最小二乘原理、最小二乘一次性算法、按观测次序的最小二乘递推估计算法及其改进、最小二乘增长记忆递推算法的推导过程、加权最小二乘估计及加权的基本含义、递推最小二乘算法误差传播影响、最小二乘估计的统计性质、最小二乘估计的无偏性和有效性的物理含义、噪声模型估计、噪声方差估计和 ML 模型辨识等。这部分内容主要参考了文献：R. Isermann, *Prozessidentifikation : Identifikation und Parameterschatzung Dynamischer Prozesse mit diskreten Signalen*, Berlin: Springer-Verlag, 1974，配图 72 和配图 73 是一部分手稿原件。

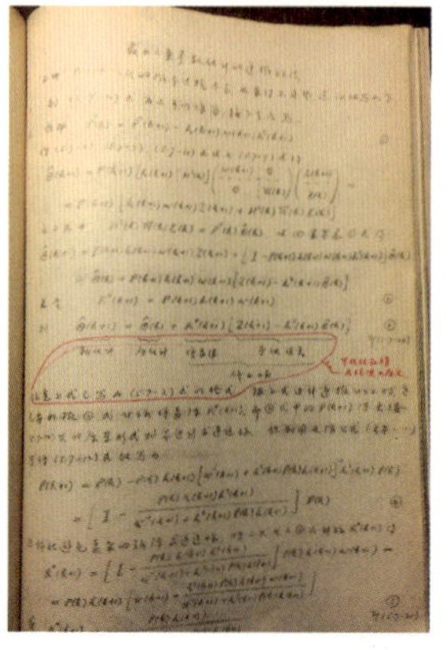

配图 72: 最小二乘参数估计递推算法

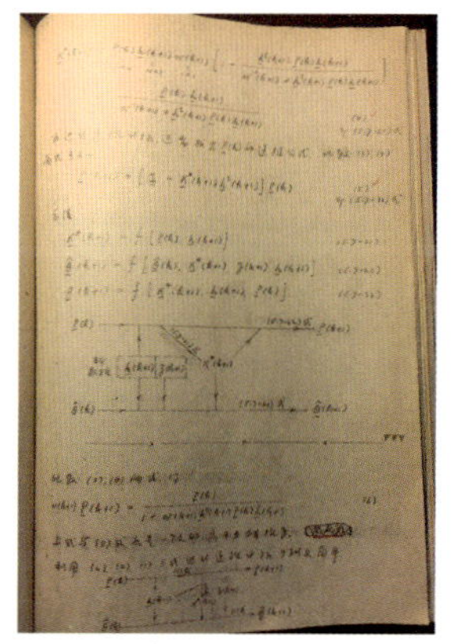

配图 73: 最小二乘法小结

第八部分 改进的 LS 估计，共 32 页，主要内容包括最小二乘估计方法的缺陷、遗忘因子法递推算式、辅助变量法、广义最小二乘法、增广最小二乘法、相关二步法、多级最小二乘法、ARMA 模型的 Yule-Walker 算法和最小二乘算法总结等。配图 74 ～配图 77 是部分内容的手稿原件。

这部分手稿的第六至八部分内容是方崇智先生对辨识问题的研究随笔，记录了对辨识问题的认识和重要结论，是后来编著《过程辨识》和开展辨识建模研究及指导研究生论文工作的知识基础和依据。

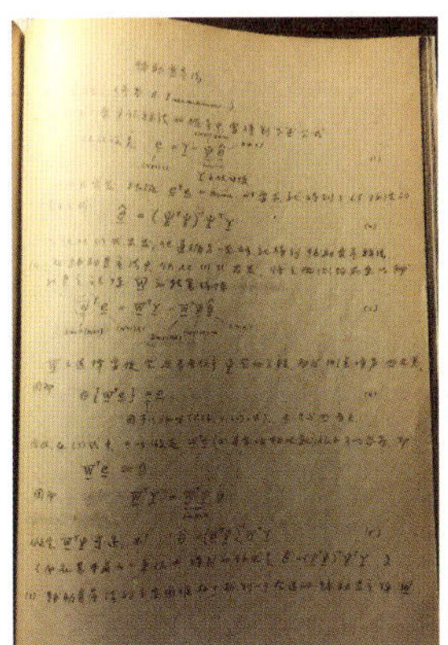

配图 74: 最小二乘估计方法的缺陷

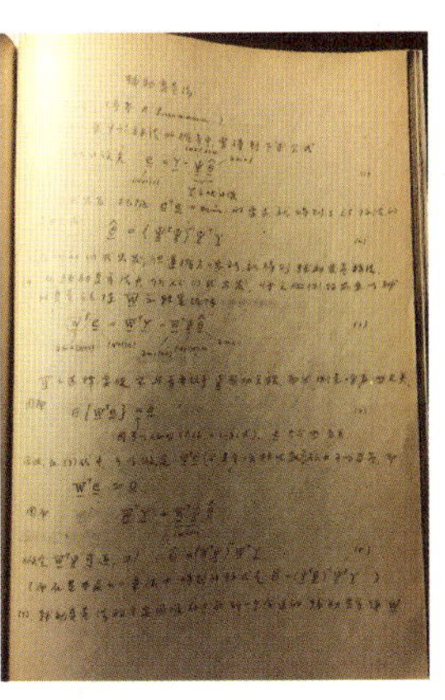

配图 75: 辅助变量法

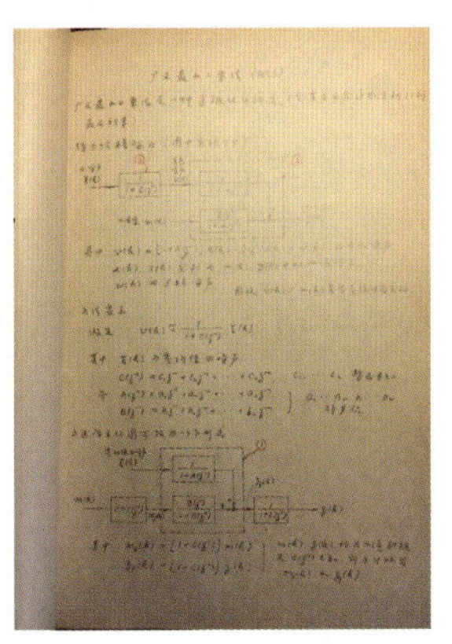

配图 76: 广义最小二乘法

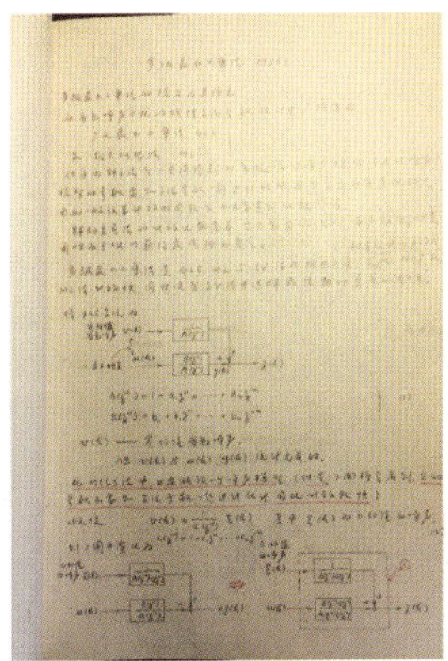

配图 77: 多级最小二乘法

以上简要介绍了方崇智先生 8 本学术手稿的内容，这 8 本学术手稿将由清华大学档案馆收藏，它们对研究方崇智先生的学术思想和治学精神有着重要的历史价值。

学术代表作

一篇开拓性的学术论文

方崇智先生在自动控制领域默默耕耘 60 余载，闳览博物，术业精深，成绩斐然。几十年在国内外刊物发表学术论文百余篇，著译作数部，可谓论著等身。尤其在故障诊断方面，思想深邃，不断追求，老而弥坚，取得许多既有理论意义又有工程应用价值的研究成果，是国内外公认的该领域学术开拓者。

上世纪 90 年代初，英国 Hull 大学 R.J. Patton 教授（曾任 IFAC 故障诊断技术委员会主席，IEEE Fellow）、德国 Gerhard-Mercator 大学 P.M. Frank 教授（曾任欧洲自动控制联合会第一副主席，IEEE Fellow）和美国 Washington 大学 R.N. Clark 教授发起在全球范围内组稿出版故障诊断专辑。当年，R.J. Patton 教授拟定了一份撰稿人名单，方崇智先生成了应邀人。经过 8 年的努力，于 2000 年由 Springer 出版社出版了这部专辑，书名 *Issues of Fault Diagnosis for Dynamic Systems*，该专辑成为故障诊断领域的经典著作。方崇智先生撰写的“Fault Detection and Isolation for Linear Systems Using Detection Observers”，是他的一篇开拓性的学术代表作。下面是这部专辑书及其目录（配图 1）、撰稿人名单（配图 2），以及 R.J. Patton 教授的邀请函（配图 3）和学术代表作全文（p311-338）。

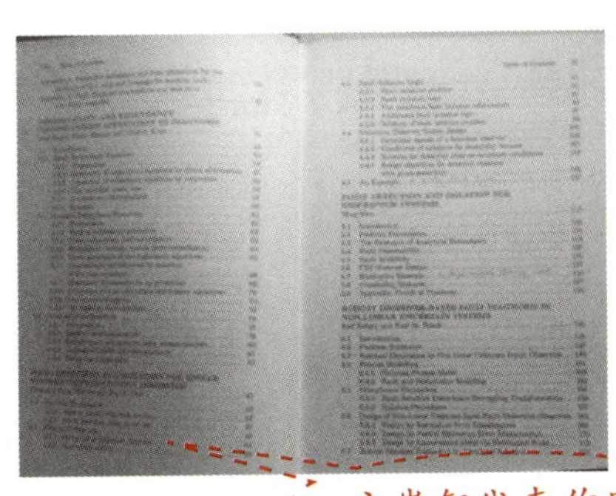

配图 1：故障诊断专辑书及部分目录页

Advances in Fault Diagnosis for Dynamic Systems

1. Introduction
   R. J. Patton, P. M. Frank, R. N. Clark

2. Robust fault detection and uncertainty modelling
   R. J. Patton, J. Chen

3. Robust observer-based fault diagnosis in nonlinear uncertain system
   Ralf Seliger, Paul M. Frank

4. Fault detection and isolation of linear systems by detection observers
   C. Z. Fang, Wei Ge, D. Y. Xiao

方崇智，葛卫，萧德云应邀为撰稿人

5. Reliability models for instrument fault detection with state-estimator schemes
   Dirk Van Schrick, Peter C. Müller

6. Structured parity equation in fault detection and isolation
   Janos Gertler

7 A structured framework for the design of FDI system in large scale industrial plants
   M. Staroswiecki, J. P. Cassar, P. Declerck

8. Detection of events in signals via the model-based fault diagnosis approach: application to bio-electrical signals
   Dominique Sauter, Thierry Cecchin, David Brie

9. Input design for change detection
   Feza Kerestecioglu, Martin, B. Zarrop

10. Advances in the model based fault diagnosis via parameters estimation and knowledge processing
    R Isermann, B. Freyermuth, D. Neumann, Th. Reiss, P. Wanke

11. On-line detection and diagnosis of sensor and process faults in nuclear power plants
    Johannes Prock

12. Application of instrument fault classification algorithms to a benson steam boiler
    Kristian Kroschel, Andreas Wernz

13. Observability and redundancy decomposition application to diagnosis
    J. Ragot, Didier Maquin and F. Kratz

14. Fault-tolerant integrated navigation systems
    H. Y. Zhang, H. G. Zhang, Jie Chen, Ron J. Patton

15. Monitoring and diagnosis of fermentation processes: from a rule-based to a model-based expert system
    K. Bousson, J. Steyer, Louise Trave-Massuyes

16. A hierarchical structure for on-line process fault diagnosis based on deep qualitative modelling
    J. Zhang, P. D. Roberts

17. Process diagnosis based on a predicate logic description of dynamical systems
    Jan Lunze

18. Neural networks in process fault diagnosis
    A. J. Morries

配图 2：故障诊断专辑的撰稿人名单

UNIVERSITY OF YORK
HESLINGTON, YORK, YO1 5DD
Telephone (0904) 430000
Telex 57933 YORKUL Fax (0904) 433433

DEPARTMENT OF ELECTRONICS

Direct line (0904) 432346

Dr Ron Patton, BEng, MEng, PhD, CEng, MIEE, MIEEE, Sen Mem AIAA
Senior Lecturer in Control Systems
Direct Dial: (44) 904 432346
Fax: (44) 904 432335
E-Mail: RJP1@UK.AC.YORK.VAXA

5th October, 1992

Professor C. Z. Fang
Department of Automation
Tsinghua University
Beijing 100084
China

R.J.Patton 给方崇智的邀请函

Dear Professor C. Z. Fang,

Re: New Prentice Hall Book: Advances in Fault Diagnosis for Dynamic Systems

Patton, Frank and Clark (Eds)

I am just writing to let you know what is the position currently with our book titled above.

We are currently working for one of the chapters still to be completed. Once we have received this we will make some very quick editorial changes to send the book for referring by the Publishers Prentice Hall. This will take a further 2 to 3 months. Once the book has been accepted (I do not foresee a problem over this) we will make final changes to the text, principally to unify the notation. In some cases, about 10% of diagrams will need to be re-drawn. I shall contact you about this if and when appropriate.

It does look as though the book will not reach Publication until about July or August 1993. However, this is quite a good timescale in view of the disparate rate at which the chapters have been coming on.

I hope this letter finds you keeping well and once again, on behalf of my co-editors Professors Bob Clark and Paul Frank we thank you for participating in this excellent project.

With best wishes.

Yours sincerely,

Dr Ron Patton

配图 3：R.J. Patton 邀请方崇智的撰稿函

学术代表作全文①

FAULT DETECTION AND ISOLATION FOR LINEAR SYSTEMS USING DETECTION OBSERVERS

Chongzhi Fang, Wei Ge and Deyun Xiao

4.1 Problem Formulation

4.1.1 System model with fault modes

This chapter discusses the definition of a detection observer, its structural conditions and the solution of their solution. A method of designing a bank of detection observers to give maximise the fault isolation capability, is described. The design approach is guided by a fault isolation logic which is not necessarily associated with a particular fault detection method, but can be also be used with other fault detection methods. It is thought that this fault isolation logic may serve as a general guide for the design of fault detection schemes based upon quantitative models and not solely for the design of the type of fault detection observers under discussion.

In a general form, a linear time-invariant system with its fault modes and may be represented by:

$$\left.\begin{array}{rcl} \dot{x}(t) & = & Ax(t)+Bu(t)+\sum_{i=1}^{k} L_i m_i(t) \\ y & = & Cx(t) \end{array}\right\} \tag{4.1}$$

where $x(t)$ is an n-dimensional state vector, $u(t)$ is an input vector, and $y(t)$ is an m-dimensional output vector, with $u(t)$ and $y(t)$ measured by sensors. $L_i m_i(t)(1 \leq i \leq k)$ is the ith fault mode. L_i is a constant matrix representing known effects of mode i upon the system. m_i is an unknown time-varying vector representing the unpredictable effects of fault mode i upon the system. k is the number of fault modes to be monitored.

When fault i has not occurred, $m_i(t) = 0$; when fault i has occurred, $L_i m_i(t) \neq 0$.

4.1.2 Fault detection using observers

As already discussed in Chapters 2 and 3, the task of model-based fault detection is to use a mathematical model together with the measurements $y(t)$ and the available inputs $u(t)$ to determine whether or not $m_i(t) = 0$, *i.e.*, if faults act upon the system.

For system (4.1), a linear Luenberger observer is defined as

①选自 Springer 出版社出版的故障诊断专辑 *Issues of Fault Diagnosis for Dynamic System* 第 4 章，授权号：4467420761642，授权日期：Nov. 13, 2018，授权者：Springer Nature。

学术代表作

$$\left.\begin{aligned}\dot{z}(t) &= Fz(t) + Gy(t) + TBu(t) \\ w(t) &= Kz(t) + Qy(t)\end{aligned}\right\} \tag{4.2}$$

where matrices F, G, T, K and Q satisfy the Luenberger conditions:

$$\left.\begin{array}{l} TA - FT = GC \\ KT + QC = W \\ F \text{ be stable} \end{array}\right\} \tag{4.3}$$

for some matrix W.

W is chosen such that when there is no fault in system (4.1), the observer output $w(t)$ satisfies

$$\lim_{t\to\infty}[w(t) - Wx(t)] = 0 \tag{4.4}$$

When a fault has occurred, Eq. (4.4) no longer holds, and we may then detect system faults by

$$w(t) - Wx(t)\begin{cases} \geq \varepsilon\,; & \text{fault in system} \\ < \varepsilon\,; & \text{no fault in system} \end{cases} \quad t > t_0 \tag{4.5}$$

where $t_0(> 0)$ denotes the transient time of the observer (4.2), and $\varepsilon(> 0)$ is a threshold.

In this chapter, we assume that the only method we may use to detect the occurrence of faults in system (4.1) is to apply a threshold to the residual given by Eq. (4.5) (or a similar residual).

4.2 Detection observers

4.2.1 Definition of detection observers

Not all linear observers are suitable for fault detection. Those linear observers which can be used to detect system faults are called *detection observers*.

As Eq. (4.5) is to be used for fault detection, and the information obtained on-line is $y(t)$ and $u(t)$, for Eq. (4.5) to be testable, $Wx(t)$ must be linearly dependent of $y(t)$ in order to make it possible to evaluate the value of $w(t) - Wx(t)$. It is interesting to note that for an ordinary state observer, $Wx(t)$ must be linearly independent of $y(t)$ to obtain state information not provided by $y(t)$. So all linear observers of system (4.1) may be divided into two categories: state observers and detection observers.

Therefore, if Eq. (4.2) is a detection observer, there should be a matrix H such that

$$Wx(t) = Hy(t)\,; \quad \forall\, t > t_0 \tag{4.6}$$

Eqs. (4.1) and (4.6) lead to

$$W = HC \tag{4.7}$$

Denote

$$P = Q - H \tag{4.8}$$

and

$$e(t) = w(t) - Wx(t) \tag{4.9}$$

On substituting Eqs. (4.2), (4.6) and (4.8) into Eq. (4.9); Eqs. (4.7) and (4.8) into Eq. (4.3), the definition of a detection observer is derived as follows:

Definition 4.1. *(Detection Observer:) Detection observer (F, G, T, K, P) of system (4.1) is defined by*

$$\left.\begin{array}{rcl} \dot{z}(t) & = & Fz(t) + Gy(t) + TBu(t) \\ e(t) & = & Kz(t) + Py(t) \end{array}\right\} \tag{4.10}$$

subject to structural conditions:

$$\left.\begin{array}{l} TA - FT = GC \\ KT + PC = \mathbf{0} \\ K \neq \mathbf{0} \\ F \text{ be stable} \end{array}\right\} \tag{4.11}$$

$e(t)$ of Eq. (4.10) is called the observation signal, and Eq. (4.5) can be rewritten as

$$e(t)\begin{cases} < \varepsilon\,; & \text{no fault in system} \\ \geq \varepsilon\,; & \text{fault in system} \end{cases} \quad t > t_0 \tag{4.12}$$

4.2.2 Fault detectability

If a certain fault has no effect on the residual signal $e(t)$, then such a fault cannot be detected by a detection observer, and it is said to be undetectable. Otherwise, it is said to be detectable. More precisely, we use the following definition (for other definitions, see, e.g., Chen *et al.*, 1994 and Chapter 5 of this book).

Definition 4.2. *(Fault Detectability:) If for fault mode $i (1 \leq i \leq k)$, there exists a detection observer such that when the fault i occurs*

$$\lim_{t \to \infty} e(t) \neq 0 \tag{4.13}$$

then the fault i is detectable by detection observers. Otherwise, the fault i is not detectable by detection observers.

Lemma 4.1. *If (C, A) is completely observable, then the fault mode i is detectable.*

Proof: Let us choose a detection observer (F, G, T, K, P) to be

$$F = A - GC, \quad T = I_n, \quad K = C, \quad P = -I_m$$

学术代表作

where G is chosen such that F is stable, I_n is a n-dimensional unit matrix. Furthermore, let

$$r(t) = z(t) - Tx(t)$$

From Eqs. (4.1), (4.10) and (4.11) we have

$$\left.\begin{array}{rcl} \dot{r}(t) & = & (A - GC)r(t) + L_i m_i(t) \\ e(t) & = & Cr(t) \end{array}\right\} \tag{4.14}$$

When the ith fault occurs, $L_i m_i(t) \neq 0$. If (C, A) is completely observable then so is $(C, A - GC)$, then from Eq. (4.14), the inequality (4.13) holds, and the lemma is proved. ◇

Theorem 4.1. *(Fault Detectability:) Fault i is detectable if and only if the completely controllable and observable space of (C, A, L_i) is not* 0.

Proof: *Sufficiency:* Suppose the completely controllable and observable space of (C, A, L_i) is not $\{0\}$, then (C, A, L_i) can be transformed via a similarity transformation U into $(\tilde{C}, \tilde{A}, \tilde{L}_i)$, where

$$\tilde{C} = CU^{-1} = [\,\tilde{C}_1 \;\; \mathbf{0}\,]$$

$$\tilde{A} = UAU^{-1} = \begin{bmatrix} \tilde{A}_{11} & \mathbf{0} \\ \tilde{A}_{21} & \tilde{A}_{22} \end{bmatrix}, \; \tilde{L}_i = UL_i = \begin{bmatrix} \tilde{L}_{i1} \\ \tilde{L}_{i2} \end{bmatrix} \tag{4.15}$$

where $(\tilde{C}_1, \tilde{A}_{11})$ is completely observable. $\tilde{L}_{i1} \neq 0$ because the completely controllable and observable space of $(\tilde{C}, \tilde{A}, \tilde{L}_i)$ is not $\{0\}$ and $(\tilde{C}_1, \tilde{A}_{11}, \tilde{L}_{i1})$ is the completely observable subsystem of $(\tilde{C}, \tilde{A}, \tilde{L}_i)$. Then from Lemma 4.1, the fault mode $\tilde{L}_{i1} m_i(t)$ is detectable, *i.e.*, the ith fault mode is detectable.

Necessity: Let

$$r(t) = z(t) - Tx(t) \tag{4.16}$$

From Eqs. (4.1), (4.10) and (4.11) we have

$$\left.\begin{array}{rcl} \dot{r}(t) & = & Fr(t) + TL_i m_i(t) \\ e(t) & = & Kr(t) \end{array}\right\} \tag{4.17}$$

Then

$$e(t) \in K < F \mid TL_i > \tag{4.18}$$

where $< F \mid TL_i >$ denotes the completely controllable space of the pair (F, TL_i). Suppose the completely controllable and observable space of (C, A, L_i) is $\{0\}$, then it can be deduced from Eq. (4.11) that

$$KTL_i = -PCL_i = \mathbf{0} \; ; \; q = 1, 2, \ldots$$

$$KF^q TL_i = -PCA^q L_i - \sum_{v=1}^{q} KF^{v-1} GCA^{q-v} L_i = \mathbf{0} \; ; \; q = 1, 2, \ldots \tag{4.19}$$

Hence

$$\lim_{t\to\infty} e(t) = 0 \tag{4.20}$$

which means no detection observer can detect the ith fault mode. The theorem is thus proved. ◇

Eq. (4.18) also proves (4.11) in the structural conditions for detection observers.

4.3 Fault Isolation Logic

4.3.1 Fault isolation problem

From Eq. (4.12), it is important to know whether a system is operating normally or not. If a system has faults, it is important to know exactly which fault or faults have occurred. For example, it may be important to know which parts of the system caused the trouble. In our formulation of the problem, it amounts to the determination of which $m_i(t) = 0$ and which $m_i(t) \neq 0,\ \ i = 1, 2, ..., k$.

We refer to this as *fault isolation*. In this section, a fault isolation logic is described which is not necessarily associated with any particular fault detection method. The purpose of this fault isolation logic is to get the maximum fault isolation information without referring to any particular detection method. In Section 4.3.2, the fault detection method is assumed to be the detection observer method, and we are guided by this fault isolation logic to design a detection observer system to get the maximum fault isolation information.

4.3.2 Fault isolation logic

To build a general fault isolation logic, we need some general terminology: *detection signal* and *fault sensitivity*.

Whichever fault detection method is used, the ultimate goal is always to produce some logic signal to indicate if some fault has occurred or not. So the following definitions are equally applicable to all model-based fault detection methods:

Definition 4.3. *(Detection Signal:) A logic signal $d(t)$ produced by a fault detection system is called a detection signal: when the detection signal equals* 1, *it indicates some fault or faults have occurred; when the detection signal equals* 0, *no fault is detected by this detection signal.*

Definition 4.4. *(Fault Sensitivity:) When a certain fault has occurred, a detection signal is said to be sensitive to that fault if it equals* 1. *Otherwise, it is said to be insensitive to that fault.*

学术代表作

If for every fault mode, we can produce a detection signal which is only sensitive to this fault but insensitive to all other fault modes, then we can tell exactly which faults have occurred and which faults do not occur.

Unfortunately, detection signals with such ideal fault sensitivities may not be generated by available fault detection methods. However, we may use detection signals with various fault sensitivities to get fault isolation information by logic reasoning.

We use the following logic vector to describe the fault sensitivities of a detection signal:

Definition 4.5. *(Sensitivity Vector:) A non-zero k-dimensional logic vector S is called a sensitivity vector if a detection signal d(t) can be produced such that*

$$(S)_i = \begin{cases} 1, & d(t) \text{ is sensitive to fault } i \\ 0, & d(t) \text{ is insensitive to fault } i \end{cases} \qquad i = 1, 2, ..., k \tag{4.21}$$

where $(S)_i$ is the i-th element of the vector S.

This implies that for a given system (4.1), no one prescribed logic vector qualifies as a sensitivity vector because it may be unable to produce the right detection signal for it. Throughout this chapter, we will use $(vector)_i$ to denote the i-th element of a vector. We use a logic vector to represent the fault isolation information provided by a fault detection system:

Definition 4.6. *(Alarm Vector:) The output of a fault detection system is represented by a k-dimensional logic vector f, the elements of which indicate that*

$$(f)_i = \begin{cases} 0\,, & \text{fault } i \text{ has not occurred} \\ 1\,, & \text{fault } i \text{ has probably occurred} \end{cases} \qquad i = 1, 2, ..., k \tag{4.22}$$

The following theorem gives the relationship between the alarm vector and the detection signal:

Theorem 4.2. *(Fault Isolation Logic:) A family of p detection signals $d_j(t)$ with their respective sensitivity vectors $S_j, j = 1, 2, ..., p$, produce the alarm vector f by*

$$f = \bigwedge_{j=1}^{p} \left[S_j d_j(t) \bigvee \bar{S}_j \right] \tag{4.23}$$

where $\bigwedge, \bigvee$ are logic symbols representing AND, OR respectively; $\bar{S}_j$ is the inverse of S_j:

$$\bar{S}_j = I - S_j \tag{4.24}$$

where I is an identity vector, i.e., a logic vector with all its elements equal 1.

Proof: It is to be proved that an alarm vector f produced by (4.23) is consistent with the alarm vector definition (4.22).

Let $\mathbf{p} = \{\ 1, 2, ..., p\ \}$, $\mathbf{k} = \{\ 1, 2, ..., k\ \}$. For an $i \in \mathbf{k}$, denote

$$\mathbf{v}_1 = \{\ j \mid j \in \mathbf{p},\ (S_j)_i = 1\ \} \tag{4.25}$$

From Eq. (4.23) we have

$$(f)_i = \bigwedge_{j \in \mathbf{v}_1} d_j(t) \tag{4.26}$$

From Eq. (4.26), when $(f)_i = 0$, then $d_j(t) = 0$ for at least one $j \in \mathbf{v}_1$, that means there is at least one detection signal which is sensitive to fault mode $i = 0$, so that we are sure that the ith fault has not occurred. Thus f from Eq. (4.23) is consistent with the first part of Eq. (4.22). From Eq. (4.26), when $(f)_i = 1$, then $d_j(t) = 1, \forall j \in \mathbf{v}_1$, that means all detection signals which are sensitive to the fault mode $i = 0$, so that the occurrence of the ith fault cannot be excluded. Then f from Eq. (4.23) is consistent with the second part of Eq. (4.22). The theorem is thus proved. ◇

4.3.3 The maximum fault isolation information

When some fault occurs, the fewer the elements of alarm vectors that equal 1, the more precise the fault isolation information we can get. And intuitively, the greater the number of detection signals available, the more precise the fault isolation information will be. This can be proved by Lemma 4.2:

Lemma 4.2. *The addition of yet another detection signal to a family of detection signals will not contradict the fault isolation information provided by the original family of detection signals.*

Proof: Let f be the alarm vector produced by a family of detection signals, and $\tilde{f}$ be the alarm vector produced by this family of detection signals together with an additional detection signal $d(t)$, and S is the sensitivity vector of $d(t)$. According to Theorem 4.2, we have

$$\tilde{f} = f \bigwedge \left[\, Sd(t) \bigvee \bar{S} \,\right] \tag{4.27}$$

From Eq. (4.27), if $(f)_i = 0$ then $(\tilde{f})_i = 0, 1 \leq i \leq k$, we get the same information. Suppose $(f)_i = 1$, and fault i has actually occurred, then the ith element of $Sd(t) \bigvee \bar{S}$ equals 1, from Eq. (4.27), $(\tilde{f})_i = 1$, so that we also get the same information. The lemma is thus proved. ◇

Note that in the proof of Lemma 4.2, we did not discuss the case when $(f)_i = 1$ and the ith fault has not occurred. In fact this is the case when the additional detection signal may provide new fault isolation information.

So by Lemma 4.2, we are assured that there is no harm in using as many detection signals as we like. If we use all available detection signals, then we can get the maximum fault isolation information. However, some of them may prove superfluous, in other words, only a limited number of them are really needed to convey just the same fault isolation information as all of them put together. This can be seen as follows:

Definition 4.7. *(Logic Vector Representation:) Given a logic vector and a logic vector set. If this vector is a union of some (or all) of the vectors in the set, then we say this vector can be represented by the set. Otherwise we say this vector cannot be represented by the set.*

Definition 4.8. *(Minimum Sensitivity Set:) A set of sensitivity vectors is said to be the minimum sensitivity set if and only if every sensitivity vector not in the set can be represented by this set and every sensitivity vector in the set cannot be represented by the other sensitivity vectors in this set.*

Theorem 4.3. *(Fault Isolation Information:) Given a family of p detection signals $d_j(t)$ with sensitivity vectors $S_j, j = 1, 2, ..., p$, another detection signal $d(t)$ with its sensitivity vector S provides fault isolation information not provided by $\{d_j;\ j = 1, 2, ..., p\}$ if and only if S cannot be represented by $\{S_j;\ j = 1, 2, ..., p\}$.*

Proof: Denote $\mathbf{p} = \{\ 1, 2, ..., p\ \}$ and $\mathbf{k} = \{\ 1, 2, ..., k\ \}$, let

$$\mathbf{k}_1 = \{\ i \mid i \in k,\ (S)_i = 1\ \} \tag{4.28}$$

and f be the alarm vector of $\{\ d_j(t),\ j \in \mathbf{p}\ \}$, $\tilde{f}$ be the alarm vector of $\{\ d(t), d_j(t);\ j \in \mathbf{p}\ \}$. From Theorem 4.2 we have

$$\tilde{f} = f \bigwedge \left[\ Sd(t) \bigvee \bar{S}\ \right] \tag{4.29}$$

Necessity: Eq. (4.29) reveals that

$$(f)_i = 0 \quad \Longrightarrow \quad (\tilde{f})_i = 0,\ \ \forall\, i \in \mathbf{k} \tag{4.30}$$

From Eq. (4.28) we have

$$[\ Sd(t) \bigvee \bar{S}\ ]_i = 1,\ \ \forall\, i \in (\mathbf{k} - \mathbf{k}_1) \tag{4.31}$$

Substituting Eq. (4.31) into Eq. (4.29) gives

$$(\tilde{f})_i = (f)_i,\ \ \forall\, i \in (\mathbf{k} - \mathbf{k}_1) \tag{4.32}$$

If for $i_0 \in \mathbf{k}_1$

$$(f)_{i_0} = 1 \tag{4.33}$$

then from Eq. (4.23),

$$\left[\, S_j d_j(t) \bigvee \bar{S}_j \,\right]_{i_0} = 1, \;\; \forall\, j \in \mathbf{p} \tag{4.34}$$

Suppose that S is a union of some of S_j, $j \in \mathbf{p}$, then from Eq. (4.28) there should be a S_{j_0}, $j_0 \in \mathbf{p}$, such that

$$\begin{aligned} (S_{j_0})_{i_0} &= 1 \\ (S_{j_0})_i &= 0, \;\; \forall\, i \in (\mathbf{k} - \mathbf{k}_1) \end{aligned} \tag{4.35}$$

so S_{j_0} is insensitive to all faults i, $i \in (\mathbf{k} - \mathbf{k_1})$, the fault must be the ith fault, $i \in \mathbf{k}$. Then by Eq. (4.28), $d(t) = 1$, and

$$\left[\, Sd(t) \bigvee \bar{S} \,\right]_i = 1, \;\; \forall\, i \in \mathbf{k}_1 \tag{4.36}$$

and thus we have

$$(f)_i = 1 \quad \Longrightarrow \quad (\tilde{f}) = 1; \;\; \forall\, i \in \mathbf{k}_1 \tag{4.37}$$

Eqs. (4.30), (4.32) and (4.37) when combined lead to

$$f = \tilde{f} \tag{4.38}$$

Hence, $\{\, d_j(t);\; j = 1, 2, ..., p \,\}$ and $\{\, d(t), d_j(t);\; j = 1, 2, ..., p \,\}$ provide just the same fault isolation information. The necessary condition is thus proved.

Sufficiency: Suppose S is not a union of some of S_j, $j \in \mathbf{p}$, then there is an $i_0 \in \mathbf{k}_1$, such that

$$(S_j)_{i_0} = 0, \;\; \forall\, j \in \mathbf{p}_0 \tag{4.39}$$

where

$$\mathbf{p}_0 = \{\, j \mid j \in \mathbf{p}, \; (S_j)_i = 0, \; \forall\, i \in (\mathbf{k} - \mathbf{k}_1) \,\} \tag{4.40}$$

Let

$$\mathbf{p}_{10} = \{\, j \mid j \in p, \; (S_j)_{i_0} = 1 \,\} \tag{4.41}$$

If $\mathbf{p}_{10}$ is an empty set, from Theorem 4.2, we have that

$$(f)_{i_0} = 1 \tag{4.42}$$

even if no fault occurs. But, when the system has no fault, Eq. (4.29) gives

$$(\tilde{f})_{i_0} = (f)_{i_0} \bigwedge d(t) = 0 \tag{4.43}$$

since $d(t)$ is sensitive to fault i_0. Comparison of Eqs. (4.43) and (4.42) shows that $d(t)$ provides fault isolation information not provided by $\{\, d_j(t);\; j \in \mathbf{p} \,\}$. If $\mathbf{p_{10}}$ is not an empty set, then

$$(f)_{i_0} = \bigwedge_{j \in \mathbf{p}_{10}} d_j(t) \tag{4.44}$$

Now consider the case when the ith fault has occurred simultaneously for all $i \in (\mathbf{k}-\mathbf{k}_1)$, while no other fault has occurred. Since from Eqs. (4.39), (4.40) and (4.41), $\mathbf{p}_{10} \subset (\mathbf{p}-\mathbf{p}_0)$, then $\forall\, j \in \mathbf{p}_{10}$, $d_j(t)$ is sensitive to at least one fault i, $i \in (\mathbf{k}-\mathbf{k}_1)$. Thus

$$d_j(t) = 1, \ \forall\, j \in \mathbf{p}_{10} \tag{4.45}$$

and from E. (4.44)

$$(f)_{i_0} = 1 \tag{4.46}$$

Because $d(t)$ is insensitive to fault i, $i \in (\mathbf{k}-\mathbf{k}_1)$, then in this case $d(t) = 0$. From Eq. (4.29),

$$(\tilde{f})_{i_0} = 0 \tag{4.47}$$

The sufficient condition is then proved by comparison of Eqs. (4.47) and (4.46). The theorem is proved. ◇

By Theorem 4.3, it is clear that the ***minimum sensitivity set contains the maximum fault isolation information.***

Theorem 4.4. *(Uniqueness of the Minimum Sensitivity Set:) The minimum sensitivity set is unique.*

Proof For any S being a sensitivity vector of the minimum sensitivity set, we will prove that S cannot be represented by any sensitivity vector set.

Suppose that S is a union of a sensitivity vector set Ψ, $S \notin \Psi$, and every vector in Ψ is a component of this union so that

$$(\psi)_i = 1 \quad \Longrightarrow \quad (S)_i = 1; \ \forall\, \psi \in \Psi, \ i \in \mathbf{k}$$

If every vector in Ψ can be represented by the minimum sensitivity set without S, then S can be represented by the other vectors of the minimum sensitivity set. This is contradictory to the definition of the minimum sensitivity set. Hence there is a vector $\psi \in \Psi$ such that ψ cannot be represented by the minimum sensitivity set without S. But S cannot be a component of a union to form ψ because there must be a zero element of ψ, say $(\psi)_i = 0$, such that $(S)_i = 1$, otherwise Ψ will be identical to S.

Therefore ψ cannot be represented by the minimum sensitivity set. This is also contradictory to the definition of the minimum sensitivity set, so that Ψ does not exist. The theorem is proved. ◇

We are now in a position to organise a minimum number of detection signals to achieve the maximum fault isolation information: *i.e.*, to find the minimum sensitivity set.

Once all the sensitivity vectors are found, it is very easy to find the minimum sensitivity set. We may start with a set containing all of the sensitivity vectors. Then try to find if any sensitivity vector of this set can be represented by the other vectors of this set. If such a vector is found, then a new set is formed by discarding this vector from the original set. We apply this procedure recursively to the new set until no such vector can be found, and the resulting set is the minimum sensitivity set.

The validity of the above procedure comes from two characteristics of sensitivity vectors:

1. The uniqueness of the minimum sensitivity set.
2. If a logic vector S can be represented by a logic vector set Λ_1, and every vector in Λ_1 can be represented by a logic vector set Λ_2, then S can be represented by Λ_2.

The proof of the second characteristic is left to the reader.

4.3.4 Additional fault isolation logic

While the minimum sensitivity set conveys the maximum fault isolation information, there is no guarantee that the fault isolation logic (4.23) has fully utilised this information. According to Eq. (4.22), $(f)_i = 0$ means that the ith fault has not occurred, but $(f)_i = 1$ only means that the ith fault has *probably* occurred which leaves some uncertainty. This is where more exact diagnosis of the fault is desired if possible. The following theorems are given to provide additional isolation logic in the case when $(f)_i = 1$.

Definition 4.9. *(Fault Isolability:) If the possibility of the occurrence of a certain fault can be excluded irrespective of the occurrence of another fault or fault set, then this fault is said to be isolable from that fault or fault set, or in short, isolable from that fault set.*

Denote the rows of the $k \times p$ matrix $(\, S_1, S_2, ..., S_p \,)$ by $D_1, D_2, ..., D_k$, then D_i, $i = 1, 2, ..., k$ are p-dimensional row vectors.

Theorem 4.5. *(Additional Logic 1:) Suppose* $\{\, S_j;\ j = 1, 2, ..., p \,\}$ *be the minimum sensitivity set of system (4.1), and let* $\mathbf{u} \subset \mathbf{k}$, $\mathbf{i_0} \notin \mathbf{u}$. *Fault* i_0 *is isolable from the fault set* $\{\, fault\ i;\ i \in \mathbf{u} \,\}$ *if and only if*

$$D_{i_0} \bigvee \Big(\bigvee_{i \in \mathbf{u}} D_i\Big) \neq \bigvee_{i \in \mathbf{u}} D_i \tag{4.48}$$

Proof: Let

$$\mathbf{w} = \{\, j;\ (D_{i_0})_j = 1,\ j \in \mathbf{p} \,\} \tag{4.49}$$

$$\mathbf{v} = \left\{\, j;\ \Big(\bigvee_{i \in \mathbf{u}} D_i\Big)_j = 1,\ j \in \mathbf{p} \,\right\} \tag{4.50}$$

Necessity: Consider the case when faults i, $i \in \mathbf{u}$, have occurred simultaneously. From Eqs. (4.50) and (4.23) we have at this instant

$$d_j(t) = 1,\ \ \forall\, j \in \mathbf{v} \tag{4.51}$$

If the relation (4.48) does not hold, then $\mathbf{w} \subset \mathbf{v}$, and Eq. (4.51) leads to:

$$d_j(t) = 1, \ \forall\, j \in \mathbf{w} \tag{4.52}$$

On substituting Eqs. (4.49) and (4.52) into Eq. (4.23), we have

$$(f)_{i_0} = 1 \tag{4.53}$$

even the i_0th fault has not occurred. Since the minimum sensitivity set $\{\, S_j;\ j \in \mathbf{p} \,\}$ exhausts all the effective sensitivity vectors of system (4.1), by Theorem 4.3), f of Eq. (4.23) will contain all the isolation information which linear observers may provide. Then by Definition 4.9, fault i_0 is not isolable from the set $\{\, \textit{fault } i;\ i \in \mathbf{u} \,\}$.

Sufficiency: Suppose that the relation (4.48) holds, there is a $j_0 \in \mathbf{w}$ such that

$$(D_{i_0})_{j_0} = 1 \tag{4.54}$$

$$\bigvee_{i \in \mathbf{u}} (D_i)_{j_0} = 0 \tag{4.55}$$

From Eqs. (4.54) and (4.23) we have that

$$(f)_{i_0} = \left\{ \bigwedge_{j \in \mathbf{p}, j \neq j_0} \left[S_j d_j(t) \bigvee \bar{S}_j \right] \right\}_{i_0} \bigwedge d_{j_0}(t) \tag{4.56}$$

Eqs. (4.54) and (4.55) imply that $d_j(t)$ is sensitive to the i_0th fault but insensitive to fault set $\{\, i;\ i \in \mathbf{u} \,\}$, so that when fault i_0 has not occurred, $d_{j_0}(t) = 0$ and hence

$$(f)_{i_0} = 0 \tag{4.57}$$

despite the occurrence of the fault set $\{\, i;\ i \in \mathbf{u} \,\}$. By Definition 4.9, fault i_0 should be isolable from this fault set. ◇

Theorem 4.6. *(Additional Logic 2:) Suppose at a certain instant the probable faults form a set* $S = \{\, \textit{fault } i;$
$i \in \mathbf{u} \subset \mathbf{k} \,\}$. *Let* $S_b = \{\, \textit{fault } i;\ i \in \mathbf{u}_0 \subset \mathbf{u} \,\}$ *be a subset of* S. *If*

$$\bigvee_{i \in \mathbf{u}_0} D_i \neq \bigvee_{i \in \mathbf{u}} D_i \tag{4.58}$$

then S_b *cannot occur alone, where by saying "a fault set occurs" we mean all the fault of this set occur simultaneously.*

Proof: Let

$$\mathbf{w} = \left\{ j;\ (\bigvee_{i \in \mathbf{u}_0} D_i)_j = 1,\ j \in \mathbf{p} \right\} \tag{4.59}$$

$$\mathbf{v} = \left\{ j;\ (\bigvee_{i \in \mathbf{u}} D_i)_j = 1,\ j \in \mathbf{p} \right\} \tag{4.60}$$

From (4.23) and (4.60) we have at this instant

$$d_j(t) = 1,\ \ for\ any\ j,\ \ j \in \mathbf{v} \tag{4.61}$$

When the relation (4.58) holds, $(\mathbf{v} - \mathbf{w})$ is not an empty set. By Eq. (4.59) the detection signals $d_j(t),\ j \in (\mathbf{v} - \mathbf{w})$ are insensitive to the faults of the set S_b. Should S_b occur alone, we would have

$$d_j(t) = 0,\ \forall\, j \in (\mathbf{v} - \mathbf{w}) \tag{4.62}$$

The contradiction of Eq. (4.62) to Eq. (4.61) proves the theorem. ◇

Corollary 4.1. *(Additional Logic 3:) At least one subset S_b must have occurred among those subsets of S that satisfy*

$$\bigvee_{i \in \mathbf{u}_0} D_i = \bigvee_{i \in \mathbf{u}} D_i \tag{4.63}$$

4.3.5 Solution of fault isolation problem

Based on the above results, in this section, the general steps to solve the fault isolation problem may be given as follows:

Step 1. Find all the sensitivity vectors based on a given fault detection method.
Step 2. Among all the sensitivity vectors, find the minimum sensitivity set. Suppose this set has p vectors, denote this set by $\{\ S_j;\ \ j = 1, 2, ..., p\ \}$.
Step 3. For every $S_j,\ \ 1 \le j \le p$, generate a detection signal $d_j(t)$ with S_j as its sensitivity vector based on the given fault detection method.
Step 4. Use the formula

$$f = \bigwedge_{j=1}^{k} \left[S_j d_j(t) \bigvee (\bar{S})_j \right] \tag{4.64}$$

to monitor the probable occurrence of each fault. If $(f)_i = 1$ for only one i, say $i = i_0$, then it can be inferred that only one fault, the i_0th fault, has occurred. When $(f)_i = 1$ for more than one i, then go to next step.
Step 5. Use Theorem 4.5 to pick up as far as possible those faults that are sure to have occurred. If no fault is picked up, then use Theorem 4.6 and Corollary 4.1 to determine which fault combinations are likely to have occurred.

学术代表作

The system which generates detection signals $d_j(t)$, $j = 1, 2, ..., p$, and makes logic calculation to give diagnostic decisions, is the fault detection system to be designed.

Step 1 and **Step 3** depend entirely on the nature of the particular fault detection method to be used. Since the only detection method assumed in this chapter is the detection observer, we will use detection observers in these two steps in Section 4.4.

According to the results of this Section, the fault isolation problem is mainly a problem of how to find the minimum sensitivity set. The minimum sensitivity set is different for different fault detection methods, and so is the maximum fault isolation information we may get. In Section 4.4, we will see what is the minimum sensitivity set for the detection observer method.

4.4 Detection Observer System Design

To carry out **Step 1** and **Step 3** in Section 4.3.5, we should answer the following three questions:

1. How can a detection signal be generated using a detection observer?
2. How do we know whether a given logic vector is a sensitivity vector or not?
3. How should a detection observer be designed to generate a detection signal having the prescribed fault sensitivity?

4.4.1 Detection signals of a detection observer

Recall that a detection observer uses the residual signal (4.12) to detect a fault. So that, after a transient time, a detection signal $d(t)$ may be defined by

$$d(t) = \begin{cases} 0, & e(t) < \varepsilon \\ 1, & e(t) \geq \varepsilon \end{cases} \tag{4.65}$$

Usually, a threshold alone may not be enough to cover stochastic disturbances and inevitable modelling errors. We may need some suitable compensation according to the characteristics of disturbances and modelling errors. If we use a stochastic vector function $V(t)$ and a non-stochastic vector function $M(t)$ to represent the effect of stochastic disturbances and modelling errors respectively, and represent the sensor disturbance by $N(t)$, then the real system could be represented by

$$\begin{cases} \dot{x}(t) &= Ax(t) + Bu(t) + \sum_{i=1}^{k} L_i m_i(t) + M(t) + V(t) \\ y(t) &= Cx(t)N(t) \end{cases} \tag{4.66}$$

If we know the stochastic characteristics of the disturbances, we may design various filters to filter out the effect of $V(t)$ and $N(t)$ on $e(t)$. The effect of $N(t)$ may be reduced by filtering $y(t)$ to get

$$\hat{y}(t) \approx Cx(t) \tag{4.67}$$

and $y(t)$ is then replaced by the filtered $\hat{y}(t)$ as the input to the detection observer. The effect of $V(t)$ may be reduced by filtering $e(t)$ and using the filtered $\hat{e}(t)$ to replace $e(t)$. The effect of $V(t)$ may also be reduced by filtering $y(t)$, as described in Section 4.5.

If the modelling error $M(t)$ is small compared with the effect of fault, then a threshold can be used to take account of $M(t)$ and the remaining effect of $V(t)$ and $N(t)$ after filtering:

$$d(t) = \begin{cases} 0, & |\hat{e}(t)| < \varepsilon \\ 1, & |\hat{e}(t)| \geq \varepsilon \end{cases} \tag{4.68}$$

where $\varepsilon > 0$ is a threshold.

If the threshold ε is chosen to be too small, then the effect of $M(t)$ may be mistaken as fault and gives false alarms. If ε is chosen too large, small fault may escape from detection. A suitable threshold should be just large enough to take account of the effect of $M(t)$ and the remaining effect of $V(t)$ and $N(t)$ after filtering. We may also design self-adapting thresholds according to known characteristics of $M(t)$, $V(t)$ and $N(t)$.

The kind of compensation method to be used to generate detection signals from detection observers is strongly dependent on the available knowledge about the disturbances and modelling errors of system (4.1). However, Eq. (4.68) is the basic form by which a detection signal is generated via a detection observer.

4.4.2 Conditions of existence for sensitivity vectors

Theorem 4.7. *(Existence of Sensitivity Vectors:) Let* $\mathbf{k} = \{1, 2, ..., k\}$ *and* $\mathbf{k}_1 \subset \mathbf{k}$. *A sensitivity vector described by:*

$$(S)_j = \begin{cases} 1, & i \in \mathbf{k}_1 \\ 0, & i \in (\mathbf{k} - \mathbf{k}_1) \end{cases} \tag{4.69}$$

exists if and only if there exists a detection observer (F, G, T, K, P) *such that*

$$TL_i = 0, \ \ \forall\, i \in (\mathbf{k} - \mathbf{k}_1) \tag{4.70}$$

$$K < F \mid TL_i > \neq \{0\}, \ \ \forall\, i \in k_1 \tag{4.71}$$

Proof *Sufficiency:* The sufficient condition is obvious from Eqs. (4.17) and (4.18).

Necessity: Suppose that S of Eq. (4.69) is a sensitivity vector and (F, G, T, K, P) is a detection observer generating the detection signal with S as its sensitivity vector. From Eqs. (4.69) and (4.18), we have that:

$$K < F \mid TL_i > = \{0\}, \forall\, i \in (\mathbf{k} - \mathbf{k}_1) \tag{4.72}$$

$$K < F \mid TL_i > \neq \{0\}, \ \forall\, i \in \mathbf{k}_1 \tag{4.73}$$

As $K \neq 0$ by Definition 4.1, (4.72) implies that the pair (F, TL_i) should not be completely controllable. So for an $i_0 \in (\mathbf{k} - \mathbf{K}_1), (F, G, T, K, P)$ may be transformed via a similarity transformation into $(\tilde{F}, \tilde{G}, \tilde{T}, \tilde{K}, \tilde{P})$, *i.e.*, so that there is a non-singular matrix U such that:

$$\tilde{F} = UFU^{-1}, \ \tilde{G} = UG, \ \tilde{T} = UT, \ \tilde{K} = KU^{-1} \tag{4.74}$$

and

$$\left.\begin{array}{l} F = \begin{bmatrix} \tilde{F}_{11} & \mathbf{0} \\ \tilde{F}_{21} & \tilde{F}_{22} \end{bmatrix}, \ \tilde{T}L_{i_0} = \begin{bmatrix} \tilde{T}_1 L_{i_0} \\ \tilde{T}_2 L_{i_0} \end{bmatrix} = \begin{bmatrix} \mathbf{0} \\ \tilde{T}_2 L_{i_0} \end{bmatrix} \\ \tilde{K} = [\tilde{K}_1 \ \ \tilde{K}_2], \ \tilde{G} = \begin{bmatrix} \tilde{G}_1 \\ \tilde{G}_2 \end{bmatrix}, \ \tilde{P} = P \end{array}\right\} \tag{4.75}$$

and from Eq. (4.11)

$$\left.\begin{array}{l} \tilde{T}A - \tilde{F}\tilde{T} = \tilde{G}C \\ \tilde{K}\tilde{T} + \tilde{P}C = \mathbf{0} \\ \tilde{K} \neq \mathbf{0} \\ \tilde{F} \textit{ be stable} \end{array}\right\} \tag{4.76}$$

Note that the pair $(\tilde{F}_{22}, \ \tilde{T}_2 L_{i_0})$ is completely controllable. Thus, Eq. (4.72) leads to

$$\tilde{K}_2 = \mathbf{0} \tag{4.77}$$

Substituting Eqs. (4.75) and (4.77) into Eq. (4.76) gives

$$\left\{\begin{array}{l} \tilde{T}_1 A - \tilde{F}_{11}\tilde{T}_1 = \tilde{G}_1 C \\ \tilde{K}_1 \tilde{T}_1 + \tilde{P}C = \mathbf{0} \\ \tilde{K}_1 \neq \mathbf{0} \\ \tilde{F}_{11} \textit{ be stable} \end{array}\right. \tag{4.78}$$

Eq. (4.78) gives a detection observer $(\tilde{F}_{11}, \tilde{G}_1, \tilde{T}_1, \tilde{K}_1, \tilde{P})$ which satisfies

$$\tilde{T}_1 L_{i_0} = \{0\}, \ i_0 \in (\mathbf{k} - \mathbf{k}_1) \tag{4.79}$$

$$\tilde{K}_1 < \tilde{F}_{11} \mid \tilde{T}_1 L_i > \neq \{0\}, \ \forall\, i \in \mathbf{k}_1 \tag{4.80}$$

where Eq. (4.79) comes from Eq. (4.75), and Eq. (4.80) comes from Eqs. (4.77) and (4.73).

Note that co-ordinate transformation will not change the nature of Eqs. (4.79) and (4.80), so this process can be repeated recursively until every $i_0 \in (\mathbf{k} - \mathbf{k}_1)$ has been considered so that Eqs. (4.70) and (4.71) are satisfied by a detection observer. The theorem is thus proved. ◇

In this theorem, the existence conditions for sensitivity vectors are expressed in terms of detection observer parameters, by means of matrices F, K, T. So this theorem can be used to find sensitivity vectors only when the solution for the structure conditions (4.11) of the detection observer has been found.

If the conditions for the sensitivity vectors are expressed directly in terms of the parameters of system (4.1), namely, in terms of matrices A, B, C and L_i, $i = 1, 2, ..., k$, then we can find all the sensitivity vectors without actually solving the detection observer structure conditions. But such results are not yet available.

4.4.3 Solution for detection observer structure conditions

Theorem 4.8. *(Solution of Eq. (4.11)) Eqs. (4.81) and (4.82) are solutions of Eq. (4.11):*

$$T = QJ \tag{4.81}$$

$$G = -p(F)V \tag{4.82}$$

where V is an arbitrary $d \times m$ dimensional matrix to be determined later by sensitivity requirements (4.70), (4.71) of the detection observer; d is the order of the detection observer. F determines the dynamics of the observer, but is assumed to be known here; and

$$Q = (\ V,\ FV,\ ...,\ F^{n-1}V\ ) \tag{4.83}$$

$$J = \begin{bmatrix} a_nCA^{n-1} + a_{n-1}CA^{n-2} + ... + a_2CA + a_1C \\ a_nCA^{n-2} + a_{n-1}CA^{n-3} + ... + a_2C \\ \vdots \\ a_nC \end{bmatrix} \tag{4.84}$$

$$p(s) = det(sI_n - A) = a_ns^n + a_{n-1}s^{n-1} + ... + a_1s + a_0 \tag{4.85}$$

Proof: Substituting Eqs. (4.81), (4.83) and (4.84) into the left side of Eq. (4.11) yields

$$\begin{aligned} TA - FT &= QJA - FQJ \\ &= V\sum_{i=1}^{n} a_iCA^i + FV\sum_{i=2}^{n} a_iCA^{i-1} + ... + F^{n-1}Va_nCA \\ &\quad - FV\sum_{i=1}^{n} a_iCA^{i-1} - F^2V\sum_{i=2}^{n} a_iCA^{i-2} - ... - F^nVa_nC \\ &= V\sum_{i=1}^{n} a_iCA^i - (a_1F + a_2F^2 + ... + a_nF^n)VC \end{aligned} \tag{4.86}$$

Since

$$\sum_{i=1}^{n} a_iCA^i = -a_0C \tag{4.87}$$

we have

$$TA - FT = -(a_0 + a_1F + a_2F^2 + \dots + a_nF^n)VC \tag{4.88}$$

On using the notation in Eq. (4.85), Eq. (4.88) can be written as

$$TA - FT = -p(F)VC \tag{4.89}$$

Substitution of Eq. (4.82) into Eq. (4.89) leads to Eq. (4.11), and hence the theorem is proved. ◇

Theorem 4.9. *(Solution of Eq. (4.11)) Suppose T is known, and C have full rank, then the solution of Eq. (4.11) are Eqs. (4.90) and (4.91):*

$$KTL' = \mathbf{0} \tag{4.90}$$

$$P = -KTC'(CC')^{-1} \tag{4.91}$$

where $L \in \mathcal{R}^{(n-m)\times n}$ satisfies

$$CL' = 0 \tag{4.92}$$

$$\operatorname{rank}\begin{bmatrix} C \\ L \end{bmatrix} = n \tag{4.93}$$

where the prime denotes matrix transpose.

Proof: From Eq. (4.92) we have

$$\begin{bmatrix} C \\ L \end{bmatrix}\begin{bmatrix} C'(CC')^{-1} & L'(LL')^{-1} \end{bmatrix} = I_n \tag{4.94}$$

and therefore

$$\begin{bmatrix} C'(CC')^{-1} & L'(LL')^{-1} \end{bmatrix}\begin{bmatrix} C \\ L \end{bmatrix} = I_n \tag{4.95}$$

It follows that

$$KT + PC = \begin{bmatrix} KTC'(CC')^{-1} + P & KTL'(LL')^{-1} \end{bmatrix}\begin{bmatrix} C \\ L \end{bmatrix} \tag{4.96}$$

where $\begin{bmatrix} C \\ L \end{bmatrix}$ is non-singular. Eq. (4.96) proves that Eq. (4.11) is equivalent to Eqs. (4.90) and (4.91). The theorem is thus proved. ◇

In Theorems 4.8 and 4.9, solutions of Eq. (4.11) are given with matrices F and V still unspecified. They are reserved for the purpose satisfying other requirements of the detection observer. F is chosen to give the observer a desired dynamic performance, and this is a straight forward problem. V should be used to make the observer satisfy its sensitivity requirements (4.70) and (4.71), as will be seen later.

Theorem 4.10. *(Detection Observer With Given F and V:) Suppose F is chosen as*

$$F = \begin{bmatrix} s & & & & \\ 1 & s & & \mathbf{0} & \\ & \ddots & \ddots & & \\ & & \ddots & \ddots & \\ & \mathbf{0} & & 1 & s \end{bmatrix} \tag{4.97}$$

and denote T by

$$T = (\ T_1\ \ T_2\ \ ...\ \ T_d\ )' \tag{4.98}$$

where $F \in \mathcal{R}^{d \times d}, T \in \mathcal{R}^{d \times n}$ and d is the order of the detection observer, then Eq. (4.81) is equivalent to

$$T_i = \sum_{k=0}^{i-1} \frac{1}{k!} V_{i-k} C \frac{d^k}{ds^k} R(s),\ \ i = 1, 2, .., d \tag{4.99}$$

where

$$R(s) = \sum_{j=1}^{n} a_j \sum_{k=0}^{j-1} s^k A^{j-1-k} \tag{4.100}$$

$$V = (\ V_1\ \ V_2\ \ ...\ \ V_d\ )' \tag{4.101}$$

Proof: Substituting Eqs. (4.83) and (4.98) into Eq. (4.81) gives

$$(\ V\ \ FV\ \ ...\ \ F^{n-1}V\ )\ J = \begin{bmatrix} T_1 \\ T_2 \\ \vdots \\ T_d \end{bmatrix} \tag{4.102}$$

Then substituting Eqs. (4.97) and (4.101) into Eq. (4.102) gives

$$T_i = \sum_{k=0}^{i-1} \frac{1}{k!} \frac{d^k}{ds^k} (\ V_{i-k}\ \ sV_{i-k}\ \ ...\ \ s^{n-1} V_{i-k}\ )\ J \tag{4.103}$$

From Eq. (4.84) we have

$$\begin{aligned} &(\ V_{i-k}\ \ SV_{i-k}\ \ ...\ \ S^{n-1} V_{i-k}\ )\ J \\ &= V_{i-k} C \sum_{j=1}^{n} a_j \sum_{k=0}^{j-1} s^k A^{j-1-k} = V_{i-k} C R(s) \end{aligned} \tag{4.104}$$

where $R(s)$ is defined by Eq. (4.100). Eqs. (4.103) and (4.104) verify Eq. (4.99). The theorem is thus proved. ◇

4.4.4 Design algorithm for detection observer with given sensitivity

For a given k-dimensional logic vector S described by Eq. (4.69), we will try to find a detection observer such that its detection signal has S as its sensitivity vector. If such a detection observer cannot be found, then S is not a sensitivity vector by definition. In Theorem 4.10, the free parameter still left in designing detection observers is the matrix V. We will choose V to satisfy Eqs. (4.70) and (4.71), or equivalently, choose V such that T satisfies

$$TL_i = \mathbf{0}, \ \forall\, i \in (\mathbf{k} - \mathbf{k}_1) \tag{4.105}$$

$$< F \mid TL_i > \not\subset \ TKer(C), \ \forall\, i \in \mathbf{k}_1 \tag{4.106}$$

where Eq. (4.106) comes from Eqs. (4.71), (4.11), (4.90), (4.92) and (4.93).

Note from Eq. (4.99) that matrix T is totally determined by system parameters A and C and matrix V, and that T_i has no connection with V_j, $\forall\, j > i$. Then we may calculate recursively the rows of T from row 1 onwards whilst keeping Eq. (4.105) holding good until Eq. (4.106) holds. The design steps are then as follows:

Step 1. Let the detection observer order be d and start with

$$d = 1 \tag{4.107}$$

Step 2. Solve

$$V_1 CR(s)M = \mathbf{0}, \ V_1 \neq \mathbf{0} \tag{4.108}$$

for V_1 and calculate T_1 by

$$T_1 = V_1 CR(s) \tag{4.109}$$

where the columns of M generate the linear space $\mathcal{M}$, and

$$\mathcal{M} = \sum_{i \in (\mathbf{k} - \mathbf{k}_1)} \mathcal{L}_i \tag{4.110}$$

where $\mathcal{L}_i$ is the linear space generated by the columns of L_i .

Step 3. If the condition required by Eq. (4.106) is not satisfied, then go to **Step 4**, else go to **Step 5**.

Step 4. Increase the observer order by one:

$$d + 1 \rightarrow d \tag{4.111}$$

and solve

$$V_d CR(s)M = -\sum_{k=1}^{d-1} V_{d-k} \frac{1}{k!} C \frac{d^k}{ds^k} R(s)M \tag{4.112}$$

for V_d and calculate T_d using Eq. (4.99); go to **Step 3.**

Step 5. Solve Eq. (4.90) for K such that (4.71) holds.

Step 6. Calculate G and P by Eqs. (4.82) and (4.91) respectively, and a detection observer is found to have S as the sensitivity vector of its detection signal.

In the above algorithm, Eqs. (4.108) and (4.112) are equivalent to Eq. (4.105). **Step 3** guarantees Eqs. (4.90) and (4.106) to be solvable. Eqs. (4.108) and (4.112) come from post-multiplying (4.99) by M. If the logic vector S described by Eq. (4.69) is not a sensitivity vector, then one of the following cases will arise:

(a) Eq. (4.108) has no solution;

(b) Eq. (4.112) has no solution; or

(c) the algorithm does not converge, *i.e.*, (4.106) does not hold even when $d > n$.

Thus this algorithm serves two purposes at the same time: 1. to check whether a given k-dimensional logic vector is a sensitivity vector; 2. a detection observer has been designed if it is a sensitivity vector.

Using this algorithm to carry out **Step 1** and **Step 3** in Section 4.3.5, the fault isolation scheme given in Section 4.3.5 is realised by detection observers.

4.5 An Example

In this example, a four-tank system shown in Figure 4.1 is used as an experimental plant to be monitored in which the input u_1 is measured by a flowmeter, and three water levels x_1, x_3 and x_4 are measured by three differential pressure transmitters, water level x_2 is assumed to be unavailable. The sampling signals of $u_1(t), x_1(t), x_3(t)$ and $x_4(t)$ are sent to an IBM PC computer through an A/D converter. The nominal $u_1(t)$ is assumed to be 277.8 c.c./sec (1 ton/hr). The fault modes to be monitored are leakage in each tank and clogging in each connecting pipe.

Modelling

This is a non-linear system. We may use the following non-linear equations to describe this four-tank system:

$$\left.\begin{aligned}\dot{x}_1 &= -\tfrac{s_1}{A_1}\sqrt{2g(x_1 - x_2)} + \tfrac{u_1}{A_1}\\ \dot{x}_2 &= \tfrac{s_1}{A_2}\sqrt{2g(x_1 - x_2)} - \tfrac{s_2}{A_2}\sqrt{2g(x_2 - x_1)}\\ \dot{x}_3 &= \tfrac{s_2}{A_3}\sqrt{2g(x_2 - x_3)} - \tfrac{s_3}{A_3}\sqrt{2g(x_3 - x_4)}\\ \dot{x}_4 &= \tfrac{s_3}{A_4}\sqrt{2g(x_3 - x_4)} - \tfrac{s_4}{A_4}\sqrt{2gx_4}\end{aligned}\right\} \tag{4.113}$$

where

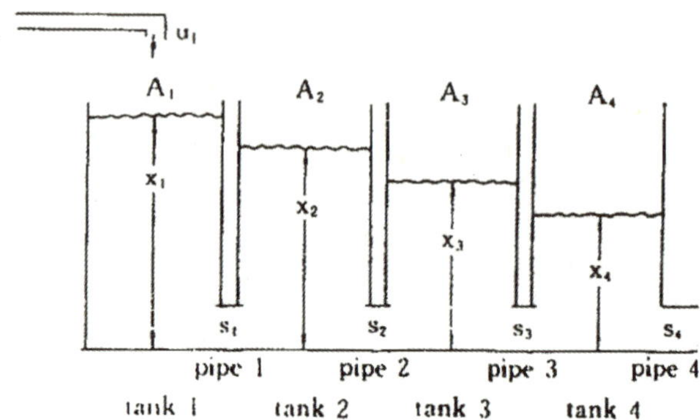

Fig. 4.1. Four-Tank System

A_i — cross section of tank i, 500 sq.cm;
s_i — cross section of pipe i, 2.54 sq.cm;
x_i — water level of tank i, cm;
u_1 — water inflow to tank 1, c.c./sec;
g — gravitation constant.

Linearising at the nominal operating point gives

$$A = 0.0179553\begin{bmatrix} -1 & 1 & 0 & 0 \\ 1 & -2 & 1 & 0 \\ 0 & 1 & -2 & 1 \\ 0 & 0 & 1 & -2 \end{bmatrix}$$
$$B = \begin{bmatrix} 0.002 \\ 0 \\ 0 \\ 0 \end{bmatrix}, \quad C = \begin{bmatrix} 1 & 0 & 0 & 0 \\ 0 & 0 & 1 & 0 \\ 0 & 0 & 0 & 1 \end{bmatrix} \tag{4.114}$$

where the factor in the matrix A has been modified by parameter identification to reduce the modelling error.

The fault modes $L_i m_i(t)$, $i = 1, 2, ..., 8$, are modelled by Table 4.5 with the following fault functions:

$$m_i(t) = (\tilde{S}_1/A_i)\sqrt{2g(x_i - h_i)}, \quad i = 1, 2, 3, 4$$
$$m_{i+4}(t) = -s_i^*\sqrt{2g(x_i - x_{i+1})}, \quad i = 1, 2, 3$$
$$m_s(t) = -s_4^*\sqrt{(2gx_4)}$$

where $\tilde{S}_i$ and h_i are the cross-section and the height of leak in tank i, respectively, and s_i^* is the reduction in the cross-section of pipe i due to clogging, $i = 1, 2, 3, 4$.

Table 4.1. Fault signature matrices of the pilot plant

i	1	2	3	4	5	6	7	8
	1	0	0	0	$1/A_1$	0	0	0
	0	1	0	0	$-1/A_2$	$1/A_2$	0	0
L_i	0	0	1	0	0	$-1/A_3$	$1/A_3$	0
	0	0	0	1	0	0	$-1/A_4$	$1/A_4$

Because L_4 and L_8 are linearly-dependent, fault 4 and fault 8 are not isolable from each other. These two faults are therefore considered as one fault mode. Thus, there are 7 fault modes altogether in which the 4-th fault mode represents both fault 4 and fault 8.

Now we will follow the steps described in Section 4.3.5 to design a fault detection system to monitor these 7 fault modes, using the detection observer method.

Sensitivity Vectors

First of all, the algorithm described in Section 4.4.4 is applied in **Step 1** and **Step 3** of Section 4.3.5.

Table 4.2. Sensitivity vectors

j	1	2	3	4	5	6	7	8	9	10	11	12	13	14	15	16	17	18
	0	1	1	1	1	1	1	1	0	0	1	1	1	1	1	1	0	1
	0	1	1	1	1	1	0	0	1	1	1	1	1	1	1	0	1	1
	0	0	1	1	1	1	1	1	1	1	1	1	1	1	0	1	1	1
S_j	1	0	1	1	0	0	1	0	1	0	1	1	1	0	1	1	1	1
	0	1	1	0	1	0	1	1	1	1	1	1	0	1	1	1	1	1
	0	1	0	1	0	1	1	1	1	1	1	0	1	1	1	1	1	1
	1	0	0	0	1	1	0	1	1	1	0	1	1	1	1	1	1	1

Since k=7, there are in total $2^7 - 1 = 127$ non-zero k-dimensional logic vectors. Using the algorithm in Section 4.4.4, 18 of these 127 logic vectors are found to be sensitivity vectors. They are listed in Table 4.5. At the same time, 18 detection observers $(F_j, G_j, T_j, K_j, P_j)$ have been designed for each sensitivity vector, j=1, 2, ...,18.

Step 1 and **Step 3** of Section 4.3.5 are thus completed.

Fault Detection System

Using the method described in Section 4.3.3, the minimum sensitivity set is found to consist of the first 10 vectors of Table 4.5, $S_j, j = 1, 2, ..., 10$. Then the fault detection system is formed by the 10 detection observers for these 10 sensitivity vectors. Each detection observer $(F_j, G_j, T_j, K_j, P_j)$ generates an observation signal $e_j(t)$, and detection signals $d_j(t)$ are generated from $e_j(t)$ according to Eq. (4.68), j=1, 2, ..., 10. The alarm vector f which monitors the presence of these 7 fault modes is obtained from $d_j(t)$ by:

$$f = \bigwedge_{j=1}^{10} [\, S_j d_j(t) \bigvee \bar{S}_j \,] \tag{4.115}$$

Unmodelled Effects

The fault detection system derived above will not function correctly because of strong modelling errors. An observation signal $e_j(t)$ should be expected to be reasonably small in magnitude. However, Figure 4.2 shows that the observation signal oscillates violently.

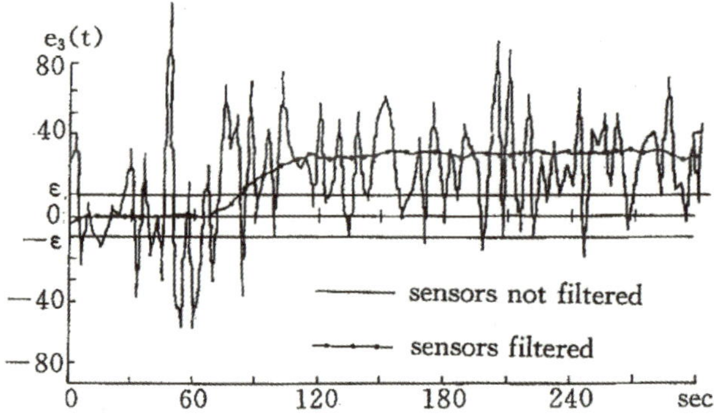

Fig. 4.2. Effect of sensor filtering on the observation signals (in the case when the tank 4 has leaks)

The main unmodelled effects in this water tank system are non-linearity and the strong stochastic disturbances caused by underwater pressure waves. We can see by the naked eye that all water levels keep fluctuating significantly.

On using the FFT to analyse the sampling signals, we found that the stochastic disturbances have only isolated frequencies, as can be seen in Figure 4.3. So we designed four filters for $u_1(t), y_1(t), y_3(t)$ and $y_4(t)$ respectively according to their frequency spectra, and got 4 filtered measurements $\hat{u}_1(t)$, $\hat{y}_1(t)$, $\hat{y}_3(t)$ and $\hat{y}_4(t)$.

On using these filtered measurements to replace $u_1(t), y_1(t), y_3(t)$ and $y_4(t)$ as the inputs of the detection observers, the observation signals $e_3(t)$ become smooth and small as shown in Figure 4.2. Then we may choose the threshold $\varepsilon > 0$ to cover remaining unmodelled effects according to the maximum magnitudes of the observation signals $e_j(t)$ in normal conditions, and

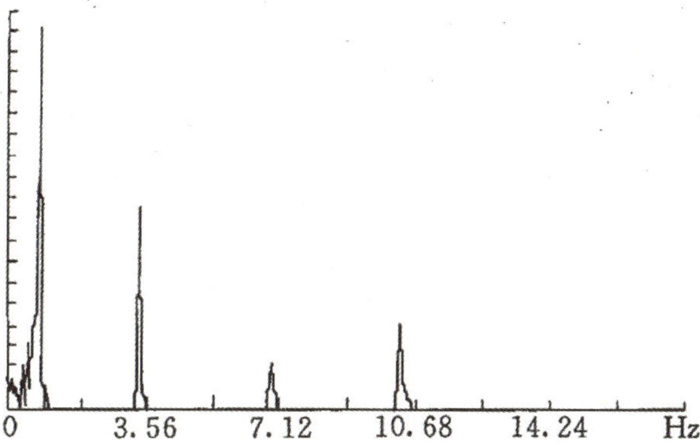

Fig. 4.3. Spectrum of $x_1(t)$

get detection signals $d_j(t)$ by Eq. (4.68), $j = 1, 2, ..., 10$.

Fault Detection Experiments

At this stage, a fault detection system has been completely designed. Some leakages in the tanks were made along with clogging in the pipes to test the performance of this fault detection system. The results were quite satisfactory. Figures 4.4–4.6 show the observation signals $e_j(t)$, $j = 1, 2, ..., 10$, and the resulting fault alarm vector for various fault cases.

Figures 4.4–4.6 show that when there is only one fault detected, definite and correct diagnostic decisions are made for every fault mode.

When two faults occur simultaneously, definite diagnostic decisions can also be made for every fault mode. For example, when fault 2 and fault 7 occur simultaneously, Figures 4.4–4.6 show that the alarm vector is

$$f = (\ 0\ 1\ 0\ 0\ 0\ 0\ 1\ )'$$

so that both fault 2 and fault 7 are probable faults. Furthermore, in Theorem 4.6, we have $\mathbf{u} = (\ 2 \quad 7\ )$, and from Table 4.5,

$$D = \bigvee_{i \in \mathbf{u}} D_i = D_2 \bigvee D_7 = (\ 1\ 1\ 1\ 1\ 1\ 1\ 0\ 1\ 1\ 1\ )$$

Since

$$D_2 \neq D \quad and \quad D_7 \neq D$$

then by Theorem 4.6, it is not possible for fault 2 and fault 7 to occur alone. It is very clear that these two faults have occurred simultaneously. It is already known from f that faults 1, 3, 4, 5 and 6 have not occurred at this instant, hence definite diagnostic decisions are made to each one of the 7 fault modes.

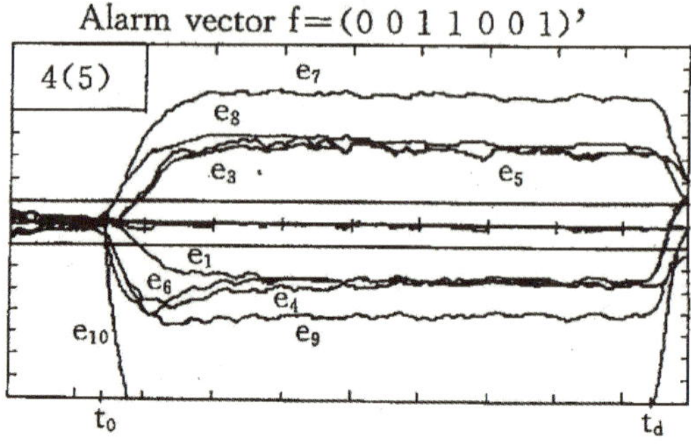

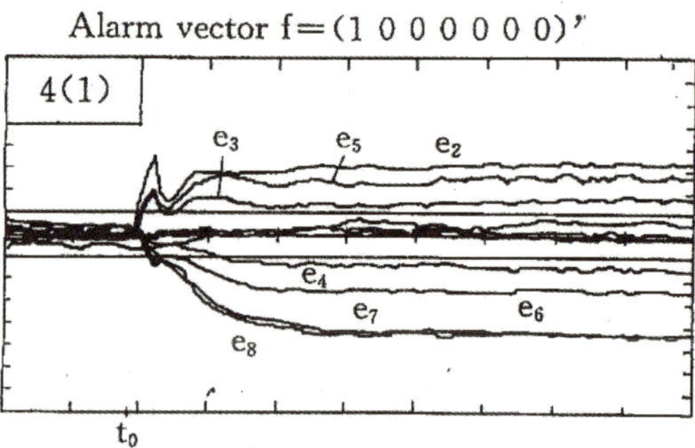

Fig. 4.4. Observation signals for various fault cases

There are also fault cases where no definite decision can be made to some of the fault modes. For example, when fault 3 and fault 4 occur simultaneously, Figures 4.4–4.6 then show that

$$f = (\ 0\ 0\ 1\ 1\ 0\ 0\ 1\ )'$$

the probable fault modes are 3, 4 and 7, $\mathbf{u} = (\ \mathbf{3}\ \ \mathbf{4}\ \ \mathbf{7}\ )$. From Table 4.5,

$$D = \bigvee_{i \in \mathbf{u}} D_i = D_3 \bigvee D_4 \bigvee D_7 = (\ 1\ 0\ 1\ 1\ 1\ 1\ 1\ 1\ 1\ 1\ )$$

Since

$$D_i \neq D, \quad i = 3, 4, 7$$

it is not possible for a single fault to occur by Theorem 4.6. But because

$$D = D_h \bigvee D_i \quad \textit{for any } h \neq i; \quad h, i = 3, 4, 7$$

by Corollary 4.1 any two of these three faults are likely to have occurred. Thus the final diagnosis is that at least two out of the three fault modes

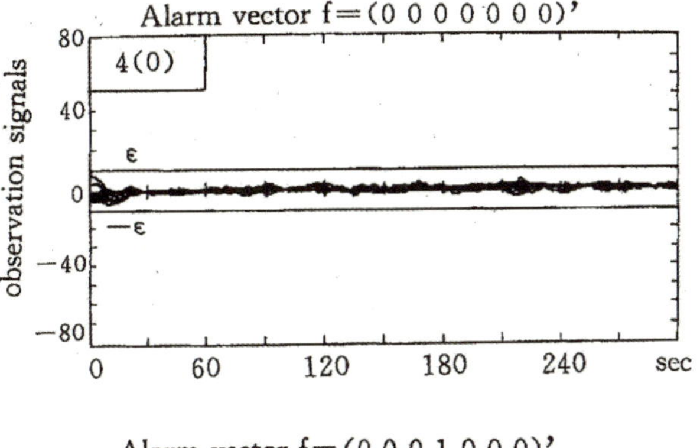

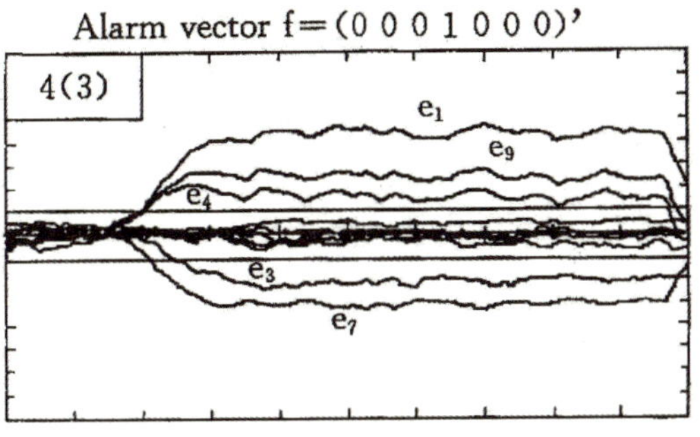

Fig. 4.5. Observation signals for various fault cases

3, 4 and 7 must have occurred. Hence, in this instance, definite diagnostic decisions are made only for faults 1, 2, 5, and 6. As to faults 3, 4 and 7, the diagnosing decisions are made with some degree of uncertainty.

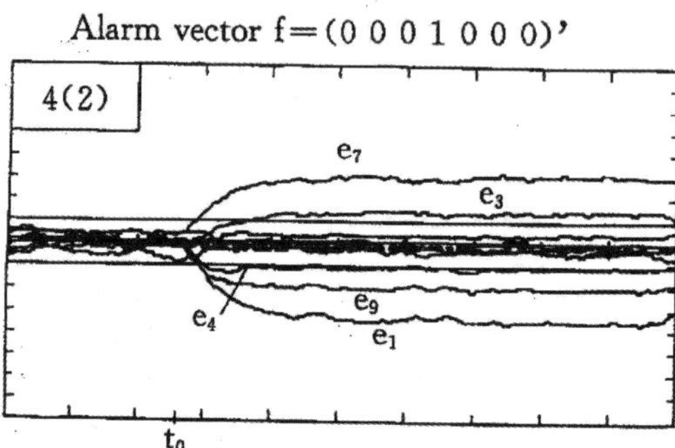

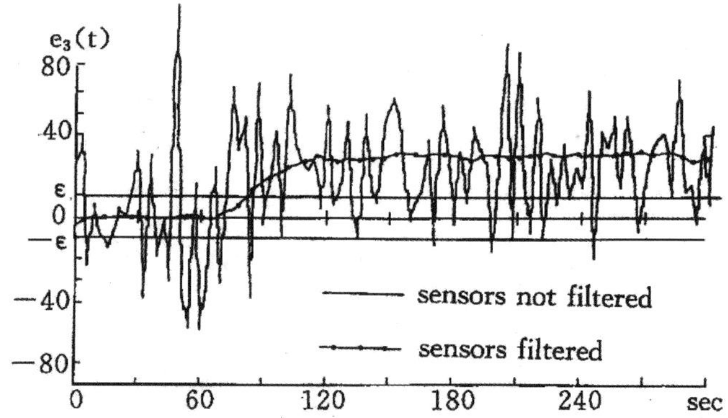

Fig. 4.6. Observation signals for various fault cases

编后语与附录

编后语

2019 年 11 月 25 日是方崇智先生的百年诞辰日，为颂扬先生师德垂范、泽惠数代的功德，弘扬先生默默耕耘、严谨治学、奉献不止的精神，清华大学自动化系组织编写了方崇智百年诞辰纪念册（以下简称纪念册）。纪念册的编写工作在编委会主任贺美英教授和副主任张佐研究员的领导下，由萧德云教授担任执行主编，负责纪念册的总体设计和内容构思。文前页选载了方崇智先生的生前正装照和吴官正同志的“思念”之作。“序”由清华大学原校党委书记贺美英教授亲自抒写，叙事与评论相结合，引人合目追思。“百年诞辰献辞”作为开篇之作，由清华大学自动化系主任张涛教授和系党委书记张佐研究员合作撰写，藉传承师德，促一流学科建设，育世纪人才。“方崇智先生传略”由萧德云教授执笔，笔者以真挚的情感，倾心塑造先生受人尊重的学者风范；尽心刻画先生严于律己、“无求品自高，有容德乃大”的品格和“春蚕到死丝方尽”的生平经历；用心描述先生创建过程控制学科的贡献与科学研究方面的建树，以及把教育当作一生事业的思想境界和“路漫漫其修远兮，吾将上下而求索”的高远志怀。“纪念篇”包括“不忘恩师情”和“真诚的纪念”两部分内容，分别选载吴官正同志的信函、多位院士/领导的题词和部分院士及国内单位的纪念文章。“亲友篇”收录了方崇智先生亲人家属、亲朋好友难忘的怀念与追思文章。“缅怀篇”由“深情的缅怀”和“特别的追忆”两部分组成，分别收录国内学界同事、同仁与学子的缅怀文章和国外学者的追忆。“科学成就”包括教学、科研和实验室三方面的学术贡献与成就，分别由王雄、萧德云、叶昊、金以慧、张福义和徐博文等人编写，又经金以慧和王桂增教授编撰成为最后的篇章，浓缩地反映了方崇智先生及其研究团队的主要科学成就。“影集篇”收集了方崇智先生的部分照片，由萧德云教授分类选编，按工作与生活顺序分成14大类，在75年时间跨度内，编绘成二维的人生画卷。“手稿篇”收录了方崇智先生的一些珍贵手稿，由萧德云教授整理汇编，以反映他的部分学术生涯和治学精神。“学术代表作”选载了方崇智先生一篇具有开拓性的学术论文，以彰显他的重要学术建树。纪念册集众人的笔墨，努力真实地反映方崇智先生的一生及其精湛的学术造诣和淡泊名利的情操。

两点说明：

（1）纪念册仅收录了方崇智先生的部分照片、手稿和学术成就，远不足以反映先生一生的风貌和学术贡献。

（2）纪念册仅收录了部分院士 / 领导的纪念题词和学界同事、同行、学子的纪念与缅怀文章，限于编委会的联系范围，对未受邀请题词或写纪念与缅怀文章的同仁表示歉意。编委会尊重原作者，纪念或缅怀文章的内容原则上不做修改，只做必要的编辑，个别文章在不改变作者原意的情况下稍做加工。

清华大学自动化系领导非常重视纪念册的编写工作，给予了大力支持；自动化系过程控制研究所所长叶昊教授负责推进纪念册的统筹工作；徐用懋、金以慧和王桂增三位教授参与了纪念册策划的全过程；过程控制研究所支部书记熊智华副教授，积极组织学生，通过采访老教授，为纪念册增添口述缅怀文章；“方崇智教育发展基金筹备委员会”秘书长苏红宇校友不仅竭尽全力为基金筹集款项，而且时时关心纪念册的进展，并为之积极创造条件；过程控制研究所王鹏同志认真负责地收集纪念册所需的各种资料和约稿；清华大学档案馆和清华大学出版社为纪念册的出版予以极大的支持。凡对纪念册做出贡献的单位和个人，编委会在此一并表示衷心的感谢。

方崇智先生的女儿方进和儿子方胜为纪念册做了大量工作，包括提供许多珍贵的照片和手稿素材。封面书名“崇教德育人 智周才报国”由中央美术学院刘荣教授题写；封底“德崇智周”篆刻章由杭州西泠印社吴振华先生雕制。

清华大学自动化系81级校友、安凯（广州）微电子技术有限公司董事长胡胜发博士在纪念册的创意与实现上出谋划策，给予了积极的支持和襄助。

由于编委们的水平和精力有限，纪念册恐怕会有不合时宜的描述甚至错误，还望同仁耐心予以指正，并恳请谅解。

方崇智百年诞辰纪念册编委会

2019 初春于清华园

附录："方崇智教育发展基金"管理办法

第一章 总则

第 1 条 本着有利于开展学校社会捐赠工作，规范捐赠资金的管理，充分发挥社会捐赠功效的宗旨，成立"方崇智教育发展基金"，并根据清华大学教育基金会项目管理办法的相关规定制定本管理办法。

第 2 条 本基金名为"方崇智教育发展基金"（以下简称"方崇智基金"）。

第 3 条 "方崇智基金"主要用于奖励清华大学自动化专业的优秀学子，资助清华大学自动化专业的贫困学生，鼓励支持他们成长为国家栋梁之材；支持自动化系、特别是过程控制的学科建设，吸引和支持高水平人才，促进教学和科研水平；按照捐赠者意愿设立资助项目。

第二章 基金管理和使用

第 4 条 为保证基金相关工作的正常开展和有序进行并遵照清华大学教育基金会章程以及相关规定办法，设立"方崇智教育发展基金管理委员会"（以下简称"方崇智基金管委会"）。

第 5 条 "方崇智基金"为专项基金，按清华大学教育基金会及清华大学自动化系相关规定专款专用。

第 6 条 "方崇智基金管委会"成员由清华大学自动化系代表、方崇智先生的子女，以及捐赠代表组成，每届任期五年。

第 7 条 本基金为非公募基金，本基金的收入来源于：

（一）自然人、法人或其他组织自愿捐赠；

（二）政府资助；

（三）核准的业务范围内开展活动或提供服务的收入；

（四）投资收益；

（五）其他合法收入等。

第 8 条 所有接受的捐赠资金进入基金账户，由清华大学教育基金会进行财务管理（包括出具收据、颁发证书、会计核算等）。

第 9 条 本基金的使用由“方崇智基金管委会”批准后组织实施。

第 10 条 本基金主要用于支持与清华大学自动化系学科发展相关的各项活动，拟设立讲席教授、青年教师、教学与实验室建设、国内与国际合作交流、前瞻性科学研究专项和学生培养等几个专项，优先和重点支持过程控制方向。

第三章 基金终止程序及终止后的财产处理

第 11 条 本基金因完成宗旨等原因需要注销的，由“方崇智基金管委会”提出终止动议，并报清华大学教育基金会审查备案。

第 12 条 本基金终止后的剩余财产，由“方崇智基金管委会”提出意见，具体用于与基金宗旨相关的事业。

第四章 附则

第 13 条 未经清华大学教育基金会或“方崇智基金管委会”同意，任何机构与个人不得擅自以“方崇智基金”名义在社会上募集或接受捐赠。

第 14 条 本办法未尽事宜，由“方崇智基金管委会”和捐赠者等各方协商处理解决。

第 15 条 本办法由自动化系负责解释。

第 16 条 本办法自清华大学教育基金会批准之日起执行。

方崇智教育发展基金管理委员会